汽车维修技能与技巧点拨丛书

新能源汽车维修技能与技巧点拨

刘春晖　魏代礼　主编

机械工业出版社

本书结合一线新能源汽车维修工作实践，以新能源汽车维修实践操作及检测维修技能为核心，以解决实际问题为主线，详细解答了新能源汽车维修工作中经常遇到的技能操作与检测维修方面的问题，重点介绍了常见的新能源汽车维修中的新技术、新的诊断设备、新的诊断方法以及新的维修理念。全书内容包括纯电动汽车实用维修技能与技巧，奔驰、宝马、奥迪混合动力实用维修技能与技巧，雷克萨斯混合动力维修技能与技巧，普锐斯实用维修技能与技巧及其他新能源汽车维修技能与技巧。书中内容涉及面广，基本涵盖了纯电动汽车、混合动力汽车以及双燃料汽车等不同类型新能源汽车维修工作的方方面面。

本书主要供汽车维修工、汽车机电维修人员、汽车维修电工使用，也可供职业院校、技工学校汽车运用与维修、汽车检测与维修技术、汽车电子技术、新能源汽车维修专业的师生学习和参考。

图书在版编目（CIP）数据

新能源汽车维修技能与技巧点拨/刘春晖，魏代礼主编. —北京：机械工业出版社，2020.3

（汽车维修技能与技巧点拨丛书）

ISBN 978-7-111-65046-1

Ⅰ.①新… Ⅱ.①刘… ②魏… Ⅲ.①新能源–汽车–车辆修理 Ⅳ.①U469.707

中国版本图书馆 CIP 数据核字（2020）第 044287 号

机械工业出版社（北京市百万庄大街22号　邮政编码100037）
策划编辑：连景岩　责任编辑：杜凡如　谢　元　连景岩
责任校对：张晓蓉　封面设计：马精明
责任印制：邰　敏
河北鑫兆源印刷有限公司印刷
2020年8月第1版第1次印刷
184mm×260mm·16 印张·390 千字
0001—1900 册
标准书号：ISBN 978-7-111-65046-1
定价：59.90元

电话服务　　　　　　　　网络服务
客服电话：010-88361066　机　工　官　网：www.cmpbook.com
　　　　　010-88379833　机　工　官　博：weibo.com/cmp1952
　　　　　010-68326294　金　书　网：www.golden-book.com
封底无防伪标均为盗版　机工教育服务网：www.cmpedu.com

前　言

汽车保有量的不断增加已在全球范围内引发了严重的环境问题和能源危机。日益严格的排放和燃料效率的标准促进了安全、清洁和高效车辆的迅猛发展，开发低污染或零污染的汽车，特别是以混合动力电动汽车、纯电动汽车和燃料电池电动汽车为代表的新能源汽车已经成为当今汽车工业发展的重要课题和未来的发展方向。

随着电子技术的快速发展，新能源汽车的应用越来越广泛，保有量越来越多，同时由于其与传统燃油汽车的结构及控制功能方面有本质的区别，广大维修人员在实际维修过程中渴望掌握一些新能源汽车相关的维修技能与技巧，以便能更加快捷地诊断故障，达到修复目的。本书作者正是基于这样的目的，结合多年的新能源汽车维修一线工作经验和教学经验，将新能源汽车维修常用技能内容展现出来。本书密切结合汽车维修一线的维修实际，以使一线的汽车维修人员快速入门为切入点，有很强的指导意义，是汽车维修人员特别是汽车机电维修人员初学入门及日常维修难得的学习资料。

本书以新能源汽车维修技能与技巧知识为重点，联系实际操作过程中经常遇到的一些重点、难点问题，重点强化汽车维修人员的实践操作及检测维修技能，同时采用较多篇幅介绍目前新能源汽车所采用的新技术、新的诊断设备、新的诊断方法以及维修理念，力求做到理论与实践相结合。本书从新能源汽车使用与维修的角度出发，介绍了新能源汽车的结构、使用、检测、维修方面的内容，重在强化维修人员的维修思路和操作技能，力求使维修人员在实际工作中实现举一反三。

本书由刘春晖、魏代礼任主编，参加编写工作的还有高举成、陈明、何运丽、方玉娟、张洪梅、李鹏、张薇薇、刘凤阁、刘宝君、李静，其中郑州市电子信息工程学校的李静老师编写了本书的第五章。

由于编者水平有限，书中难免有错误和不当之处，恳请广大读者批评指正。

目 录

前 言

第一章 纯电动汽车实用维修技能与技巧 ... 1

第一节 北汽新能源汽车维修技能与技巧 ... 1
一、北汽新能源 EV200 动力电池断开警示灯点亮 ... 1
二、北汽新能源 EV200 慢充系统故障检修 ... 3
三、北汽新能源 EV160 无法行驶 ... 7
四、北汽新能源汽车整车控制器的功能 ... 9

第二节 吉利纯电动汽车维修技能与技巧 ... 11
一、2017 款吉利帝豪 EV300 无法充电 ... 11
二、2017 款吉利帝豪 EV300 慢充系统不能充电 ... 14
三、吉利帝豪 EV300 无法加速 ... 15

第三节 比亚迪纯电动汽车维修技能与技巧 ... 17
一、2017 款比亚迪 E5 纯电动汽车无法充电 ... 17
二、比亚迪 F3DM 双模电动汽车红色电池灯报警 ... 19
三、比亚迪 E6 原地起步时踩下制动踏板无法换入前进档 ... 21
四、比亚迪 E6 纯电动汽车无法充电 ... 24

第四节 江淮系列纯电动汽车维修技能与技巧 ... 26
一、江淮同悦纯电动汽车行驶时突然掉电 ... 26
二、江淮同悦 IEV 简易充电桩不能充电 ... 28
三、江淮 iEV5 纯电动汽车无法行驶 ... 29
四、江淮 iEV5 纯电动汽车无法提速 ... 30
五、江淮同悦纯电动汽车无倒档 ... 31
六、江淮同悦纯电动汽车无法行驶 ... 33
七、江淮纯电动汽车换入倒档后仪表板上不显示，车辆无法行驶 ... 36
八、江淮同悦 IEV 无法充电 ... 37
九、江淮同悦纯电动汽车无法充电 ... 38
十、江淮同悦纯电动汽车无法起动 ... 38

第五节 其他纯电动汽车维修技能与技巧 ... 39
一、2013 款荣威 E50 纯电动汽车馈电故障 ... 39
二、2018 款威马 EX5 纯电动汽车转向助力异常 ... 42

三、2018 款云度 π1 pro 乐派无法上高压电 ·· 44
四、云度 π1 纯电动汽车偶尔无法上高压电 ·· 45
五、云度新能源汽车仪表报警 ·· 47
六、风行景逸 S50EV 纯电动汽车高压互锁故障 ································· 48
七、2017 款北京现代悦动 HDc EV 预充电系统故障 ························· 51
八、众泰 E200 新能源汽车开暖风后出自然风 ····································· 55
九、2017 款知豆 D2S 无法进入 READY 状态 ····································· 55

第二章 奔驰、宝马、奥迪混合动力实用维修技能与技巧 ·············· 58
第一节 奔驰混合动力实用维修技能与技巧 ······························· 58
一、奔驰 S400 混合动力汽车无法起动 ·· 58
二、奔驰 S400 混合动力系统工作过程 ·· 60
三、奔驰 S400L 混合动力系统 CAN 通信故障 ···································· 62
四、奔驰 S400 混合动力汽车无法起动 ·· 65
五、新款奔驰 V213 能源管理系统的模式及管理 ································ 68
六、新款奔驰 S400 混合动力汽车不能使用纯电动模式 ····················· 71
第二节 宝马混合动力实用维修技能与技巧 ······························· 74
一、宝马混合动力发动机起动困难且起停功能不好用 ······················· 74
二、2010 款宝马 750Li 混合动力汽车声音警告系统失效 ·················· 75
第三节 奥迪混合动力实用维修技能与技巧 ······························· 78
一、2013 款奥迪 A8 混合动力汽车高压蓄电池故障 ·························· 78
二、2014 款奥迪 A8 混合动力汽车无法起动 ····································· 81

第三章 雷克萨斯混合动力维修技能与技巧 ···································· 83
第一节 雷克萨斯 LS600h 混合动力维修技能与技巧 ················· 83
一、雷克萨斯 LS600h 汽车混合动力变速器结构原理分析 ················ 83
二、雷克萨斯 LS600hL 汽车无法进入 READY 状态 ························· 86
第二节 雷克萨斯 RX450h 混合动力维修技能与技巧 ················ 88
一、雷克萨斯 RX450h 空调系统不能出暖风 ····································· 88
二、雷克萨斯 RX450h 汽车发动机故障灯亮 ····································· 90
三、雷克萨斯 RX450h 汽车行驶中自动熄火 ····································· 91
四、雷克萨斯 RX450h 汽车提示"检查混合动力系统" ···················· 92
五、雷克萨斯 RX450h 汽车自适应巡航无法使用 ······························ 94
六、雷克萨斯 RX450h 汽车无法进入 READY 状态 ··························· 96
第三节 雷克萨斯 ES300h 混合动力维修技能与技巧 ··············· 100
一、雷克萨斯 ES300h 汽车提示"检查混合动力系统" ·················· 100
二、雷克萨斯汽车 HV 蓄电池系统 ·· 101
三、雷克萨斯 ES300h 混合动力汽车无法起动 ································· 102
四、雷克萨斯 ES300h 汽车 ABS 警告灯和防滑指示灯点亮 ············· 104
五、雷克萨斯 ES300h 制动系统相关部件的校准方法 ····················· 106
六、雷克萨斯 ES300h 汽车 D 位无法工作 ······································· 107

七、雷克萨斯ES300h汽车行驶中发动机自动熄火 ……………………………… 108
　　八、雷克萨斯ES300h汽车空调按键信号反应迟钝 ……………………………… 111
　　九、雷克萨斯ES300h混合动力汽车行驶中突然失去动力 ……………………… 112
　　十、雷克萨斯ES300h混合动力汽车高压电路的结构 …………………………… 115
　第四节　雷克萨斯NX300h混合动力维修技能与技巧 ……………………………… 116
　　一、雷克萨斯NX300h汽车后视野监视系统无法正常工作 ……………………… 116
　　二、雷克萨斯NX300h汽车发动机故障灯点亮 …………………………………… 118
　　三、雷克萨斯NX300h汽车发动机无法起动 ……………………………………… 121
　　四、2012款雷克萨斯NX300h混合动力系统报警 ………………………………… 125
　第五节　雷克萨斯CT200h混合动力维修技能与技巧 ……………………………… 128
　　一、雷克萨斯CT200h汽车收音机及导航无法工作 ……………………………… 128
　　二、雷克萨斯CT200h汽车混合动力系统报警 …………………………………… 130
　　三、雷克萨斯CT200h汽车行驶抖动 ……………………………………………… 131
　　四、雷克萨斯CT200h汽车环境温度显示异常 …………………………………… 133

第四章　普锐斯实用维修技能与技巧 …………………………………………… 136
　第一节　第二代普锐斯实用维修技能与技巧 ………………………………………… 136
　　一、丰田普锐斯发动机不能正常熄火 ……………………………………………… 136
　　二、丰田普锐斯智能起动系统不能起动 …………………………………………… 140
　　三、丰田普锐斯亏电导致车辆无法起动 …………………………………………… 143
　　四、2006款丰田普锐斯无法起步 ………………………………………………… 144
　　五、2009款丰田普锐斯无法正常起动 …………………………………………… 146
　　六、2009款丰田普锐斯无法起动 ………………………………………………… 147
　　七、普锐斯混合动力系统诊断技巧 ………………………………………………… 152
　　八、丰田普锐斯行驶时有异响且动力不足 ………………………………………… 153
　　九、丰田普锐斯空调压缩机异常烧蚀 ……………………………………………… 155
　　十、2008款丰田普锐斯仪表系统主警告灯点亮 ………………………………… 158
　　十一、2006款丰田普锐斯起步抖动 ……………………………………………… 160
　　十二、2008款丰田普锐斯行驶中动力突然中断 ………………………………… 163
　　十三、2008款普锐斯汽车电动空调系统工作不正常 …………………………… 166
　　十四、2004款普锐斯汽车HV蓄电池频繁充放电 ……………………………… 167
　　十五、2006款丰田普瑞斯混合动力汽车无法行驶 ……………………………… 168
　第二节　第三代普锐斯实用维修技能与技巧 ………………………………………… 172
　　一、2012款丰田普锐斯发动机无法自行起动 …………………………………… 172
　　二、2012款丰田普锐斯汽车动力电池单元电压偏差故障 ……………………… 177

第五章　其他新能源汽车维修技能与技巧 ……………………………………… 183
　第一节　丰田混合动力汽车维修技能与技巧 ………………………………………… 183
　　一、丰田凯美瑞混合动力汽车发动机故障灯点亮 ………………………………… 183
　　二、丰田凯美瑞混合动力系统故障分析 …………………………………………… 185
　　三、2017款丰田卡罗拉混动版动力不足 ………………………………………… 187

  四、丰田卡罗拉混合动力汽车偶尔无法行驶 189
 第二节 英菲尼迪混合动力维修技能与技巧 191
  一、英菲尼迪 QX60 混合动力汽车混合动力故障灯点亮 191
  二、英菲尼迪 QX60 混合动力汽车天窗无法关闭 193
 第三节 比亚迪混合动力维修技能与技巧 194
  一、2017 款比亚迪唐无电动行驶模式 194
  二、比亚迪 F3DM 汽车电动转向装置检测 197
  三、比亚迪秦混合动力汽车电动模式无法行驶 201
  四、比亚迪秦混合动力汽车行驶中显示"请检查动力系统" 203
  五、比亚迪秦双擎双模混合动力汽车安全作业流程 205
  六、比亚迪秦纯电动行驶距离缩短 205
  七、比亚迪秦发动机无法起动 208
  八、比亚迪双燃料汽车易熄火 210
 第四节 荣威混合动力维修技能与技巧 211
  一、2016 款荣威 E550 混动版有时无法起动,侧滑灯/胎压灯亮 211
  二、2016 款荣威 E550 混动版变速器打滑 214
  三、荣威 750H 混合动力仪表上多个警告灯点亮 216
 第五节 通用车系混合动力维修技能与技巧 220
  一、2012 款雪佛兰沃兰达混合动力汽车发动机故障灯亮且无巡航功能 220
  二、上汽通用别克君越混合动力汽车空调间歇性不工作 221
 第六节 雪铁龙混合动力维修技能与技巧 224
  一、世嘉双燃料汽车用气时空调不制冷故障分析 224
  二、东风雪铁龙新爱丽舍双燃料 PT 车燃气喷嘴故障 226
 第七节 北京现代混合动力维修技能与技巧 227
  一、伊兰特双燃料汽车起动困难 227
  二、2017 款现代新悦动双燃料车发动机电控单元无法匹配 228
  三、伊兰特双燃料出租车行驶顿车、怠速熄火 232
  四、现代名驭双燃料发动机有异响、行驶顿车 233
 第八节 其他车型混合动力维修技能与技巧 234
  一、2016 款全新双燃料捷达无法起动 234
  二、新桑塔纳 CNG 出租车不能转换为天然气模式 236
  三、福特蒙迪欧混合动力汽车变速器动力传递解析 238
  四、瑞风 M4 弱混汽车行驶中无法进入混合动力模式 244
  五、瑞风 M4 弱混汽车仪表板上的 EPC 灯常亮 245

第一章

纯电动汽车实用维修技能与技巧

第一节　北汽新能源汽车维修技能与技巧

一、北汽新能源 EV200 动力电池断开警示灯点亮

故障现象　一辆北汽 EV200 新能源汽车经常出现无法使用慢充系统给车辆充电的故障，连接车辆慢充线束后，接通电源开关后发现动力电池断开警示灯（图1-1）点亮。

故障诊断　动力电池断开警示灯点亮表明该车高压电气系统存在故障，整车高压回路被断开。动力电池断开警示灯在车辆进行慢充时点亮，初步判断可能是慢充系统故障引发的汽车高压电气系统故障。

连接车外充电器（图1-2），220V 电源灯点亮，说明外接电源供电正常。在电源开关断开的情况下，仪表板上的慢充线束连接指示灯（图1-3）点亮，但充电指示灯（图1-4）未被点亮。慢充线束连接指示灯点亮，说明慢充线束连接正常，否则提示"请连接充电枪"；充电指示灯未点亮，说明该车未进入充电状态。接通电源开关，动力电池断开警示灯点亮，则确认慢充系统故障已经引发了汽车高压电气系统断开故障。

图1-1　动力电池断开警示灯

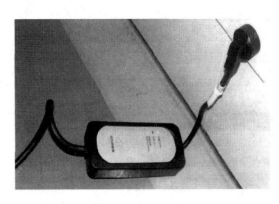

图1-2　车外充电器

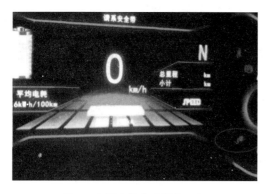

图1-3 慢充线束连接指示灯

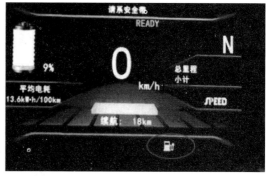

图1-4 充电指示灯

打开汽车前舱盖，观察车载充电机指示灯（图1-5），发现Power（电源）红色指示灯点亮；Charge（充电）指示灯和Error（充电机内部故障）警示灯均未亮起。查阅维修手册后发现如下信息："Power灯为电源指示灯，当接通交流电后，电源指示灯亮起；Charge灯是充电指示灯，当充电机接通电池进入充电状态后，充电指示灯亮起；Error灯是充电机内部故障警示灯，当充电机内部有故障时亮起。"由此可知，慢充线束供电电源确定为正常，但动力电池未进入充电状态，Error灯未亮起则说明车载充电机没有故障。

打开电源开关后，重新接通电源开关，仔细地听动力电池正负继电器的吸合声，未发现"咔嗒"吸合声，这表明动力电池继电器没有闭合动作。查阅维修手册后发现如下信息："动力电池继电器未闭合的解决方案是，检查连接器是否正常连接，检查充电机输出唤醒是否正常。"由于慢充线束连接指示灯未点亮，说明慢充充电连接器已正常连接，那说明只有车载充电机输出唤醒系统存在问题。

故障诊断至此，故障范围已经指向了慢充系统的输出唤醒系统。查找该车电路图，由于厂家只提供了一张电路总图，于是自行绘制了一张慢充系统的拆分图（图1-6），发现北汽EV200新能源汽车慢充系统的唤醒信号是通过车载充电机的端子A15传输给整车控制器（VCU）的113号端子，从而实现VCU的慢充唤醒信号激活，完成慢充系统的连接。因此，检测可以从VCU的113号端子开始，如果113号端子有信号电压，则说明VCU损坏。由于Error警示灯未亮起，说明车载充电机工作正常，因此如果113号端子无信号电压，则判定该线路或连接状况存在问题。

图1-5 车载充电机指示灯

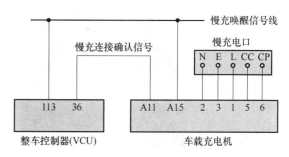

图1-6 北汽EV200慢充系统拆分图

第一章　纯电动汽车实用维修技能与技巧

在慢充连接器正常连接的情况下，接通电源开关后，慢充电线束连接指示灯未点亮，说明车辆慢充线束已经连接好，由于慢充线束存在互锁关系，可以先排除慢充电口上 CP 信号通信及其他（N、E、L、CC 线路）可能存在问题。

断开电源开关，拔下 VCU 121 号端子导线连接器（VCU 导线连接器为左边较小的），找到 VCU 113 号端子（图 1-7）。重新接通电源开关，测得 113 号端子处电压为 0V，这说明车载充电机端子 A15 未能将唤醒信号传输到 VCU 处。

断开电源开关，拔下车载充电机 16 号端子导线连接器（图 1-8），测量 VCU 113 号端子与车载充电机端子 A15 之间的线路电阻，结果为∞，说明该线路确实出现断路故障。

图 1-7　VCU 导线侧 121 号端子连接器

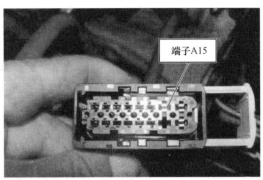
图 1-8　车载充电机 16 号端子导线连接器

故障排除　更换该线束后试车，每次都能顺利充电，确认故障排除。

技巧点拨　该故障的第 1 个关键判断点是动力电池断开故障警示灯，点亮是由于慢充系统引起的而非真正的动力电池故障；第 2 个关键判断点是诊断人员是否注意到接通电源开关的瞬间，动力电池正负继电器没有发出"咔嗒"声，无吸合声说明动力电池没有开启充电模式；第 3 个关键点是诊断人员观察到车载充电机 Error 警示灯未亮起，说明不必怀疑车载充电机本身故障。

二、北汽新能源 EV200 慢充系统故障检修

1. EV200 充电系统

EV200 充电系统主要包括汽车外部的充电桩、充电线和充电枪，还有汽车内部的车载充电机、高压控制盒、动力电池和 DC/DC 变换器等，其框架结构如图 1-9 所示。

车载充电机是充电系统的关键部件，尤其在慢充系统中作用至关重要。前级为有源或无源 PFC 电路，功能是将输入端交流电整流成直流电并保证其功率因数；后级为 LLC（谐振软开关）的全桥变换器，功能是将前级输出的高压直流电调整为合适的电压，从而给动力电池输出相应的电压及电流。

高压控制盒也称为高压保险盒，是纯电动汽车上所有高压线束（图 1-10）的保护装置。它通过 11 芯线束与车载充电机、空调压缩机、PTC 和 DC/DC 变换器相连（图 1-11）。

2. EV200 慢充系统控制策略

车载充电机的工作流程为：

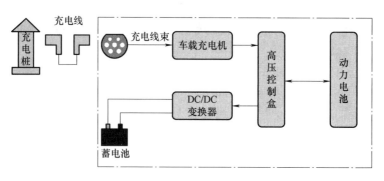

图1-9 EV200充电系统框架结构

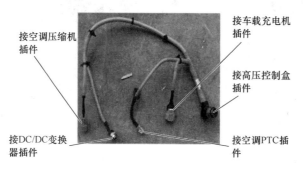

图1-10 EV200充电系统高压线束

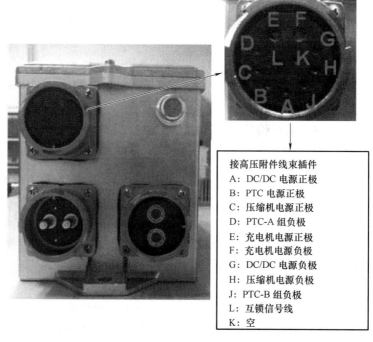

接高压附件线束插件
A：DC/DC电源正极
B：PTC电源正极
C：压缩机电源正极
D：PTC-A组负极
E：充电机电源正极
F：充电机电源负极
G：DC/DC电源负极
H：压缩机电源负极
J：PTC-B组负极
L：互锁信号线
K：空

图1-11 EV200高压控制盒接口定义

1）由充电桩或家用电供给交流电。
2）通过充电线及充电枪连接到整车，低压唤醒整车控制系统，EV200 充电控制系统如图 1-12 所示。

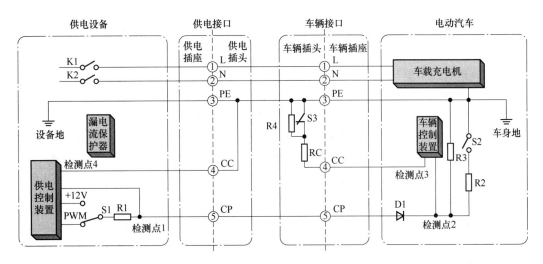

图 1-12　EV200 充电控制系统

3）BMS 检测充电需求。
4）BMS 给车载充电机发送工作指令并闭合继电器。
5）车载充电机开始充电。
6）电池检测充电完成后，给车载充电机发送停止充电指令。
7）车载充电机停止工作。
8）电池断开继电器。

DC/DC 变换器工作流程为：
1）整车 ON 档上电或充电唤醒上电。
2）动力电池完成高压系统预充电流程。
3）VCU 发给 DC/DC 变换器使能信号。
4）DC/DC 变换器开始工作。

3. EV200 慢充系统故障检测及维修

EV160/200 在充电过程中最容易出现的慢充系统故障为车载充电机与充电桩连接故障。

车载充电机的指示灯有三种情况：三个指示灯（电源、工作、故障）都不亮；车载充电机的电源指示灯和工作指示灯点亮，无充电电流；对车载充电机的数据进行分析，数据中没有动力电池发送数据。

（1）指示灯都不亮的检修方法　当出现车载充电机的电源灯、工作状态灯和故障灯均不亮时，可按照下述方法及步骤进行检修：

1）测量充电桩端充电枪的 N 端子和车辆端的 N 端子是否导通，电阻值应小于 0.5Ω，否则应更换充电线总成。

2）测量充电桩端充电枪的 L 端子和车辆端的 L 端子是否导通，电阻值应小于 0.5Ω，否则应更换充电线总成。

3)测量充电桩端充电枪的 PE 端子和车辆端的 PE 端子是否导通,电阻值应小于 0.5Ω,否则应更换充电线总成。

4)测量充电桩端充电枪的 CP 端子和车辆端的 CP 端子是否导通,电阻值应小于 0.5Ω,否则应更换充电线总成。

5)测量充电桩端充电枪的 CP 端子和 PE 端子是否导通,电阻值应小于 0.5Ω,否则应更换充电线总成。

6)测量充电线车辆端充电枪的 CC 端子和 PE 端子的电阻值,16A 充电线电阻值应为 $680×(1±3\%)Ω$,32A 充电线电阻值应为 $220×(1±3\%)Ω$,否则应更换充电线总成。注意:在测量充电线阻值时,充电枪的解除锁止按键应保持在弹起状态。

7)如果充电线状态正常,但启动充电程序后,充电机指示灯仍旧都不亮,应首先检查插接件端子有无烧蚀、虚接故障。继续对充电线束进行检测,测量充电口 L 端子与充电线束充电机插接件 1 号端子是否导通,电阻值应小于 0.5Ω,如果不符合标准,则应更换充电线束。

8)测量充电口 N 端子与充电线束充电机插接件 2 号端子是否导通,电阻值应小于 0.5Ω,如果不符合标准,则更换充电线束。

9)测量充电口 PE 端子与充电线束充电机插接件 3 号端子是否导通,电阻值应小于 0.5Ω,如果不符合标准,则更换充电线束。

10)测量充电口 CC 端子与充电线束充电机插接件 5 号端子是否导通,电阻值应小于 0.5Ω,如果不符合标准,则更换充电线束。

(2)无充电电流的检修方法 当出现车载充电机的电源指示灯和工作指示灯均正常点亮但无充电电流的故障现象时,应检查动力电池的状态。首先确保高压线束插接件连接牢固,在充电状态下,连接诊断仪,并进入动力电池充电状态监控系统,根据动力电池充电状态界面显示的数据进行以下检查和分析:

1)检查车辆端充电枪解除锁止按钮是否卡滞,是否完全复位。

2)检查高压控制盒内车载充电机的熔断器是否损坏(第四个熔丝),如果损坏,则应更换。

3)检查高压线束高压控制盒插接件的 E 端子和车载充电机插接件的 B 端子的导通情况,在正常情况下,其电阻值应小于 0.5Ω,如果不符合标准,则更换慢充线束总成。

4)检查高压线束高压控制盒插接件的 F 端子和车载充电机插接件的 A 端子的导通情况,正常情况下,其电阻值应小于 0.5Ω,如果不符合标准,则更换慢充线束总成。

5)恢复车辆高压线束,在确保安全的情况下,测量充电时高压线束车载充电机插接件 A 和 B 端子之间的电压,如果电压与动力电池电压一致,说明车载充电机损坏,则应更换。

(3)无动力电池数据的检修方法 对车载充电机的数据进行分析时,如果系统中没有显示动力电池的数据,则应检测充电唤醒信号及仪表充电指示灯是否点亮。

1)如果充电指示灯不点亮,则检查前机舱低压电器盒 FB02 熔丝是否损坏。如损坏,则需对低压电机线束进行检测;如果未损坏,则检查熔丝低压供电。

2)如果低压供电无电压,则测量熔丝盒的供电端子与 FB02 熔丝。如果不导通,则更换低压电器盒,导通检查低压主熔丝。

3)如果低压供电有电压,则检测 FB02 熔丝与熔丝盒背面 A6 插接件的 A8 端子的导通情况。如果不导通,则更换低压电器盒;如果导通,则检查低压电机线束。

4) 检测低压电机线束前机舱低压电器盒黑色插接件 J6 的 A8 端子与车载充电机的低压插接件 16 号端子的导通情况。如果不导通，则检查线束、修复或更换线束；如果导通且插接件端子良好，则继续检测唤醒信号。

5) 检测车载充电机的低压插接件 15 号端子与 VCU 插接件的 113 号端子的导通情况。如果不导通，则检查线束，必要时进行修复或更换；如果导通且插接件端子良好，则继续检测唤醒信号。

6) 连接好低压线束，在充电状态下测量 VCU 插接件 113 号端子的电压情况。如果无电压，则更换充电机；如果 VCU 插接件 113 号端子有电压且线束恢复后，仍然没有充电指示，则检查充电连接确认信号。

7) 连接好低压线束，在充电状态下测量 VCU 插接件 36 号端子的电压情况，在正常情况下，电压应低于 0.5V，否则应检查充电线束和车载充电机。

8) 检查动力电池唤醒信号。检测整车控制器插接件 81 号端子与动力电池低压插接件 C 端子的导通情况。如果不导通，则检查线束，必要时进行修复或更换；如果导通，则继续检查线束。

9) 检查动力电池总负继电器控制信号。检测整车控制器插接件 97 号端子与动力电池低压插接件 F 端子的导通情况，如果不导通，则检查线束，必要时进行修复或更换；如果导通，则继续检查线束。

10) 安装好线束，在充电状态下，检测动力电池低压插接件 C 端子的唤醒信号电压，正常情况下，该电压值应为 12V（与低压蓄电池电压一致）。否则，应检查整车控制器供电，读取整车控制器故障码。如果动力电池低压插接件 C 端子无唤醒信号电压，则更换整车控制器测试。

> **技巧点拨** 凡是涉及电动汽车慢充系统故障的情况，首先应该确保充电桩状态良好，符合相关国家标准，与北汽新能源各款电动汽车进行过调试并通过；其次，确认充电桩提供的工作电压范围在 187~253V；再次，检查充电枪和充电口各连接端子无烧蚀和损坏现象；最后，连接好充电线，查看车载充电机指示灯状态。

三、北汽新能源 EV160 无法行驶

故障现象 一辆北汽新能源 EV160，行驶里程 3930km，事故修复后（左前侧碰撞）车辆无法行驶，动力电池断开故障灯和整车系统故障灯报警。

故障诊断 钣金工拆下机舱内所有高压部件和二次支架及机舱线束，进行钣金校正和外围部件更换，线束和高压部件外壳未变形受损。更换主副安全气囊，更换安全气囊控制单元。

钣金工作和装配工作完成后，目测机舱内低压线束和高压线束（包括熔丝盒）没有破损、变形和挤压，高压部件（MCU、DC/DC 变换器、高压控制盒和车载充电机）外观没有受损、挤压和变形现象。

该车修复之后在厂内开了很短一段距离后，就无法行驶了，动力电池断开故障灯和整车系统故障灯都点亮了。检查后发现，将加速踏板踩到底仪表会出现黑屏或不规律闪烁、电动真空助力泵常转。维修人员认为剩余电量不足，于是进行慢充。

在充电时还观察了前舱的情况，打开前舱盖观察车载充电机，发现充电机散热风扇不转。用手触摸车载充电机散热片（图1-13）时能明显感觉到发热现象，无法充电。随后打开高压控制盒后，测量高压熔丝。发现车载充电机的高压熔丝并没有烧毁，而其余的三个高压熔丝全部烧毁，在PTC控制器电路板上有一处IC芯片也烧毁了（图1-14）。

图1-13　车载充电机散热片

图1-14　高压控制盒内烧坏的元件

维修人员开始对与烧毁熔丝相连接的高压部件进行逐一拆解检查，接着又对DC/DC变换器进行拆解，拆开后发现DC/DC变换器电路板上有一蓝色的圆片插件（图1-15）已烧毁，模块也有烧蚀迹象。所有烧毁的部件除了电子空调压缩机外都替换了新的部件试车，结果车辆还是不能行驶。

对车辆进行了仔细观察，并询问了维修情况，怀疑高压部件烧毁可能与维修时的不正确操作有关。检查了高压系统（B类电压系统）所有的连接插头，包括极性，插头紧实牢固，极性全都正确。得知点火开关打到

图1-15　DC/DC模块内部烧毁

ON档，低压系统（A类电压系统）可以供电时，马上对该车辆进行专业读码，发现除了安全气囊电控单元可以与检测仪建立通信外，其余模块均无法通信。在清除安全气囊电控单元故障码（图1-16）后，故障码并没有再出现。

由于检测仪与VCU和动力电池无法建立通信，于是对低压总熔丝和熔丝盒进行了检测，熔丝与同款正常车辆对比，除了真空助力泵的熔丝拔出外（维修人员在车辆不能行驶之后就把其熔丝拔出了，此故障为常见故障，发生概率比较高，一般情况下更换真空罐压力开关就可以修复），其他熔丝良好（图1-17）。后经逐步检查发现点火开关各档位、VCU供电均正常，15号线继电器工作也正常，网络CAN总线也无短路或断路现象。由于VCU在整车控制策略里权位最高、优先级最高，因此判断故障原因是VCU损坏。

故障排除　更换VCU后，试车，故障排除。

技巧点拨　在电动汽车维修案例还很少的情况下，用这个故障案例来抛砖引玉是很可贵的。另外在文章中侧重反映诊断仪器和专用检测工具的使用，这有利于提高汽车维修行业技术人员对电动汽车技术的探讨和学习规范的维修技能。

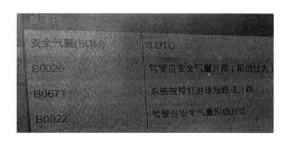

图1-16 与安全气囊相关故障码

图1-17 所有熔丝良好

四、北汽新能源汽车整车控制器的功能

北汽新能源EV160纯电动汽车选用了100块磷酸铁锂电池（电压约为330V，容量为25.6kW·h）作为动力电池，充电6~8h后，综合工况下续驶里程超过160km，经济时速下，续驶里程可达200km。搭载的高性能轻量化永磁同步电机，最大功率53kW，0~50km/h加速时间仅为5.3s，最高车速为125km/h，性能完全可与2.0L燃油发动机媲美。同时，该车配置高效过滤PM2.5的空调滤芯，5min过滤车内80%~90%的PM2.5悬浮颗粒和气体污染物，20min可过滤车内PM2.5悬浮颗粒和气体污染物95%以上，属于真正的环保型车辆。

在此对纯电动汽车的整车控制器（VCU）的工作原理进行介绍，这样才能够理解VCU故障时车辆不能行驶的原因。如图1-18、图1-19所示，纯电动汽车动力系统主要包括动力电池、驱动电机等部件以及整车控制器、电机控制器等，通过机械连接、电气连接以及CAN总线连接来保证各个部件之间协调运行，实现纯电动汽车整车性能以及经济性的要求。对于纯电动汽车而言，整车控制器是车辆的"大脑"，它应该具有以下功能。

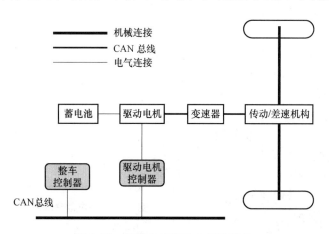

图1-18 纯电动汽车动力系统结构

1）对汽车行驶功能的控制。整车控制器通过对驾驶人意图的识别和车辆状态的分析，在满足车辆安全性的基础上，对动力电池放电电流和电机输出转矩进行控制，使得车辆各个部件能够协调运行。

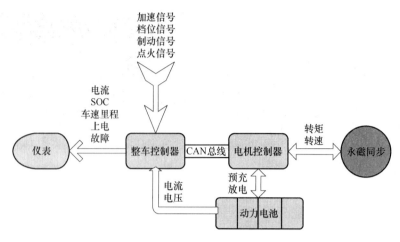

图 1-19　纯电动汽车控制系统结构

2）制动能量回收控制。纯电动汽车以电机作为驱动转矩的输出机构。电机具有制动能量回馈的功能，此时电机作为发电机，可利用制动能量发电，将此能量存储在储能装置中。在这一过程中，整车控制器根据加速踏板和制动踏板的深度以及动力电池 SOC 来判断某一时刻能否进行制动能量回馈，如果可以进行，整车控制器向电机控制器发出制动指令，回收部分能量。

3）能量优化控制和管理。为了使电动汽车能够有最长的续驶里程，必须对能量进行优化管理，以提高能量的利用率。

4）车辆状态的监测和显示。整车控制器应该对车辆的状态进行实时检测，以确定车辆状态及其各子系统状态信息，驱动显示仪表，将状态信息和故障诊断信息通过显示仪表显示出来。显示内容包括车速，电池的电量、电流以及各种指示信息等。

5）故障诊断和处理。对整车控制系统进行实时监控，进行故障报警和诊断。故障指示灯指示出故障并进行报警，根据故障内容及时进行相应安全保护处理（图 1-20）。

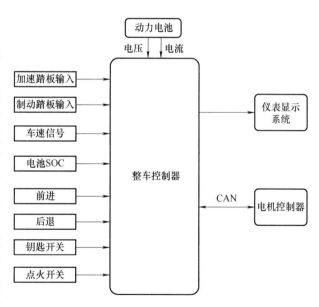

图 1-20　纯电动汽车控制系统原理图

技巧点拨　电动汽车入市以后，对汽车维修提出了新的要求。首先，必须要有原车的维修资料和专用的维修设备。其次，维修人员必须要经过专业培训，掌握电动汽车维修的专业操作技能。否则，就会发生安全生产事故和车辆的二次故障。

第二节　吉利纯电动汽车维修技能与技巧

一、2017 款吉利帝豪 EV300 无法充电

故障现象　一辆 2017 款吉利帝豪 EV300 纯电动汽车，配备 95kW 的永磁同步电机和 41kW·h 的水冷三元锂电池组，行驶里程 2 万 km。驾驶人反映，该车无法用便携式充电盒进行交流慢充充电。

故障诊断　该车配备了直流快充充电口和 220V 交流慢充充电口，并随车配备了便携式充电盒。维修人员试车发现，该车连接慢充充电枪后，充电插座上的红色充电指示灯常亮（图 1-21），这代表存在充电故障。同时，组合仪表中的充电连接灯点亮，但充电指示灯并未点亮（图 1-22），这表明充电枪已经连接好但系统并未充电。

图 1-21　充电插座的红色指示灯常亮

图 1-22　故障车仪表显示

由于充电插座上的红色充电指示灯常亮，表明充电系统自检没有通过，这种情况下自诊断系统会记录相关故障码。维修人员使用诊断仪读取该车故障码，发现未连接充电枪时故障码为"P10031B——OBC 充电过程中充电枪插座温度过高，当前的"；当充电枪连接后，除 P10031B 故障码外，还新增了故障码"P10031E——充电枪插座温度无效，当前的"（图 1-23）。

帝豪>>帝豪EV300 >> 充电控制器（OBC） >> 读故障码		
故障码	描述	状态
P10031B	OBC充电过程中充电枪插座温度过高	当前的
P10031E	充电枪插座温度无效	当前的

图 1-23　诊断仪读取到的故障码

由于故障码将故障指向了充电插座温度传感器，结合电路图进行检查（图 1-24）。从图 1-24 中可知，车载充电机上的 EP66 插接器的 11 号和 12 号端子与交流充电插座相连，正是充电插座温度传感器的信号线。维修人员将车载充电机上的 EP66 插接器断开，测量其 11 号与 12 号端子之间的电阻，结果显示为 0.5Ω，而这实际上应该只是 2 条导线的内阻（图 1-25）。进一步拆下左后车轮罩，再断开交流充电插座的 EP22 插接器，测量其 7 号与 8 号端子之间

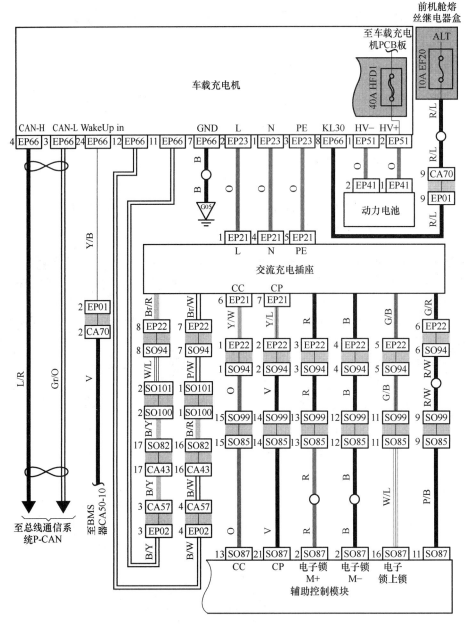

图 1-24 交流充电系统电路图

的电阻，也就是温度传感器自身的电阻，测量结果显示为 0Ω（图 1-26）。

由测量结果分析，该车无法充电的故障正是由于温度传感器内部短路所引起的。因为该温度传感器的核心元件是一个负温度系数电阻，其电阻值随着温度的上升而降低。当车载充电机检测到充电插座温度传感器的电阻为 0Ω 时，会误认为插座温度过高，进而出于热保护的原因而禁止通过交流充电插座进行充电，同时记录相应故障码并点亮红色的充电故障警告灯。

第一章　纯电动汽车实用维修技能与技巧

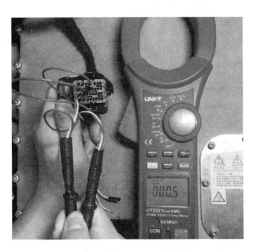

图 1-25　EP66 端测量结果

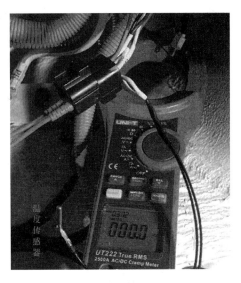

图 1-26　EP22 端测量结果

故障排除　更换交流充电插座（图 1-27），清除故障码后重新用便携式充电盒为车辆充电，连接充电枪后，充电插座上的绿色充电指示灯闪烁（图 1-28），代表系统正在充电，同时组合仪表上的充电连接灯和充电指示灯均点亮（图 1-29），交流充电系统运行正常，故障排除。

图 1-27　交流充电插座

图 1-28　绿色充电指示灯闪烁

技巧点拨　根据该车型相关资料，车载充电机负责将交流充电桩或便携式充电盒输入的交流电转换为直流电，对电池组进行充电，同时监测充电插座的充电温度，避免因温度过高而引起充电插座烧结。

图 1-29　正常充电时的仪表显示

二、2017 款吉利帝豪 EV300 慢充系统不能充电

故障现象　一辆 2017 款吉利帝豪 EV300，行驶里程 7600km。驾驶人反映，在使用随车充电器慢充时，充电器指示灯显示故障并无法充电。最早怀疑是随车充电器出现问题，更换随车充电器后，无法充电的现象依然存在，仪表板上无任何故障码。

故障诊断　接车后，首先使用解码器对系统进行扫描，发现整个系统没有任何故障码，因为是整车无法充电，怀疑是车载充电机故障，使用解码器进入车载充电机模块并读取相关数据流，一切正常。

与驾驶人沟通后得知，车辆购买后使用频率不高，2 天前想使用随车充电器对汽车进行充电时，发现无法充电。对车辆相关系统电路的插接器进行基本检查，确认正常。

重新连接随车充电器，具体研究车辆的症状，确实如驾驶人所叙述的，插上充电枪后，充电指示器显示无法充电。这时试着插上充电枪后再读取故障码，扫描系统，系统显示"整车非期望的整车停止充电"和"DC/DC 故障等级 2（零输出）"这 2 个故障码。这是一起非常典型的纯电动汽车必须连接随车充电器才能显示故障码的故障，维修人员在维修时会忽略连接随车充电器，所以无法显示故障码，连接随车充电器后系统就立刻显示相关的故障码。

依据"整车非期望的整车停止充电"和"DC/DC 故障等级 2（零输出）"这 2 个故障码进行分析，其中"DC/DC 故障等级 2（零输出）"这个故障码将故障直接指向了电机控制器（图 1-30），电机控制器的作用之一就是将 359.6V 的直流高压电转变为 12V 的直流低压电，由于电机控制器功能失效，进而导致整车无法充电。

故障排除　为了验证自己的思路，将电机控制器拆下，再换上其他试乘试驾车辆的电机控制器（图 1-31），换完后补充冷却液，起动车辆并对车辆进行充电，发现问题解决了。

技巧点拨　纯电动汽车的结构和工作原理与传统汽油车会有很大的差别，其中电机控制器有控制电机旋转、DC/AC、直流降压（DC/DC）、制动能量回收等作用。这款车在连接随车充电器后显示"DC/DC 故障等级 2（零输出）"故障码，这个故障码给维修提供了依据，针对故障码的信息对电机控制器进行检修，更换电机控制器后终于排除了故障。

图 1-30　原车电机控制器

图 1-31　更换的电机控制器

三、吉利帝豪 EV300 无法加速

故障现象　一辆吉利帝豪 EV300，行驶里程 1000km，行驶不久仪表板上的电机过热指示灯与功率限制指示灯偶发性点亮，且散热风扇高速运转，踩加速踏板无加速响应，车辆只能以电机怠速行驶。

故障诊断　仪表板上的电机过热指示灯点亮，表示电机温度太高，必须停车并使电机降温。在下列工作条件下，电机可能会产生过热现象：在炎热的夏天长时间爬坡；车辆处于停停走走的交通状态；频繁急加速、急制动；车辆长时间运行。仪表板上的功率限制指示灯同时点亮，这说明电机或电机控制器温度过高（超出正常范围），导致电机功率受到限制而无法加速。

冷却系统的作用就是通过冷却液循环为驱动电机、电机控制器散热。电动冷却液泵由低压电路驱动，为冷却液循环提供压力，图 1-32 所示为在电动冷却液泵的驱动下冷却液在管路中的流向。该故障车在正常温度下起步，行驶不久后便出现过温功率限制，分析认为很可能是冷却系统故障或电机、电机控制器自身故障。

起动车辆试运行一段路程，待出现功率限制后，连接故障检测仪读取故障码，读得偶发故障码 P0A3C00——电机冷却液泵使能控制开路或对搭铁短接，读取相关数据流如图 1-33 所示。根据故障码的含义与相关数据流分析，该车故障很可能是冷却液泵循环电机

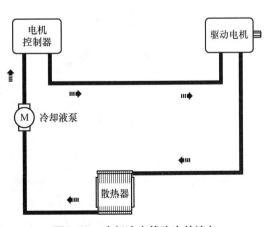

图 1-32　冷却液在管路中的流向

不正常运转导致的。查阅吉利帝豪 EV300 冷却系统控制电路（图 1-34）可知，冷却液泵与散热风扇都由 VCU 控制，电源经过 EF03 熔丝（20A）和冷却液泵继电器（ER08）为冷却液泵提供工作电源。

帝豪》帝豪EV300》整车控制系统（VCU）》读数据流		
名称	当前值	单位
电机实际转速	0	r/min
电机系统故障状态	无误	
电机系统控制状态	不活跃的	
电机实际转矩	0	N·m
电机故障码	0	
电机定子温度	35	℃
电机控制器实际进水口温度	62	℃
DC/DC 内部温度	50	℃

图 1-33 故障车相关数据流

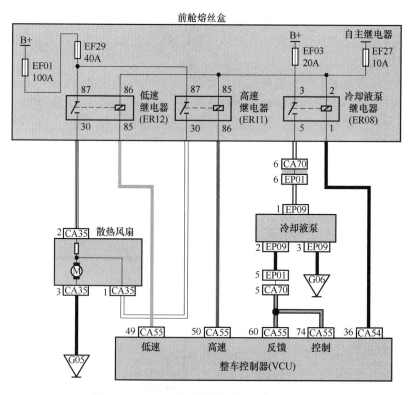

图 1-34 EV300 电动汽车冷却系统控制电路

操作起动开关使电源模式至 OFF 状态，打开前舱熔丝盒盖，拔下 EF03 熔丝检查，熔丝额定容量为 20A 且未熔断，正常；检查冷却液泵的供电电压，操作起动开关使电源模式至

OFF 状态，拔下冷却液泵的导线连接器 EP09，起动车辆后，用万用表测量 EP09 的 1 号端子与 EP09 的 3 号端子之间的电压，为 13.09V（标准电压为 11～14V），正常，说明冷却液泵的供电线路正常；连接好导线连接器 EP09，用示波器测量导线连接器 EP01 的 5 号端子的冷却液泵反馈信号波形，结果发现无电压信号，这说明冷却液泵没有正常运转，判定为冷却液泵自身有故障，需要更换冷却液泵。

故障排除 断开起动开关使电源模式至 OFF 状态，断开蓄电池负极连接并做绝缘后等待 5min；打开冷却液加注盖，拔下电机冷却液出液口管路，放掉冷却液；拆下冷却液泵总成，换上新的冷却液泵后，插好电机冷却液出液口管路；加注冷却液，对冷却系统排气后试车，故障排除。

> **技巧点拨** 帝豪 EV300 驱动电机转子高速旋转会产生高温，热量通过机体传递。如果不降温，驱动电机无法正常工作，因此驱动电机内设置有冷却液道，通过冷却液循环与外界进行热交换，这样能将驱动电机的工作温度保持在一定范围内，防止驱动电机过热。电机控制器不但控制驱动电机的高压三相供电，还要将动力电池的高压直流电转化成低压直流电为铅酸蓄电池充电，在此过程中也会产生热量，需要通过冷却液循环散热。

第三节 比亚迪纯电动汽车维修技能与技巧

一、2017 款比亚迪 E5 纯电动汽车无法充电

故障现象 一辆 2017 款比亚迪 E5 纯电动汽车，断开电源开关（OFF 档），打开前充电舱并连接便携式 220V 交流充电枪，组合仪表动力电池充电连接指示灯点亮，显示充电连接中，但无充电连接成功显示，交流充电无法完成，车辆无其他故障。

故障诊断 接车后首先验证故障现象，车辆可以正常起动并完成高压上电，仪表 OK 灯点亮，并未见其他故障灯点亮。根据故障现象可以初步排除动力电池故障（电池处于可充电状态，SOC 为 46%）、高压互锁线路故障、高压系统漏电故障等。然后连接 MS908 解码器，扫描控制单元，无故障码存储；读取车载充电机模块相关数据流，也未见异常，这说明控制单元工作正常。分析认为故障应该出在交流充电系统上。

查询相关技术资料，比亚迪 E5 纯电动汽车充电系统工作原理如图 1-35 所示。

根据工作原理分析，当高压总成内充电枪触发单元通过与充电枪连接端子 CC 与端子 PE 检测到充电连接装置内的电阻 R_C 后（确定充电连接装置额定容量），拉低充电连接信号，BMS 模块控制车辆低压供电线路 IG3 继电器吸合给相关部件提供电源，当 BMS 得电后执行充电程序并拉低仪表充电指示灯信号，仪表充电连接指示灯点亮。因此，测量充电枪端子 CC 与端子 PE 之间的电阻，为 681Ω，正常，因为仪表充电连接指示灯可正常点亮，据此分析端子 CC 与端子 PE 的连接信号正常。由于比亚迪 E5 纯电动汽车带有预约充电功能，预约充电服务器集成在仪表控制单元内，在充电连接过程中，车载充电机需要通过 CAN 总线接收到仪表控制单元发来的确认充电报文信息，在确认当前无预约充电设置后，才能执行实时充电动作，充电成功后组合仪表才会显示正在充电的信息。分析认为，预约充电功能误触

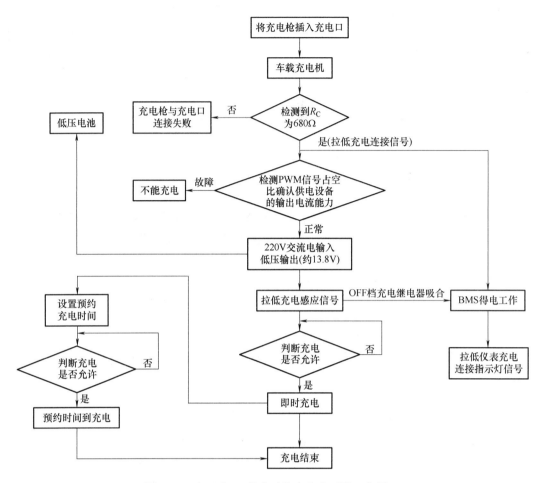

图1-35 比亚迪E5纯电动汽车充电系统工作原理

发可能对充电造成影响。对仪表控制单元进行恢复默认设置操作,并查看预约充电功能状态,为关闭状态,然后对车辆进行重新充电,故障现象依旧。

根据充电系统工作原理分析,认为故障很可能为交流充电控制导引电路存在连接线路故障、供电控制装置故障或车辆充电控制装置故障。查阅《电动汽车传导充电系统》(GB/T 18487.1—2015),交流充电控制导引电路原理如图1-36所示,当充电接口已完全连接时,开关从+12V连接状态切换至PWM信号(脉冲宽度调制信号),供电控制装置通过测量检测点1的电压值变化来判断充电连接装置是否完全连接,车辆控制装置通过测量检测点2位置的PWM信号来判断供电设备的供电能力,确认充电连接装置已完全连接。

用万用表测量充电枪端子PE与端子CP之间的电压,为12V,端子L与端子N之间的电压为0V,初步判断供电设备正常;查阅维修手册,找到交流充电电路(图1-37),用万用表测量交流充电口线束端导线连接器B53(B)端子1与高压电控总成导线连接器B28(A)端子47之间的导通情况,发现CP连接线束断路;在前舱位置找到导线连接器BJB01(A),发现端子12退缩,从而导致CP信号在充电连接过程发生中断,出现无法充电的故障。

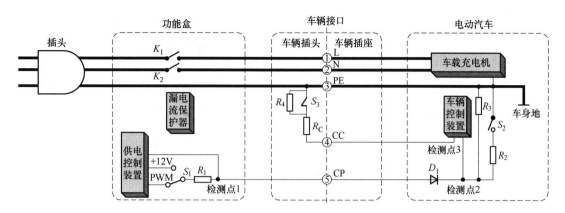

图 1-36 交流充电控制导引电路原理

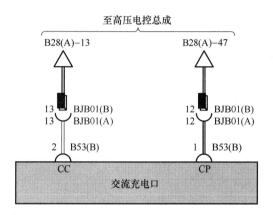

图 1-37 交流充电电路

故障排除 处理导线连接器 BJB01（A）端子 12，测量导线连接器 B53（B）端子 1 与 B28（A）端子 47 之间的电阻，为 0.2Ω，正常。对车辆进行充电，仪表显示充电信息，有充电功率和预计充电时间显示，说明充电正常，故障排除。

> **技巧点拨** 车辆连接充电枪后，仪表充电连接指示灯点亮，但并未听见前舱高压总成内部车载充电机散热风扇运行的声音（正常工作时应伴有车载充电机散热风扇转动的声音），仪表板一直显示充电连接中，未显示"充电成功"信息，这表明车辆并没有充电。

二、比亚迪 F3DM 双模电动汽车红色电池灯报警

故障现象 一辆 2010 款比亚迪 F3DM 双模电动汽车，行驶里程 10 万 km，在一次高速公路行驶途中，突然发现该车仪表板显示屏红色警告灯点亮（图 1-38）。

故障诊断 该车出现电池警告灯报警后，立即到 4S 店报修。一般使用 5~6 年、行驶里程达 10 万 km 的车辆，电流互感器出现故障的概率较高，因此首先怀疑是霍尔式电流互感器出现了故障。同样采取对比法来判断，即用性能良好的电流互感器取代怀疑已出现故障的

电流互感器。

该车使用的是霍尔式直流电流互感器，利用霍尔片状晶体制成，是一种可直接检测动力电池工作电流的器件。检测电流对高压电池是极其重要的，电动汽车上多采取"磁平衡补偿"霍尔式电流传感器（图1-39）。通过对比法和具体检测分析后，证实此传感器的运算放大器已损坏。这种传感器采用非接触式检测主电流，检测时不会影响被测电流的大小，也不消耗被测电源的功率，只需将被测的主电流导线空心穿过传感器磁环即可进行测量。

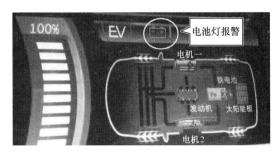

图1-38 比亚迪电池警告灯

磁平衡补偿霍尔式电流传感器的工作原理如图1-40所示。传感器有一个带缺口的圆形磁心，被测的主电流穿过圆形磁心时会在磁环上产生磁场。当主电流磁场与补偿线圈磁场这两个磁场大小相等方向相反时，在铁心的缺口处形成的合成磁场将相互抵消，结果合成磁场为零，可见次级的补偿电流安匝数在任何时间都与初级被测电流的安匝数相等。这时补偿线圈中的电流I_s正比于被测主电流I_p，即可利用I_s检测I_p的大小。图1-40中的运算放大器用于自动调节I_s大小。当补偿电流通过电阻R时，则会产生信号电压，这个信号电压能检测出主电流I_p的大小。

图1-39 磁平衡补偿霍尔式电流传感器

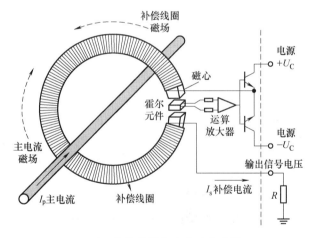

图1-40 磁平衡补偿霍尔式电流传感器原理图

霍尔式电流传感器能快速、精准地检测主电流的变化。电动汽车在起步或运行时，是依靠动力电池提供电能，向驱动电机输出电流以使汽车产生动力。当电动汽车工况不同时，行驶阻力会发生变化，车辆行驶时的电流常为100~200A，起步瞬间高达1000A。与此同时，动力电池输出的主电流I_p也会快速变化，一旦磁场平衡受到破坏，霍尔式传感器立即有信号输出，会重新进行自动调节补偿以达到新的平衡。这个平衡过程是极快的，从磁场失衡到再次平衡，所需的时间只需1μs，完全可满足车辆行驶的快速变化对精准检测的要求。

故障排除 将电动汽车上电后，动力电池就可给驱动电机正常供电，再没有出现电池警告灯点亮的情况，故障得以排除，车辆恢复正常。这表示此故障确实是电流互感器损坏造成的。

技巧点拨 霍尔式电流互感器与普通的传感器不同，需要输入一定的工作电压才能输出所检测的工作电流值。所以霍尔式电流互感器上共有四条线：$+U_C$ 和 $-U_C$ 分别为 $+15V$ 及 $-15V$，另有信号输出线和搭铁线。

三、比亚迪 E6 原地起步时踩下制动踏板无法换入前进档

故障现象 一辆比亚迪 E6 纯电动汽车 HV 电池组电量充足，为用电设备提供 12V 电源的电量也充足，但在原地起步时踩下制动踏板无法换前进档。观察仪表板，其中 OK 指示灯亮表示起动正常，但是踩下制动踏板，拨动变速杆，仪表板上的 D 位显示灯不亮。

故障诊断 使用比亚迪汽车专用 ED400 故障检测仪检测故障码，读取档位控制器的数据流。检测结果是系统无故障码，如图 1-41 所示。换上 D 位时，档位传感器数据流无变化，如图 1-42 所示。由此看来，该故障点比较隐蔽，技术人员无法从故障检测仪获取准确的故障信息。

图 1-41 用 ED400 故障检测仪检测故障码

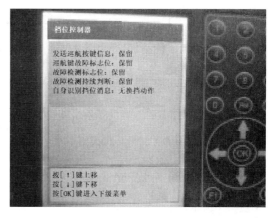

图 1-42 用 ED400 故障检测仪读取数据流

首先确认制动深度传感器是否存在故障。制动深度传感器安装在制动踏板上，其连接电机控制器电路如图 1-43 所示。电机控制器为制动深度传感器提供 2 根 5V 的电源线，连接制动深度传感器的连接器 B05 的 2 号和 7 号端子电压均为 5V。制动深度传感器的 2 根负极线通过电机控制器内部搭铁，连接器 B05 的 9 号和 10 号端子与车身之间电阻应小于 1Ω，与车身之间电压接近 0V。2 条位置信号线分别输出与制动踏板深度变化成正比、反比的电压，而两者电压之和约为 5V。制动深度传感器的电路分析见表 1-1，用万用表检测，制动深度传感器电路检测值与正常理论值非常接近，没有故障。

表 1-1 制动深度传感器的电路分析表

端　　子	条　　件	正常值/V
B05-1→车身地	不踩制动踏板	约 0.66
	制动踏板踩到底	约 4.45
B05-8→车身地	不踩制动踏板	约 4.34
	制动踏板踩到底	约 0.55

(续)

端　子	条　件	正常值/V
B05-2→车身地	ON 档电	约 5
B05-7→车身地	ON 档电	约 5
B05-9→车身地	ON 档电	小于 1
B05-10→车身地	ON 档电	小于 1

从中获知档位控制器或档位传感器出现问题。档位传感器安装在档位执行器上，档位执行器上还装有变速杆，是人机对话的窗口。查阅维修手册，电路如图 1-44 所示，档位控制器分别与档位传感器 A 和档位传感器 B 连接，其中档位传感器 A 在人工操纵变速杆到 N 位或 P 位时产生信号，并传递给档位控制器。档位传感器 B 在人工操纵变速杆到 R 位或 D 位时产生信号，并传递给档位控制器。

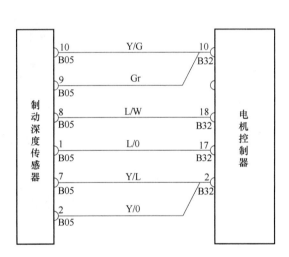

图 1-43　制动深度传感器与电机控制器之间电路

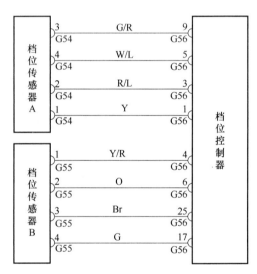

图 1-44　档位控制器或档位传感器接线图

首先分析档位传感器 A 与档位控制器之间的电路，见表 1-2。其中与档位传感器 A 相连的连接器 G54 的 1 号端子作用是档位控制器为档位传感器 A 提供 5V 电源。G54 的 3 号端子与车身接地，两者之间电阻应小于 1Ω。操纵变速杆打到 P 位时，G54 的 2 号端子正常情况下相对于车身应输出约 5V 电压。操纵变速杆打到 N 位时，G54 的 4 号端子正常情况下相对于车身应输出约 5V 电压。

表 1-2　档位传感器 A 各端子与车身之间的电压/电阻关系表

端　子	线　色	条　件	正常值
G54-3→车身地	Gr	始终	小于 1Ω
G54-4→车身地	W/L	变速杆打到 N 位	约 5V
G54-2→车身地	R/L	变速杆打到 P 位	约 5V
G54-1→车身地	Y	电源打到 ON 位	约 5V

使用万用表检测档位传感器 A，在仪表板上 OK 指示灯亮情况下，测量 G54 的 1 号端子与车身之间的电压，正常显示 4.88V。使用电阻档测量连接器 3 号端子电阻值，显示 0.2Ω，再检测该端子的电压只有 0.02V，表示该 3 号端子接地良好。拨动变速杆到 P 位，同时检测连接器 G54 的 2 号端子输出电压，显示 4.87V，再检测与档位控制器相连接的连接器 G56 的 3 号端子的电压，也显示为 4.87V，说明传递 P 位信息的该线路不存在故障。同理检测传递 N 位信息的线路，即拨动变速杆到 N 位，同时检测连接器 G54 的 4 号端子输出电压与连接档位控制器的连接器 G56 的 5 号端子的电压是否一致，实际测量均为 4.86V，说明传递 N 位信息的线路也不存在故障。

再来分析档位传感器 B 与档位控制器之间的电路，见表 1-3。其中与档位传感器 B 相连的连接器 G55 的 4 号端子作用是档位控制器为档位传感器 B 提供 5V 电源。G55 的 3 号端子与车身接地，两者之间电阻应小于 1Ω。操纵变速杆到 R 位时，G55 的 1 号端子正常情况下相对于车身应输出约 5V 电压。操纵变速杆到 D 位时，G55 的 2 号端子正常情况下相对于车身应输出约 5V 电压。

表 1-3　档位传感器 B 各端子与车身之间的电压/电阻关系表

端　　子	线　　色	条　　件	正　常　值
G55-1→车身地	Y/R	变速杆打到 R 位	约 5V
G55-2→车身地	O	变速杆打到 D 位	约 5V
G55-3→车身地	Br	始终	小于 1Ω
G55-4→车身地	G	电源打到 ON 档	约 5V

使用万用表检测档位传感器 B，按下起动按钮，仪表板上 OK 指示灯亮，测量 G55 的 4 号端子与车身之间的电压，其显示 4.88V，该线路正常。使用电阻档测量连接器 G55 的 3 号端子电阻值，显示 0.14Ω，再检测该端子与车身之间的电压只有 0.02V，表示该 3 号端子与车身接地良好。拨动变速杆到 R 位，同时检测连接器 G55 的 1 号端子输出电压，显示 4.86V，再检测导线另一端的连接器 G56 的 4 号端子的电压，也显示为 4.86V，说明传递 R 位信息的该线路正常。但是检测传递 D 位信息的线路发现异常，即拨动变速杆到 D 位，同时检测连接器 G55 的 2 号端子相对于车身输出电压，显示 4.88V，再检测与档位控制器相连的连接器 G56 的 6 号端子输出电压却是 0.9V，一条导线的两端电压不一样，怀疑传递 D 位信息的线路存在故障。

故障排除　维修人员拆下中控饰板，检查档位传感器到档位控制器之间的 D 位线路，发现该导线某一处被中控饰板夹住，已破损，造成该导线搭铁，换 D 位时，D 位信号没有传递给档位控制器，车辆无法前进。使用电工胶布包扎破损处，恢复电路原本的功能，起动车辆，挂上 D 位，车辆可以行驶，故障完全排除。

技巧点拨　比亚迪电动汽车上的制动深度传感器、档位传感器有别于传统燃油汽车的传感器，对于这两种传感器要了解其控制机理，明确其在系统中的作用，这是进行正确诊断故障的关键。

四、比亚迪 E6 纯电动汽车无法充电

故障现象　一辆 2012 款比亚迪 E6 纯电动汽车，行驶里程 5.2 万 km。驾驶人反映，该车使用便携式 220V 交流充电器正常连接成功后，充电指示灯点亮，但充电一段时间后剩余电量没变化，无法充电，未见其他明显故障。

故障诊断　根据驾驶人的描述，确认预约充电功能处于关闭状态，分别对车辆进行快/慢充，以判断故障是出在电控线路还是机械设备。进行慢充，确认交流充电枪与交流充电口连接完好，充电连接指示灯点亮，但仪表没有任何信息显示，且未听到车载充电器正常工作时的响声（正常充电工作时，伴有风扇旋转时的响声），更换便携式 220V 交流充电器后，故障依旧，据此可判断慢充系统发生故障。

查阅比亚迪 E6 维修手册，慢充系统结构如图 1-45 所示。比亚迪 E6 慢充流程为：正确连接充电枪→提供充电感应信号（CC）→车载提供 DC12V→BMS 和车载报文交互→BMS 吸合车载充电接触器→充电成功。根据以上的慢充充电流程，可以排除车载充电器存在故障的可能，认为故障点发生在交流充电口至动力电池组之间。

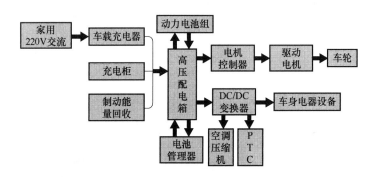

图 1-45　比亚迪 E6 慢充系统结构

使用比亚迪汽车专用 ED400 故障检测仪读取故障码和车载充电器的数据流，无故障码，相关数据流也正常，由此可得出车载充电器未发生故障。检测配电箱内部的慢充继电器（电阻为 49.2Ω，正常值为 48.0~52.0Ω，符合技术要求）及相关熔丝，外加 12V 电压后能闭合导通，未见异常。据此可得出故障点发生在电控线路系统中。查阅比亚迪 E6 维修手册关于车载慢充系统的控制电路（图 1-46），在比亚迪 E6 车载交流充电系统中，电控部分主要由车载充电感应信号（CC）、充电控制确认信号（CP）及 CAN 网络构成。因充电感应信号（CC）是电池管理器（BMS）和车载充电器信息交互的控制线，而充电控制确认信号（CP）串联了车载充电器（相关控制线路如图 1-47 所示），故需对其分别检测。

首先在未充电的情况下，断开高压维修开关，等待 5min 后对交流充电口的充电控制确认信号（CP）进行检测。测量 CP-PE 间的电阻为 0.58MΩ（正常值为 0.5MΩ~0.6MΩ），与理论值较接近，符合技术要求，说明车载充电器内部连接 CP 信号端的二极管并未损坏，没有故障；根据图 1-47 测量端子 K50-4 与车身搭铁间电压，为 11.66V，正常；测量端子 M33-4 与车身搭铁间电压，为 11.69V，正常；测量端子 K50-4 与端子 M33-4 之间的电阻，为 0.3Ω，正常；结合充电指示灯点亮，认为充电控制确认信号线（CP）无故障。

接通至 ON 位，对充电感应信号（CC）控制线进行检测。用万用表的电阻档测量端子

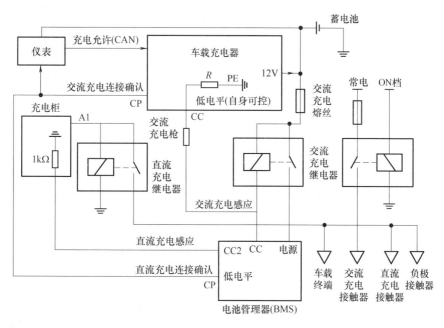

图 1-46 车载慢充系统的控制电路

K50-1 与端子 M33-10 间的电阻，为 0.6Ω，正常；使用万用表的电压档测量端子 M33-10 与车身搭铁间的电压，为 0.2V，而正常值约为 12V；测量端子 K50-1 与车身搭铁间的电压，为 0.32V，正常；可判断端子 K50-1 与端子 M33-10 之间的线路存在故障；为了进一步确定故障点，缩小故障范围，对车载充电器进行充电测试，车载充电器与电池管理器之间的电压、电阻关系见表 1-4。在确认交流充电口连接成功且仪表充电指示灯点亮

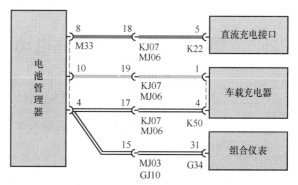

图 1-47 电池管理器控制线路图

后（此时车载充电器还处于不工作状态），用万用表的电压档测量端子 M33-10 与车身搭铁间的电压，为 0.77V；测量端子 M33-10 与端子 KJ07-19 之间的电压，也为 0.77V。由此可判断充电感应信号（CC）控制线发生搭铁故障。

表 1-4 车载充电器与电池管理器之间的电压、电阻关系

连接端子	端子描述	线色	条件	正常值
端子 M33-10 与车身搭铁	充电感应信号	Y	充电	小于 1V
端子 M33-10 与车身搭铁	充电感应信号	Y	点火开关置于 ON 位	约 12V
端子 M33-4 与车身搭铁	充电控制确认信号	R/Y	充电	小于 1V
端子 M33-4 与车身搭铁	充电控制确认信号	R/Y	点火开关置于 ON 位	约 12V
端子 K50-1 与端子 M33-10	充电感应信号线	R、R/Y	始终	小于 1Ω

（续）

连接端子	端子描述	线色	条件	正常值
端子 K50-4 与端子 M33-4	充电控制确认信号线	R、R/Y	始终	小于1Ω
端子 K50-4 与车身搭铁	充电控制确认信号	R	充电	小于1V
端子 K50-4 与车身搭铁	充电控制确认信号	R	点火开关置于ON位	约12V

拆开行李舱保护侧盖，检查连接车载充电器和电池管理器（BMS）的线束连接器 KJ07（MJ06），发现离连接器 KJ07 不足 7cm 的线束被改装音响的箱体挤压（已压扁），线束保护层已裂开。拆下音响箱体，拨开线束，裸露的充电感应信号（CC）控制线已搭在车架上，造成搭铁现象。当进行慢充充电时，由电池管理器（BMS）发送的充电感应信号无法传递给车载充电器，从而造成车载充电器无法输出高压电，即无法充电。

故障排除 用绝缘胶布把充电感应信号控制线破损搭铁处包好，使其恢复传递信号功能，接着对该车进行慢充充电，仪表有相应的充电时间、电流和电量等信息显示，无法充电的故障彻底排除。

> **技巧点拨** 进行直流快充充电时，确认充电枪与直流充电口连接完好，仪表的充电连接指示灯亮，仪表有相应的充电时间、电流和电量等信息显示，表明快充系统完好，没有故障。

第四节　江淮系列纯电动汽车维修技能与技巧

一、江淮同悦纯电动汽车行驶时突然掉电

故障现象　一辆 2011 款江淮同悦纯电动汽车，行驶里程 2052km。行驶途中该车仪表板上的动力电池警告灯亮（图1-48），同时动力电池组突然掉电，汽车动力消失，无法行驶。

该车动力电池组为磷酸铁锂动力电池，额定电压 320V，电池组容量为 50A·h，总能量为 15.2kW·h。动力电池组由 95 个电池模块串联而成，分为 2 个电池包，上电池包和下电池包，上电池包安装在汽车的行李舱内，下电池包安装在传统汽车燃油箱安装的位置。上电池包由 40 个电池模块组成，下电池包由 55 个电池模块组成。电池模块由 5 个单体电池并联组成。电池模块技术指标如图 1-49 所示。

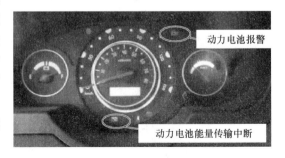

图1-48　仪表板上显示动力电池警告灯亮

故障诊断　根据故障现象判断，在行驶途中突然掉电的故障原因可能有：①低压电池故障；②高压电池组故障；③动力电池高压继电器损坏；④驱动电机故障；⑤驱动电机控制器故障；⑥档位故障；⑦线路故障。液晶屏上显示的故障码如图 1-50 所示。

项目	参数
规格型号	IFP1865140A
标称电压	3.3V
额定容量	10A·h
内阻	<9mΩ
放电下限电压	2.50V
充电上限电压	3.90V
恒流恒压	2.0A恒流充电，3.90V后恒压充电(0.5C)，直至充电电流小于0.2A
最大连续放电电流	20.0A(2C)
尺寸	18mm×65mm×140mm
质量	330g±10g
工作环境	充电(0~45℃)，放电(-20~45℃)
储存温度	1个月(-20~40℃)，3个月(-20~35℃)

图 1-49 江淮电动汽车电池模块技术指标

液晶显示屏显示的故障码为210005，查询故障表得知为"电机母线欠压"。起动车辆，换前进档，准备行驶时，动力电池突然掉电。由此判断可能是低压电源的故障（电动汽车上低压电源的主要作用是：即使当主能源如主电池完全放完电或设备不能正常工作时，仍能为电动汽车的动力电池管理系统、中央控制器、显示仪表和基本辅助子系统提供稳定的能量）。低压电源工作电压的范围为9~16V，超出此范围低压系统就不能正常工作，会处于欠电压或过电压状态。检测低压电源的电压低于9V。更换低压电源，起动车辆，车辆行驶了10min后，又突然掉电。排除低压电源的故障，电机、电机驱动器故障和线路故障。车辆能正常行驶，排除档位的故障，同时动力电池高压继电器能正常闭合和开启，其故障也已排除。现在只可能是动力电池故障。

动力电池是否亏电？将车拖回厂里，首先给动力电池充电，在充满电以后，将车辆开到举升机上，支起车辆的2个驱动轮，然后加速运行。行驶一会后，用仪器读取动力电池组的数据流。在95个电池模块中有1个电池模块，即35号电池模块电压过低，为2.45V（图1-51），标准电压应为2.5~3.6V。每当35号电池模块电压降到2.45V时，动力电池组就突然掉电，动力消失。

图 1-50 液晶屏上显示的故障码

图 1-51 动力电池数据流

故障排除　更换35号电池模块，同时对整车的电池系统进行均衡性充电。充电完成后，装车试车，故障排除。

> **技巧点拨**　为什么一个电池模块电压过低会使动力电池组整个系统输出能量也变低呢？江淮纯电动汽车的动力电池组由95个电池模块串联组成。由于电池组存在"木桶效应"，即电池组特性由最差的电池决定，而电池模块放电下限电压为2.5V，当电池管理系统采样到某一个电池模块电压过低，为了保护整个动力电池组，延长其使用寿命，故电池管理系统会切断整个动力电池组的能量输出即欠电压保护。

二、江淮同悦 IEV 简易充电桩不能充电

故障现象　一辆江淮同悦 IEV3，行驶里程 25000km，驾驶人反映车辆无法充电。

故障诊断　驾驶人安装了简易充电桩，采用220V供电为IEV电动车充电。现场取出随车配置的普通型充电线缆，将电源插头插入简易充电桩插座内，再打开车辆充电插头的防护盖，将充电插头插入车辆充电口，充电线缆连接完成后，观察车辆仪表板上的指示灯，充电线连接指示灯和电池组充电灯均未亮起，表明车辆未进入充电状态。

仔细检查简易充电桩，检测到充电桩标准插座上端的两个信号端子（图1-52）之间的电压为直流12V；再进一步检测有无交流220V电压，此车自备的充电桩插座无220V电压，判断充电桩功能失效。

图1-52　简易充电桩功能性检查

故障排除　打开简易充电桩后盖，检查发现内部继电器已经烧毁，更换新的继电器后（图1-53），充电功能恢复正常。

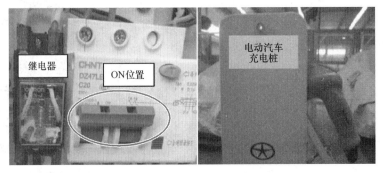

图1-53　更换充电桩继电器

电动汽车充电桩安装及故障检查方法因为涉及强电检查操作，不具备电工知识的驾驶人

不宜操作。接通充电桩外部总电源后，此时如果用电动汽车充电线缆插头插入充电桩，充电桩上的指示灯亮，表明充电桩功能正常，可以使用；如果充电桩上的指示灯不亮，则需要检查充电桩内部继电器或保护开关是否失效。交流充电桩控制原理如图 1-54 所示。

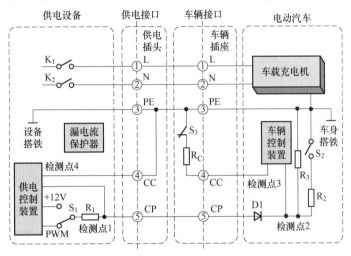

图 1-54　电动汽车交流充电桩控制原理图

> **技巧点拨**　如果标准插头的信号端子没有 12V 电压，则先断开简易充电桩外部总电源，打开简易充电桩后盒盖，检查漏电保护开关是否在 ON 位置，或检查充电桩继电器是否损坏，来判断充电桩的供电接口与供电设备是否存在故障。

三、江淮 iEV5 纯电动汽车无法行驶

故障现象　一辆江淮 iEV5 纯电动汽车，行驶里程 3400km，驾驶人反映组合仪表故障灯常亮，动力中断，车辆无法进入可行驶状态。

故障诊断　插接整车诊断口，将控制器上电，读取上位机监测数据，存在 DTC178，指示 CAN 通信故障。检查 PCU 低压控制插接件内 CAN-H、CAN-L 两针脚，确定整车 CAN 终端电阻值为 60Ω，但无法确定 PCU 内部 CAN 终端电阻有无故障。根据电动汽车维修规程，首先断开电池维修开关，维修开关位于动力电池总成中间表面位置，打开中央通道末端地毯盖板下方的维修开关盖板，操作维修开关，如图 1-55 所示。切断整车高压，再拔掉正负母线接头，拆下电机控制器（PCU）的接线盒盖，然后拆下三相线，拔掉低压插接件，移除 DC/DC 搭铁，再用水管卡钳拆下进出水管，最后拆卸 PCU 4 个固定螺栓，这样可完全拆卸电机控制器（PCU），进行车下检查。上述拆解步骤如图 1-56～图 1-58 所示。

故障排除　进一步对 PCU 内部进行检查，发现 DC/DC 损坏（图 1-59）。更换 PCU 后，重新装车试车，故障排除。

> **技巧点拨**　江淮 iEV5 整车采用 CAN 通信，其 CAN 通信拓展如图 1-60 所示。驱动电机控制器（PCU）内部集成 DC/DC 模块，其功能是将电池的高压电转换成低压电，为整车低压系统供电。

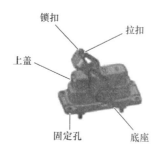

图 1-55　江淮纯电动汽车 iEV5 维修开关

图 1-56　拆卸电机控制器接线盒

图 1-57　卸下 PCU 低压接线

图 1-58　车下检查电机控制器

四、江淮 iEV5 纯电动汽车无法提速

故障现象　一辆江淮 iEV5 纯电动汽车，行驶里程 12400km，驾驶人反映组合仪表上存在提示语"限功率模式"，车辆最高车速限制在 40km/h，无法正常提速。

故障诊断　根据故障现象，判断该车进入了跛行模式。查阅维修手册，得知电机故障灯点亮、提示"限功率模式"时，可能故障点为：IGBT 过温，单体电池温度过高。

利用上位机监控检测诊断软件，发现车辆 IGBT 温度高于 85℃，显示故障码为 P301E。

首先检查前舱的冷却液液位,正常。再进一步检查 PCU 控制器本身内部水道有无堵塞不畅,拔出 PCU 上的冷却液进水管和出水管,利用风枪对着吹风,观察另一端的出风情况,也正常。最后检查水泵,发现水泵不工作,导致冷却系统不循环,无法给予控制器降温,导致 PCU 过温,车辆限制功率。查阅资料得知,水泵工作需要的条件有 2 个:①VCU 提供的转速信号;②12V 的低压供电。M/C 继电器由 VCU 控制,为 PCU、LBC、冷却风扇、电子冷却水泵及电池风扇供电。

重点检查水泵继电器和 M/C 继电器,在钥匙处于 ON 档下,测量到水泵低压插接件没有 12V 供电,因为水泵继电器和日间行车灯继电器可以通用,把前舱继电器盒中的日间行车灯继电器与水泵继电器对调,确认故障点为继电器烧毁失效。

图 1-59　PCU 总成内部元件 DC/DC 损坏

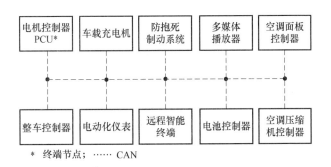

图 1-60　江淮 iEV5 纯电动汽车整车 CAN 通信拓展图

故障排除　更换新的继电器并试车,故障排除。水泵继电器检查与更换如图 1-61 所示。

技巧点拨　江淮 iEV5 纯电动汽车驱动电机控制器采用水冷模式,PCU 通过冷却液循环降温,VCU 转速信号根据冷却液温度来自动调节水泵转速,转速信号可从上位机监控检测诊断软件确认。一旦检测到 PCU 内的 IGBT 温度超过 85℃,车辆就会进入限功率模式,正常情况下钥匙转到 ON 档,水泵就会工作;如果水泵不工作,可以通过测量水泵低压插接件确认 12V 电压是否正常,如果有 12V 输入水泵却不工作,处理方法一般为更换水泵总成。

五、江淮同悦纯电动汽车无倒档

故障现象　一辆 2012 款江淮同悦纯电动汽车,该车搭载额定功率为 11kW 的永磁直流无刷电机,行驶里程 130km。动力电池组为磷酸铁锂动力电池,额定电压 320V,电池组容量 50A·h,总能量 15.2kW·h。该车起动时,仪表板上的 READY 灯亮;换倒档时,仪表板上的"R"不显示，同时踩加速踏板时车辆无法行驶，如图 1-62 所示。

图 1-61　水泵继电器检查与更换

图 1-62　仪表板上不显示"R"

故障诊断　接车后先对该车进行检试，发现该车果确如同驾驶人反映的现象一样。当换 D 位时，仪表板能正常显示"D"，同时车也能正常行驶。当接通点火开关时，一体化仪表控制单元液晶显示屏依次显示车辆的累计里程、小计里程、电量值、高压总电压、高压总电流以及电机状态和故障信息。

根据故障现象判断，该车无倒档的故障可能原因有电机位置传感器、倒档位置传感器损坏；驱动电机损坏；驱动电机控制器损坏；仪表控制单元损坏；加速踏板位置传感器损坏；线路故障。

由于此车的液晶显示屏上有 6 位数字，根据 6 位数字可读取车辆电机状态、加速踏板开度、充电器 CAN 通信状态及车辆故障信息。图 1-63 所示为档位控制原理图，可分析此车档位的工作原理。

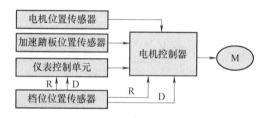

图 1-63　档位控制原理简图

只有当电机位置传感器、加速踏板位置传感器、仪表显示信息以及档位位置传感器 4 个信号量同时满足的情况下，电机控制器才控制电机运转。因为 D 位时正常，所以驱动电机、驱动电机控制器、电机位置传感器、仪表显示控制单元以及加速踏板位置传感器损坏的故障可以排除。现在只需查找倒档位置传感器和传感器与电机控制器之间线路的故障。

首先检查位置传感器与电机控制器之间线路的导通性，正常。检查倒档位置传感器。起动车辆，将档位放在 D 位和 R 位时，用示波器测量电机控制器的波形，两种位置下的波形相同，因此可以排除位置传感器输送到电机控制器的信号故障。接下来检查位置传感器输送到仪表控制单元的信号。测量倒档位置传感器到仪表控制单元的电压，发现电压很低，只有 0.049V，如图 1-64 所

图 1-64　R 位时输出到仪表控制单元的电压

示。标准电压应该是 0.1V。

故障排除 更换档位位置传感器，试车发现倒档正常，故障排除。图 1-65、图 1-66 所示为有故障的档位位置传感器及总成。

a) 正面　　　　　　　　　　　b) 反面

图 1-65　档位位置传感器

图 1-66　档位位置传感器总成

故障总结 在排除故障之后，需要弄清故障产生的机理。该车的档位位置传感器采用的是线控技术，档位位置线控实现了档位与电机之间的信息传递为数字信号，可代替传统的机械系统，改善了控制性能。仪表控制单元接收到信号过低，因此它将此信号作为低电平处理，输出给电机控制器的信号是空档时的状态。档位位置传感器输送给仪表控制单元的数据见表 1-5。

表 1-5　档位位置传感器输出的 3 种状态所对应的数据

档位	档位位置传感器（D 线，R 线）	仪表控制单元	电机控制器	电机运转状态
N 位	0V, 0V	00	00	不转
D 位	1V, 0V	10	10	正转
R 位	0V, 1V	01	01	反转

技巧点拨 在维修工作中只要认真分析，平时多收集一些技术资料，积累工作经验，很多问题都可以得到解决。

六、江淮同悦纯电动汽车无法行驶

故障现象 一辆江淮同悦纯电动汽车，该车起动时，仪表板上的 READY 灯亮，换前进档时仪表板上能显示"D",换倒档时仪表板上能显示"R",同时踩加速踏板时车辆无法行驶。

故障诊断 该车为江淮2012款纯电动汽车,搭载额定功率为11kW永磁直流无刷电机,行驶里程1237km。动力电池组为磷酸铁锂动力电池,主要技术参数:额定电压320V,电池组容量50A·h,总能量15.2kW·h。

此车的仪表板液晶显示屏上能显示6位数字,根据6位数字可读取车辆电机状态、加速踏板开度、充电器CAN通信状态及车辆故障信息。接通点火开关到ON档,同时将档位换上D位,持续按压仪表板上的复位杆5s以上,读出故障码信息,如图1-67所示。仪表板上显示的故障码为"120000",根据故障表(图1-68)查询得知:"1"为电机运行状态——运行;"2"为电机工作状态——制动;第3位"0"为加速踏板开度的电压值;第4位"0"为充电器CAN通信——故障或

图1-67 仪表板上显示的故障码

无通信;最后两位"00"为电机及电池故障码——正常。由此可知,此车驱动电机、驱动电机控制和动力电池没有故障。由于该车在牵引状态,故充电器CAN通信应为无通信,排除此类故障。加速踏板开度的电压值为0V,是不是加速踏板位置传感器的问题呢?踩下加速踏板,观察仪表板上液晶显示屏上6位数字的第3位数字,是不是随着加速踏板开度的变化而变化。随着加速踏板开度的变大,显示屏上6位数字的第3位随着变大(图1-69),由此可排除加速踏板位置传感器故障。

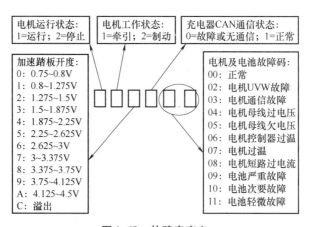

图1-68 故障表定义

到底是什么故障呢?查阅该车的控制工作原理图(图1-70),可知此车无法行驶还可能有其他的故障,如档位传感器、电机位置传感器、制动踏板信号、整车控制器和电机控制器等。现在只有逐个进行排除。首先排除充电口门开关,因为充电口门开关只有在断开的情况下,汽车才能起动,而此车是可以正常起动的。接着排除档位传感器,因为此车在换前进档和倒档时,在仪表板液晶显示屏上能正常显示"D"和"R"。接下来检查最简单的电机控

制器的熔丝，发现电机控制器的熔丝烧毁，更换熔丝，试车还是不能行驶。继续检查，在检查制动踏板信号时，发现制动踏板上的制动灯开关顶部的塑料垫损坏（图1-71a），同时发现后部的制动灯一直是点亮的。

图1-69　踩加速踏板时仪表显示的数字变化

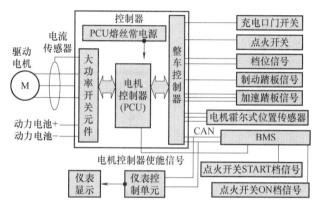

图1-70　整车控制工作原理图

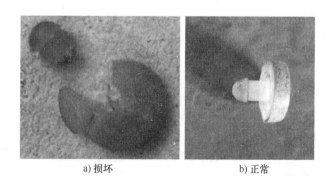

图1-71　制动灯开关顶部的塑料垫

故障排除　拆下损坏的塑料垫（图1-71a），换上新件后试车正常，故障排除。图1-71b所示为正常的塑料垫。

技巧点拨　在排除故障之后需要弄清故障产生的机理。该车的制动踏板信号采用的是线控技术，制动踏板信号线控实现了制动信号与电机之间的信息传递为数字信号，可代替传统的机械系统，改善了控制性能。整车控制器收到的是制动信号，因此传递给电机控制器的信号是停止信号，所以汽车无法行驶。

七、江淮纯电动汽车换入倒档后仪表板上不显示,车辆无法行驶

故障现象 一辆江淮 2012 款产纯电动汽车,搭载永磁直流无刷电机,额定功率为 11kW,行程里程 130km。采用磷酸铁锂动力电池,额定电压为 320V,总容量为 50A·h,总能量为 15.2kW·h。该车换 R 位后仪表板上面的"R"不会显示,且踩下加速踏板时车辆无法行驶。

故障诊断 江淮同悦纯电动汽车的控制原理如图 1-72 所示。首先对故障现象进行测试:汽车在换 D 位时,仪表板上面能够正常显示"D",并且踩下加速踏板时汽车也能正常行驶。当换 R 位时,仪表板上面没有显示"R",踩下加速踏板时汽车也不会行驶。

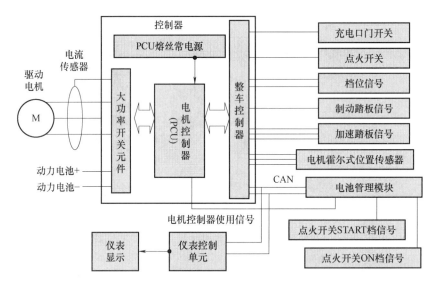

图 1-72 江淮同悦纯电动汽车的控制原理

在正常情况下,当汽车的点火开关接通时,汽车仪表板会依次显示车辆所行驶的累积里程、电量值、小计里程、电压、电流、电机状态以及故障信息等。根据现象,初步判断故障可能是电机位置或倒档位置传感器损坏;驱动电机、驱动电机控制器损坏;加速踏板位置传感器、仪表控制单元损坏,最后则有可能是相应的线路故障。

一般通过显示屏上面显示的 6 位数字能够读取车辆相关部件的工作状况以及故障信息,但驾驶人并未携带车辆的故障信息对照表。在正常情况下,汽车需要电机控制器正常工作并控制电机运转,而电机控制器要正常工作必须在电机位置传感器、加速踏板位置传感器、档位位置传感器以及仪表显示信息控制单元全都正常的情况下。该车在挂 D 位时能正常行驶,说明电机位置传感器、加速踏板位置传感器、档位位置传感器以及仪表显示信息控制单元这四个部位都没有问题,可以排除。

检测传感器与电机控制器之间的线路导通性是否正常,经检测发现导通性没有问题,接着检查倒档位置传感器。检查过程中,先将车辆起动,然后将档位分别调到 D 位与 R 位,然后采用示波器对电机控制器检查,观察示波器在调到 D 位时的波形以及调到 R 位时的波形,对比两个波形发现并没有区别,从而可以确定倒档位置传感器到电机控制器之间是没有故障的。

接下来对传感器到仪表控制单元之间位置进行检查,观察倒档位置传感器是否能够将相应的信号传递到控制单元。通过检测发现,倒档位置传感器到仪表控制单元之间的电压非常低,在正常情况下电压应该是 0.1V,而此时只有 0.049V。因此可以先确定故障出现在倒档位置传感器上。

故障排除　更换倒档传感器后,故障排除,倒档时仪表板正常显示"R",且能够正常行驶。

> **技巧点拨**　该车倒档位置传感器属于线控传感技术,通过线控技术能够将档位与电机之间信息传递转换成数字信息传递,进而提升了控制性能。当档位传感器传出的信号电压过低时,仪表控制单元会将其当作低电平处理,仪表控制单元传递给电机控制器的信号为空档,这样电机控制器也就不会控制电机运转,进而造成故障出现。

八、江淮同悦 IEV 无法充电

故障现象　一辆江淮同悦 IEV2,行驶里程 4964km,驾驶人节假日出行回来后发现停放的电动汽车存在无法充电现象,不能满足第二天上班行驶要求。

故障诊断　检查车辆随车充电线,正常,连接充电桩,车辆仪表中的充电指示灯不亮,钥匙打到 READY 位置,仪表指示均不亮,确实存在无法充电现象。进一步检查发现该车 12V 蓄电池亏电严重,仅为 5.6V,而同悦 IEV 需要随车的 12V 蓄电池来唤醒充电器工作,如果蓄电池无电就无法唤醒充电器工作,电池组就不能正常充电,进而影响车辆使用。其充电控制策略如图 1-73 所示。

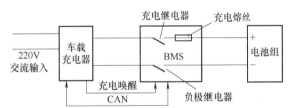

图 1-73　同悦 IEV 充电控制策略

故障排除　现场首先对 12V 蓄电池进行快充,然后再对电池组充电,1h 后车辆仪表充电指示灯开始点亮,表示车辆已进入正常充电状态。电池组继续充电后,可以点亮 READY 灯,车辆使用功能恢复正常。

该车由于长时间放置停用,引起 12V 铅酸蓄电池亏电。同悦纯电动汽车具有两种电池:一种是磷酸铁锂动力电池,用于向驱动电机供电,电机驱动车辆行驶;另外一种是 12V 铅酸蓄电池,布置在前舱,用于为前照灯、音响、喇叭等低压电气系统供电。在车辆运行过程中,通过 DC/DC 从动力电池组给铅酸蓄电池充电,保障低压用电设备工作。长时间停用的纯电动汽车需要定期充电或干脆断开 12V 铅酸蓄电池的负极连接。

> **技巧点拨**　为何原车 12V 蓄电池会影响高压电池组充电呢?同悦 IEV 车载充电系统的工作过程是在停车状态下 BMS 才允许充电,充电机连接 220V 电源后开始工作。充电机工作后会往广播地址发报文,仪表检测到充电机的报文后会把充电连接指示灯点亮,给出一个充电唤醒信号,BMS 收到唤醒信号后开始进入充电模式;充电回路接通后充电机开始给电池充电,电流不断增大;同时充电机会不断地往广播地址报告输出电流,仪表收到报文后,当电流大于 1A 时仪表点亮充电标志信号灯。

九、江淮同悦纯电动汽车无法充电

故障现象　一辆江淮同悦 IEV2，行驶里程 5000km，因车辆无法充电而报修。

故障诊断　接车后试车验证故障现象，确认充电线路连接可靠后，观察仪表板上的指示灯，发现充电线连接指示灯和电池组充电指示灯均不亮。

查阅相关资料可知，电池管理系统（BMS）在停车状态下才允许充电系统工作。待车辆停稳，连接充电电源后，车载充电器准备开始工作，此时会通过 CAN 通信模块经 CAN 发送工作请求，仪表控制模块在得到车载充电器的请求后会控制充电连接指示灯点亮，同时给出一个充电唤醒信号，BMS 在收到唤醒信号后即开始进入充电模式，充电回路接通，车载充电器开始给高压电池组充电，电流不断增大，充电器不断地向 CAN 发送信号发出充电电流数据，当仪表控制模块收到充电电流大于 1A 的信号后，控制电池组充电指示灯点亮。

根据上述资料结合故障现象进行分析，怀疑车载充电器存在故障。用万用表测量车载充电器后部的 4 号端子连接器上 CAN-H 和 CAN-L 间的电压，为 0V，判断车载充电器的 CAN 通信模块存在故障。

故障排除　尝试更换车载充电器（图 1-74）后，再次给车辆进行充电操作，故障排除。

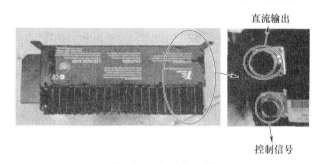

图 1-74　车载充电器

在对车辆无法充电的故障现象进行诊断时，应首先观察仪表板上的充电线连接指示灯和电池组充电指示灯。如果充电线连接指示灯和电池组充电指示灯均不亮，且排除充电线路存在故障的可能性后，用万用表测量车载充电器后部 4 端子导线连接器 CAN-H 和 CAN-L 之间的电压，正常应为 0.3~0.5V，否则可判定为车载充电器 CAN 通信模块故障，需更换车载充电器。

如果充电线连接指示灯点亮，电池组充电指示灯却不亮，则应重点对高压接线盒内部的熔丝和继电器进行检查。在排除高压接线盒内部存在问题的可能性后，则需更换车载充电器。

> **技巧点拨**　江淮同悦纯电动汽车需要车载 12V 蓄电池来唤醒充电系统工作，如果蓄电池亏电，充电系统将无法被唤醒，高压电池组就不能正常充电。因此，车辆如需长时间停放，则应断开 12V 铅酸蓄电池的负极电缆，从而避免铅酸蓄电池亏电。

十、江淮同悦纯电动汽车无法起动

故障现象　一辆江淮同悦 IEV3，行驶里程 2.5 万 km，因车辆无法起动而电话求援。

故障诊断　维修人员赶赴现场后试车,发现车辆确实无法起动,仪表板上电池警告灯点亮。

根据上述故障现象,怀疑高压部分存在故障,电池管理系统(BMS)切断了高压,驱动电动机无法供电,导致车辆无法行驶。分析可知,造成电池警告灯点亮的原因有很多,如单体电池自放电压差大、电池管理系统故障、绝缘故障和高压互锁故障等。

用监测程序查看 BMS,发现总电压对应的 SOC(State of Charge,荷电状态)存在差异。按下行李舱电池组的维修开关,断开高压主线束与动力电池的连接,故障现象依然存在,说明问题出现在电池组内部。

故障排除　先检查电池单体,后检查电池整体,发现该车单体电池存在欠电压故障,更换电池组总成后试车,故障排除。

> **技巧点拨**　对于电池警告灯点亮的故障,排查时应用监测程序进入 BMS,查看总电压对应的 SOC 是否存在差异。如果有差异,说明确实存在故障,可以通过切断高压主线束与动力电池连接的方法判断具体故障部位。如果切断高压主线束与动力电池的连接后故障消失,说明问题出在高压电池组外部,可根据从后往前查的原则(用兆欧表从动力电池组总正端与总负端向前舱方向排查高压系统的绝缘情况)进行排查;若切断高压主线束与动力电池的连接后故障依然存在,则说明问题出现在电池内部,则根据先电池单体后电池整体的原则进一步检查,且只能通过更换电池组模块或电池组总成解决。

第五节　其他纯电动汽车维修技能与技巧

一、2013 款荣威 E50 纯电动汽车馈电故障

故障现象　一辆荣威 E50,车辆型号 CSA7000BEV,功率 28kW,行驶里程 10052km。驾驶人报修车辆无电,利用备用电源进行紧急处理,车辆能够正常上电,READY 灯亮,和驾驶人反映的情况一致。

故障诊断　施救到站后,维修人员经过查询,了解到此车出现过多次同样的现象。调取以往的维修记录,曾经更换过蓄电池及左前门锁块。

此时,以前的维修记录仅作为故障判断时的参考,按正常的维修思路去排查。因为此车漏电,蓄电池馈电非常严重,所以重新找了同型号(55B24L,12V、45A·h)电压充足的蓄电池,用万用表 20A 电流档进行测试。

步骤如下:关闭起止开关→断开蓄电池负极端→串联万用表→确保所有车门关闭及上锁→打开万用表,测得结果如下:

第一档的休眠电流从 880mA→630mA(相隔 5s 左右),如图 1-75 所示。
第二档的休眠电流从 630mA→310mA(相隔 10s 左右),如图 1-76 所示。
第三档的休眠电流从 310mA→120mA(相隔 10s 左右),如图 1-77 所示。
第四档的休眠电流从 120mA→60mA(相隔 5s 左右),如图 1-78 所示。
第五档是彻底休眠时,最终数值为万用表显示 10mA,如图 1-79 所示。

图1-75 休眠电流880mA→630mA

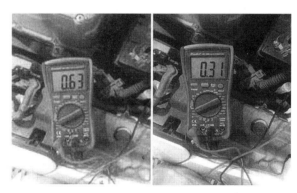

图1-76 休眠电流630mA→310mA

图1-77 休眠电流310mA→120mA

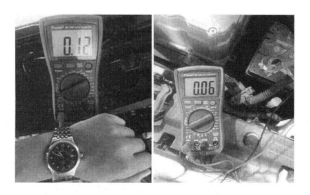

图1-78 休眠电流120mA→60mA

图 1-79 休眠电流 10mA

在进入彻底休眠后,大概 40min 后,从 10mA→60mA 间隔 4 次来回跳动,过 5min 左右上升到 120mA,10min 过后下降至 10mA,然后又重复一次相同的过程。

为了进一步研究此车的休眠电流情况,找了一辆相同的 E50 做一次标准的数据测试,测试结果同样如此。为什么会出现这样的情况?

这种情况是由于 T-BOX 的终端服务器在不停地采集此车的相关信息和数据,所以会导致电流有规律地变化,这属于正常现象。

如果按上述情况,此车的休眠电流应该不存在任何问题。但事实上确实存在漏电现象,维修人员把车停了一天后用蓄电池测试仪测得电压数据为 7.4V,测试前为 12.5V,数据是真实的,事实是存在的。原因或许只有一个,在测试时故障恰好没有显现,所以无法测出故障发生时的真实数据。

细想一下,在车间维修工位上接万用表测试,当时没发现任何漏电现象,哪怕停上几天也还是有电,能正常起动。然而将车在停车场停放一天就会没电,两者之间有什么区别和关键问题被疏忽了呢?车间和停车场之间的唯一区别是:在车间测试是静态的,而从车间到停车场的一段路是动态的,难道问题出在由静态转变为动态的过程中?先前测试的都是车辆静态时的数据,而动态休眠电流测试从严格意义来讲只是一个正常的起动→行驶→熄火→拔钥匙的工作循环,但是在这个工作循环中没有断电因素存在。在一般情况下,维修人员在用万用表测试休眠电流时,按操作规程都会断电后串联电流表。两者看似无多大的差别,但在以模块化信息数据交换的车辆中有一定的区别。

维修人员就上述想法调整测试步骤:串接万用表→接蓄电池负极→起动车辆→行驶→关闭起止开关→锁门→断开负极柱(此时车辆为不断电)。在此情况下测得数据如图 1-78 所示:锁住车门后休眠电流始终保持在 880mA,故障彻底显现。

故障排除 故障的出现给维修带来了一个很大的突破,排除故障也更加方便。既然此故障休眠电流能始终保持在 880mA,我们就采取了插拔电源熔丝的方法,快速检查故障部位。当拔到 EF9(15A)时发现电流急剧下降,但最终定格在 210mA,也没有达到标准的休眠电流(不大于 60mA)。但相比 880mA 来说下降了三分之二,说明对此故障必定有关联但并不是最终的故障点。然后继续检测,在拔掉乘客侧熔丝 IF5(15A)T-BOX 供电电源熔丝时,电流立即下降至 10mA 以下。

此时故障部位基本可以确认，是由于 T-BOX 而导致漏电。插上熔丝，拔掉 T-BOX 插头。T-BOX 插头 BY188 有九根线：两个电源线，30 常电源、15 电源（均为 12V 正常）；四根 CAN 线即两根 CAN、两根 CAN1（均为 1.4V 和 2.4V，正常）；两根搭铁线；一根安全气囊碰撞信号线（远程终端接收碰撞信号）。

拔掉 T-BOX 插头几分钟后再重新插上，此时的电流表显示休眠电流正常（10mA）；但再一次重新上电和下电时故障重现。现象表明 T-BOX 内部的通信数据模块可能出现问题，当内部的记忆电源彻底断电后重启，故障排除。

技巧点拨 在检修车辆漏电时，避免传统的串接电流表的测试方法，尽量使用电流钳去测量休眠电流，就能在不断电的情况下更合理和准确地呈现故障现象而少走弯路，避免走入误区。

二、2018 款威马 EX5 纯电动汽车转向助力异常

故障现象 一辆 2018 款威马 EX5 纯电动汽车，行驶里程 770km，因车辆后部发生事故碰撞进行维修，事故修复后发现车辆无转向助力，且组合仪表上的 ESC 灯、牵引力控制灯及陡坡缓降指示灯异常点亮（图 1-80）。按下电源开关，发现车辆电源无法切断。尝试多次按压电源开关，车辆电源才能勉强切断。

故障诊断 用故障检测仪进行快速检测，在自动泊车模块（APA）内存储有故障码 U012887——与电子驻车控制器失去通信/当前码；U013187——与电子转向助力控制器失去通信/当前码；U012287——与电子稳定控制器失去通信/当前码；U015187——与安全气囊控制器失去通信/当前码（图 1-81）。同时从诊断网络拓扑（图 1-82）可以看到整个底盘高速网络上只有网关模块（CGW）与 APA 能够通信，其他模块均处于灰色的不通信状态。

图 1-80 故障车的组合仪表

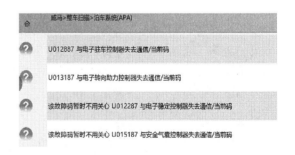

图 1-81 读得的故障码

查阅底盘高速网络电路（图 1-83），得知底盘高速网络上的 2 个终端电阻分别位于 CGW 与安全气囊模块（ACU）内部。断开车身稳定模块（ESC）导线连接器 ER21，测量 ESC 导线连接器 ER21 端子 26 与端子 14 之间的电阻，约为 121.3Ω，不正常，由此判定底盘高速网络存在断路故障。为了尽快找到底盘高速网络上断路的故障部位，接着断开底盘高速网络上 ACU（底盘高速网络上一个带终端电阻的模块）导线连接器 IP60，测量 ESC 导线连接器 ER21 端子 26 与端子 14 之间的电阻，为∞，不正常，由此说明断路的部位是 CGW 与

ESC 之间的 CAN 总线。继续断开电子驻车制动模块（EPB）导线连接器 BD99，测量 EPB 导线连接器 BD99 端子 16 与端子 17 之间的电阻，为 ∞，说明断路的部位位于 CGW 与 EPB 之间的 CAN 总线上。断开 CGW 导线连接器 BD48，测量 CGW 与 EPB 之间 CAN-L 线（EPB 导线连接器 BD99 端子 17 与 CGW 导线连接器 BD48 端子 12 之间的线路）的导通情况，导通正常；测量 CGW 与 EPB 之间 CAN-H 线（EPB 导线连接器 BD99 端子 16 与 CGW 导线连接器 BD48 端子 2 之间的线路）的导通情况，不导通，由此判定底盘高速网络的断路部位位于 CGW 与 EPB 之间的 CAN-H 线上。

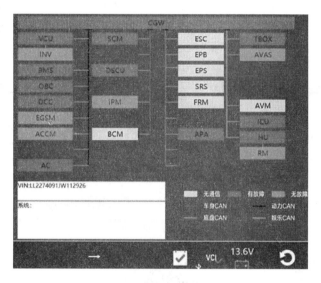

图 1-82 诊断网络拓扑

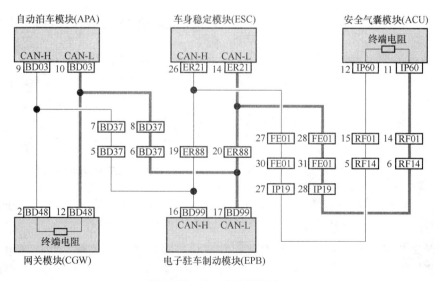

图 1-83 底盘高速网络电路

由图 1-83 可知，CGW 与 EPB 之间的 CAN 总线上存在一个转接连接器 BD37。查阅维修手册，在车辆后部找到转接连接器 BD37（图 1-84）并脱开，测量转接连接器 BD37 端子 5

与 EPB 导线连接器 BD99 端子 16 之间线路的导通情况，导通正常；测量转接连接器 BD37 端子 7 与 CGW 导线连接器 BD48 端子 2 之间线路的导通情况，导通正常。仔细检查该转接连接器，发现转接连接器 BD37 端子 5 因事故碰撞造成退缩现象，由此判断上述通信故障由该处接触不良所导致。

故障排除 修复退缩的转接连接器 BD37 的 5 号端子后试车，上述故障现象不再出现，故障排除。

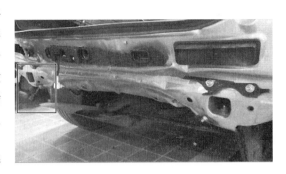

图 1-84 转接连接器 BD37

技巧点拨 汽车连接器虚接的问题在日常维修中出现概率较大，其造成的故障现象往往多种多样，不易排除，对于一些故障点较多、故障现象怪异的情况，应首先考虑电路是否存在虚接情况。

三、2018 款云度 π1 pro 乐派无法上高压电

故障现象 一辆 2018 款云度 π1 pro 乐派，行驶里程 889km。驾驶人反映，车辆刚充完电，行驶约 3km，组合仪表突然提示"整车系统故障"，立即靠路边停车，并关闭电源开关。等待几分钟后，重新按下电源开关，发现车辆无法上高压电。

故障诊断 车辆进厂后，用云度专用故障检测仪进行检测，在 VCU 内存储有故障码：P0A4500——VCU 附件高压互锁回路接收状态故障；P2A5500——VCU 附件高压互锁回路驱动状态故障（图 1-85）。根据故障码提示，初步判断故障出在附件高压互锁电路上。

查阅相关资料，得知该车附件高压互锁电路如图 1-86 所示。附件高压互锁电路的工作原理为：车辆上电后，VCU 通过端子 50 发出 12V 电压，先经过电动空调压缩机端子 3 和端子 2，再经过车载充电器端子 21 和 22，最后回到 VCU 端子 45，由 VCU 进行检测。

图 1-85 读取的故障码

断开 VCU 导线连接器 JC36，用万用表电阻档测量 VCU 导线连接器 JC36 的 45 号端子与 50 号端子之间的导通情况，导通正常；测量 VCU 的 45 号端子与 50 号端子之间的导通情况，导通正常，说明附件高压互锁电路无故障。诊断至此，维修彻底陷入了僵局，接下来从附件高压互锁回路接收端着手检查。断开车载充电器导线连接器 JC14，测量车载充电器导线连接器 JC14 的 22 号端子与 VCU 导线连接器 JC36 的 45 号端子之间线路的导通情况，导通正常。仔细检查车载充电器导线连接器 JC14 的 22 号端子和 VCU 导线连接器 JC36 的 45 号端子，发现车载充电器导线连接器 JC14 的 22 号端子的孔径变大（图 1-87），且孔径内侧一周附着有微粒杂质，推测此处接触不良，进而引起上述故障现象。

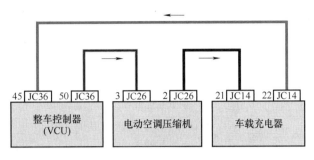

图1-86 附件高压互锁电路

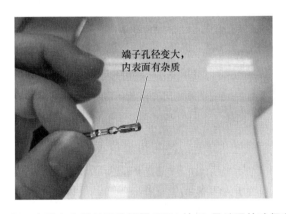

图1-87 车载充电器导线连接器JC14的22号端子的孔径变大

故障排除 更换车载充电器导线连接器JC14的22号端子后试车,故障现象不再出现,故障排除。

> **技巧点拨** 在检测附件高压互锁回路故障时,只需要测量附件高压互锁回路是否导通即可,而对于控制单元的检查,则可通过测量控制单元互锁信号输入端与输出端之间是否导通来判断。

四、云度π1纯电动汽车偶尔无法上高压电

故障现象 一辆云度π1纯电动汽车偶尔无法上高压电,且故障出现时组合仪表提示"整车系统故障",车辆无法行驶。

故障诊断 用故障检测仪对车辆进行测试,发现多个控制单元中均存储有故障码(图1-88)。分析认为,当前故障码P0A4500与该故障现象关联最大,决定先从该故障码入手检查。

查看维修资料,得知该车有两条高压互锁电路,一条为附件高压环路互锁电路(图1-89),另一条为主放电回路高压环路互锁电路(图1-90)。附件高压环路互锁电路的工作原理为:VCU通过50号端子发出12V电压,经过高压配电盒(PDU)3号端子和4号端子,然后回到VCU 45号端子,由VCU进行监测。主放电回路高压环路互锁电路的工作原理为:VCU通过38号端子发出12V电压,经过PDU 1号端子和2号端子,最后到电池管理系统(BMS)控制单元,由BMS进行监测。

控制模块	故障码	故障描述	状态
BCM	B100718	制动灯开路	历史
BMS	U012000	与VCU失去通信	历史
BMS	U010000	与MCU失去通信	历史
EPB	U150486	整车系统故障	当前
VCU	P0A4500	VCU高压互锁输入故障	当前

图 1-88　车辆测试结果

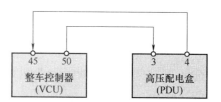

图 1-89　附件高压环路互锁电路示意

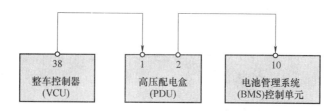

图 1-90　主放电回路高压环路互锁电路示意

根据图 1-91 分别测量 2 条高压互锁电路的导通情况，结果发现 VCU 的 38 号端子与 BMS 的 10 号端子间的电阻约为 60Ω，异常；进一步测量 VCU 的 38 号端子与 PDU 的 1 号端子、BMS 的 10 号端子与 PDU 的 2 号端子间的导通情况，导通正常；测量 PDU 的 1 号端子和 2 号端子间的导通情况，发现 1 号端子未安装到位（图 1-92），怀疑故障正是由此引起的。

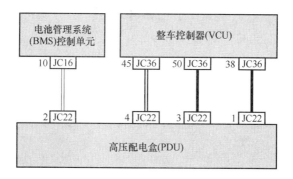

图 1-91　高压互锁电路

图 1-92　未安装到位的 1 号端子

故障排除 修复未安装到位的端子 1 后试车，故障现象不再出现，故障排除。

> **技巧点拨** 本案例中有三个网络方面的故障，同时各个故障之间并没有关联，由此可以考虑相应电路是否存在虚接现象。

五、云度新能源汽车仪表报警

故障现象 一辆 2017 款云度 π1 车型，行驶里程 66km，驾驶人反映，该车仪表板显示屏出现"驱动电机过热"的警告信息，车辆无法加速。

故障诊断 维修人员到现场检查车辆，确认了故障现象。将车辆断电（关闭点火开关）后重新通电，结果故障消失。使用云度专用的诊断仪对车辆进行快速测试，发现整车控制器（VCU）中有"P0A5300——电机模式故障，当前"的故障码存在，而电机控制器（MCU）没有故障码。

根据故障码提示，维修人员查找了 VCU 及 MCU 的电路图（图 1-93）。从图 1-93 得知，MCU 负责控制和监测电机运行状况，VCU 负责控制 DC/DC 变换器工作，而 DC/DC 变换器集成在 MCU 内部。当高压上电后，DC/DC 变换器将动力电池中的高压直流电转化成蓄电池的 12V 低压电。此外，MCU 与 VCU 还通过 CAN 网络相互通信，MCU 将电机运行状况反馈至 VCU，VCU 收到信息后作出相应的评估。如果识别到有故障，就会将相应的信息通过 CAN 线传送至仪表，从而显示相应的警告信息，而这也说明 CAN 总线正常。综合以上情

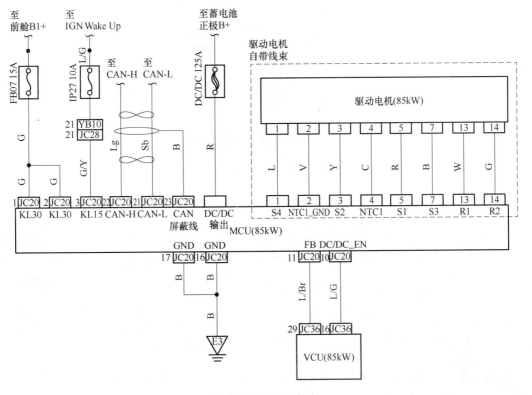

图 1-93 MCU 电路

况,分析可能是电机、MCU 及 VCU 出现故障。

在维修手册中查找冷却回路,结果没有相关的说明,但找到了电机过温的维修指引(图1-94)。结合手册指导,检查冷却液位和管路,结果正常;尝试更换新的水泵后试车,结果故障未出现。将水泵拆解分析,发现水泵转子卡死而不工作(图1-95)。

步骤1	使用故障诊断仪读取故障码	1.操作起动开关使电源模式至ON状态 2.连接故障诊断仪,读取系统故障码 3.确认系统是否存在其他故障码
	否	优先排除其他故障码指示故障
	是	下一步
步骤2	检查冷却液是否充足	1.打开机舱盖 2.检查管路无弯曲、折叠、漏水现象 3.确认膨胀罐中的冷却液位是否正常
	否	添加冷却液
	是	下一步
步骤3	检查冷却水泵是否正常	1.操作起动开关使电源模式至ON状态 2.确认冷却水泵是否正常
	否	优先排除冷却系统故障
	是	下一步

图1-94 维修指引

图1-95 水泵转子卡死而不工作

故障排除 更换新的水泵,故障消除。

技巧点拨 与传统汽车类似,新能源汽车同样需要冷却,冷却回路由膨胀罐、散热器和风扇等组成。而冷却液正好与"驱动电机过热"直接相关,根据实际经验判断,该故障可能由冷却不良引起。本着先易后难的解决思路,维修人员将检查思路转移至冷却系统。

六、风行景逸 S50EV 纯电动汽车高压互锁故障

故障现象 一辆东风柳汽风行景逸 S50EV,驾驶人反映,车辆近期偶尔无法上高压电,有时在行驶中会突然下高压电。

故障诊断 询问驾驶人最近车辆的使用情况,车辆一直是正常使用,没有加装过电器或

遇到什么特殊情况。

在接车救援时，该车也偶尔下高压电，最后通过断开辅助蓄电池后再重新连接开回维修站。回到维修站的当天反复试车，故障一直未再现，用故障检测仪检测，未发现任何历史故障码（之前故障出现时产生的故障码在断开辅助蓄电池时被清除），数据流也都正常。第2天试车时故障再次出现，经故障检测仪检测，整车控制器（VCU）中存储故障码P1E0300——高压互锁断路。维修人员用万用表测量高压互锁系统的工作电压，正常，也未发现高压互锁系统相关导线连接器有松动或接触不良的现象，只好断开辅助蓄电池后重新上高压电，结果车辆又正常了，当日故障未再出现，诊断陷入困境。

（1）高压互锁系统　高压互锁用于检测高压元器件的高压导线连接器是否连接到位，通过高压元器件的低压接口向外输出信号，同时所有的高压元器件的高压互锁开关串联起来进入检测判断的核心控制模块。简单来说，就是通过高压线束上的短接端子来短接低压线束上的2根导线，连接到位的高压线束能将低压导线接通，未连接好的高压线束则无法接通，控制模块通过低压线束信号的输出及输入状态判断高压元器件的高压线束是否连接到位。高压互锁是安装在高压元器件内部的低压开关，只有将高压导线连接器连接到位，低压开关才能导通。

目前市场上常见的纯电动汽车一般设置2~3套高压互锁系统，风行景逸S50EV现阶段设置了2套高压互锁系统，分别为动力高压互锁系统（图1-96）和充电高压互锁系统（图1-97）。在动力高压互锁系统中，VCU通过互锁输出线输出固定占空比信号，再通过互锁输入线反馈回的信号判断互锁回路是否正常。在充电高压互锁系统中，由电池管理系统控制模块通过互锁输出线输出低电位信号，再通过互锁输入线反馈回的信号判断互锁回路是否正常，同时通过CAN总线向VCU传递互锁信息。

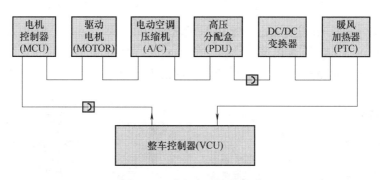

图1-96　动力高压互锁系统

（2）"两步法"的应用　由于高压互锁系统故障涉及的导线连接器及元件较多，应先确认优先排查的高压互锁系统，再应用"两步法"判定故障发生的部位，然后依次查找故障部件。

1）确认优先排查的高压互锁系统。通过故障检测仪读取故障码，当故障码提示动力高压互锁系统和充电高压互锁系统均有故障

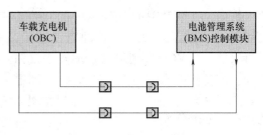

图1-97　充电高压互锁系统

时，应优先排查充电高压互锁系统的故障。

2)"两步法"诊断过程。以诊断动力高压互锁系统故障为例，首先选择高压互锁系统中较中部且便于测量的低压线束中的互锁线作为切入点，如对于东风柳汽风行景逸 S50EV，可选择高压分配盒（PDU）低压线束中的互锁输出线作为切入点。

第一步：接通点火开关，用示波器在线测量 PDU 低压线束中的互锁输出线上的占空比信号。若信号波形正常（图 1-98，占空比为 75% 的波形，高压互锁系统正常时，测量任意一点均可获得此波形），则可判定测量点至 VCU 互锁输出端的互锁线路正常；若信号波形不正常，如存在干扰、零点漂移（图 1-99，此故障主要是由测量点上游高压元件的高压导线连接器未连接到位或断路引起的，虽然测量点上游高压元件的高压导线连接器未连接到位或断路，但高压元件的低压线路正常，因此仍有占空比为 75% 的波形；若高压导线连接器连接正常，可判定高压元件的低压模块存在故障）、无占空比信号（波形见

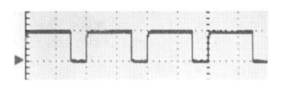

图 1-98　正常波形

图 1-100，此故障是由测量点至上游高压元件之间的线路出现断路造成的）等，可依次向测量点上游排查故障点。

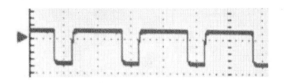

图 1-99　发生零点漂移的故障波形

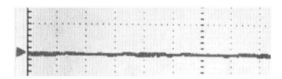

图 1-100　无占空比信号波形

第二步：脱开 PDU 低压线束，测量 PDU 低压线束中互锁输出线上的波形。如果信号波形正常（正常为 11~12V 直线波形），说明测量点至 VCU 互锁输入端的互锁线路正常；如果信号电压较低，说明测量点到 VCU 互锁输入端的互锁线路存在故障，可依次向测量点下游排查故障点。

由于该车只有 VCU 中存储了故障码，因此应选择检测动力高压互锁系统。用示波器在线测量 PDU 低压线束中的互锁输出线上的占空比信号，由图 1-101 可知，信号波形的占空比为 75%，正常，但波形存在异常波动，推断互锁线路存在干扰；脱开 PDU 低压线束，测量 PDU 低压线束中的互锁输出线上的波形，为大约 11V 的直线波形，说明测量点至 VCU 互锁输入端的互锁线路正常。连接 PDU 低压线束，向上游检测电

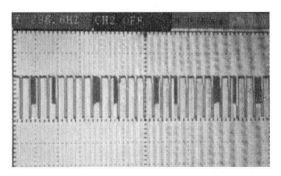

图 1-101　故障车占空比信号波形

动空调压缩机（A/C）的互锁线路，发现 A/C 低压线束中的互锁输入线上的占空比信号波形正常；脱开电动空调压缩机低压线束，检查发现电动空调压缩机端子有进水痕迹且端子已轻微腐蚀。电动空调压缩机位于车辆前舱前部且位置较其他部件低，怀疑电动空调压缩机端

子进水是由洗车时冲洗不当或行驶时涉水较深引起的。

故障排除　处理腐蚀的电动空调压缩机端子和导线连接器后试车，故障未再出现，故障排除。

> **技巧点拨**　对于检测信号为占空比信号的高压互锁系统，不能通过万用表测量电压信号或通断判定高压互锁系统是否正常。目前手持示波器多为双通道，可同时测量所选高压元件的互锁输入线和互锁输出线上的波形，以快速判断所测高压元件的互锁线路是否正常。另外，对于集成度较高的高压元件，为防止脱开、连接导线连接器时产生的感应电压击坏控制模块，在接通点火开关的状态下，不允许直接脱开或连接高压元件的导线连接器。

七、2017 款北京现代悦动 HDc EV 预充电系统故障

故障现象　一辆 2017 款北京现代悦动纯电动汽车（车型简称 HDc EV），整车型号为 BH7000BEVBA，行驶里程 12453km，搭载 320V（SOC 8%～98% 时，电压为 246.4～369.16V）锂离子动力电池和 81.4kW 驱动电机。行驶过程中，仪表板上的电动系统故障灯突然点亮，同时显示"请检查电动系统""退出 READY 状态"等提示（图 1-102），车辆抛锚停驶。

故障诊断　接车后，首先验证故障现象：点火开关电源（OFF-ACC-ON）转换正常，车辆无法起动，不能进入 READY 状态。用北京现代车辆专用检测仪（GDS Mobile）扫描各电控系统，电池管理系统（BMS）内故障码为 P1B77——逆变器电容器预充电故障（图 1-103）。

图 1-102　故障车仪表板显示的故障信息

故障码 P1B77 的具体含义是：由于逆变器电容器在早期未进行适当充电，并且不能提供高压时，记录故障码 P1B77，即使在主继电器接通后，逆变器电容器的电压仍不能达到规定范围时，电机控制模块（MCU）确定此情况为故障。点火开关关闭时，清除故障码。故障码 P1B77 的检测条件：在点火开关接通时，避免由于预充电故障导致的继电器控制故障，或者由于高压缺失导致的动力蓄电池故障。产生故障码 P1B77 的原因可能有主继电器、预充继电器、预充电阻、动力蓄电池模块和 BMS 之间的线束、BMS、MCU，这些部件不良均会触发故障码 P1B77。

利用专用诊断仪，读取故障车上与故障码 P1B77 有关的数据冻结帧（图 1-104、图 1-105）。对图 1-104 所示数据进行分析，蓄电池直流电压为 363.9V，说明动力电池电压正常；对图 1-105 所示数据进行分析，换向器电容电压为 272V，说明逆变器电容器通过预充电路接收动力电池的电压不足。通过比对分析电压，说明在一定时间内，逆变器电容器与动力电池电压不能达到规定的范围，所以产生故障码 P1B77。

BMS 报 P1B77 故障码时，从图 1-105 所示数据中可以看到故障车的绝缘电阻为 1MΩ，说明高压系统绝缘性能正常。由此，初步判断该车故障可能是由电机控制模块（MCU、逆变器电容器）内部异常、高压供电线路不良或高压系统内某部件消耗预充电流，迫使预充

电路电压降低导致的。

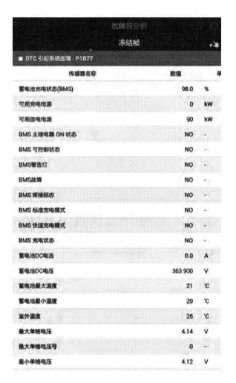

图1-103　BMS故障码　　　　　　图1-104　BMS P1B77 数据冻结帧1

操作点火开关由 OFF 位转到 READY 位，通过 GDS 检测仪进入 BMS 进行动态数据分析，蓄电池电压为 364V（图1-106），处于正常范围；换向器电容电压瞬间能升到 270V（电压过低），但之后会很快降到 0V（异常）。

通过 GDS 检测仪进入 BMS，进行预充电路执行器驱动测试（图1-107），操作（主继电器-/预先电继电器同时 ON）进行执行器驱动测试，同时读取动态数据分析。在执行操作时，蓄电池电压 363.9V，处于正常范围；蓄电池电流达到 4.4A，电流过大；换向器电容电压只能达到 258V，电压过低。

通过检测分析，该车出现故障是因为预充电流经过预充电阻时，而预充电阻所能承受的电流有限，负载电流过大时会降低电压，使得经过预充电阻的高压下降了约 100V，因此系统生成故障码 P1B77。

接下来，逐个断开高压系统部件以排查故障。在断开高压接线盒端空调 PTC 加热器模块的高压线时，通过 GDS 检测仪进入 BMS 进行执行器驱动测试和动态数据分析（图1-108），蓄电池电压 363.9V，属于正常；预充电流为 0A，说明预充电流在 mA 级，恢复正常；换向器电容电压 367V，恢复正常。由此基本断定，该车出现故障是由于空调 PTC 加热器模块不良，消耗了 4.4A 的预充电流所致。

从高压接线盒端空调 PTC 加热器模块的高压线连接器处直接测量空调 PTC 加热器模块电阻，为 181.9Ω（图1-109），说明空调 PTC 加热器模块内部存在短路现象，持续消耗较大电流。

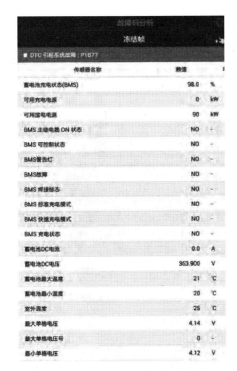

图 1-105 BMS P1B77 数据冻结帧 2

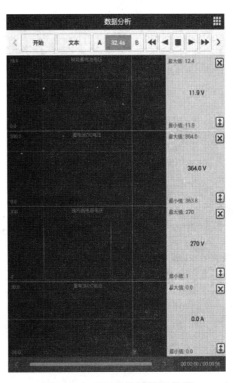

图 1-106 BMS 故障数据曲线

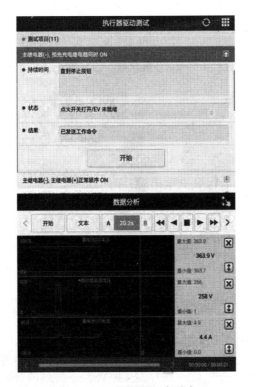

图 1-107 执行器驱动测试

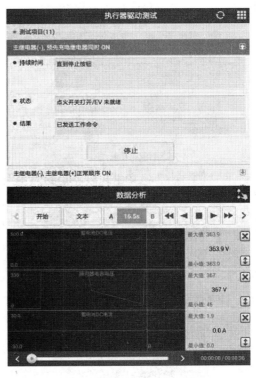

图 1-108 预充电正常上电测试数据

空调 PTC 加热器模块安装在仪表台内部的暖风箱内。又拆解了空调 PTC 加热器模块外壳，对空调 PTC 加热器模块电路进行测量。在测量其中的一个场效应管（IGBT）时发现，G（栅极）、C（集电极）、E（发射极）任意管脚之间的电阻值均在 3Ω 左右（图 1-110），说明该 IGBT 已经被击穿从而发生短路，导致空调 PTC 加热器模块消耗了 4.4A 的预充电流，并产生 P1B77 故障码。

图 1-109　测量空调 PTC 加热器模块总成电阻

图 1-110　测量空调 PTC 加热器模块 IGBT 电阻

为了进一步验证故障原因，又断开了高压接线盒处的空调 PTC 加热器模块高压线连接器，短接高压互锁端子（图 1-111），目的是为了避免 BMS 报故障码 P0A0D-高压系统互锁电路电压高，否则高压系统将无法上电，然后起动车辆，进入 READY 状态，故障现象消失。

故障排除　由于没有单独的场效应管（IGBT），只好更换了空调 PTC 加热器模块总成（图 1-112），彻底排除该车故障。

图 1-111　短接高压接线盒端空调 PTC 连接器互锁线

图 1-112　空调 PTC 加热器模块总成

技巧点拨　因预充电路系统故障，在用 GDS 检测仪驱动测试预充电路（主继电器-/预先充电继电器同时处于 ON 位置）时，为了防止预充电阻电流过大而损坏，在驱动测试上电时，应尽可能缩短驱动测试上电时间。

在同一 PCB（模块）上面的场效应管（IGBT），外围电路形式可能会不同，在测量 IBGT 时，标准的测量方法是需要将 IGBT 从 PCB 上面拆下来测量，以避免外围电路出现分流导致电阻减小，使得测量的电阻值出现异常，引起误判。而在该车诊断过程中，没有拆下 IGBT 而是在车上测量，原因是笔者对于该车空调 PTC 加热器模块的 IGBT 电路测量数据比较熟悉。

八、众泰 E200 新能源汽车开暖风后出自然风

故障现象　一辆 2017 款众泰 E200 新能源汽车，行驶里程 8500km。驾驶人反映，该车在开启暖风后吹出来的是自然风。

故障诊断　维修人员接车检查后确认驾驶人所描述的故障现象确实存在。连接原厂诊断设备检测车辆，未发现故障码。产生故障的原因有：加热器或其线路故障；混合模式风门电动机故障；暖风散热器内部故障。

因该车行驶里程比较短，加热器出现故障的可能性不大，对加热器的线路进行检测，有 12V 供电电压，说明线路正常。检查混合模式风门电动机，也能正常工作。由此怀疑很可能是散热器内部出现故障。散热器位于仪表台下方，所以必须先拆下仪表台，检查散热器时发现，由于混合风门的转轴断裂（图 1-113）导致了风门无法打开移动，所以也就没有了暖风。

故障排除　更换新的混合风门后，暖风恢复正常，故障排除。

图 1-113　混合风门转轴断裂

技巧点拨　新能源汽车空调系统风门控制与传统汽车类似，多采用风门控制冷却和暖风之间的转换，在检修时要注意识别故障。

九、2017 款知豆 D2S 无法进入 READY 状态

故障现象　一辆 2017 款知豆 D2S，驾驶人反映，该车无法进入 READY 状态，请求救援。

故障诊断　接车后试车，踩下制动踏板，发现一键起动开关背景灯呈绿色（图 1-114），说明车辆钥匙匹配正确且制动信号有效；按下一键起动开关，上电至 ON 档，5s 后仪表显示系统故障指示灯，READY 灯不点亮，车辆无法行驶。

在空档状态下，如图 1-115 所示，按下一键起动开关（SSB），一键起动控制器（PEPS）接收到 ACC 档起动信号后，通过低频天线寻找车内是否存在智能钥匙（KEY）；在确认智能钥匙有效后，PEPS 通过 CAN 总线向车身控制模块（BCM）发送电子转向盘锁（ESCL）解锁指令，PEPS 与 ESCL 通过 LIN 线认证并反馈 ESCL 状态；ESCL 解锁成功后，

PEPS 控制 ACC 继电器吸合，车辆从 OFF 档上电至 ACC 档。上电至 ACC 档后，各控制模块上电后系统自检（图 1-116），并向动力 CAN 总线反馈自检结果，电池管理系统（BMS）检测动力电池和各控制模块有无 4 级故障，若无 4 级故障，BMS 控制 KS 继电器吸合，高压电输出至高压分线盒。

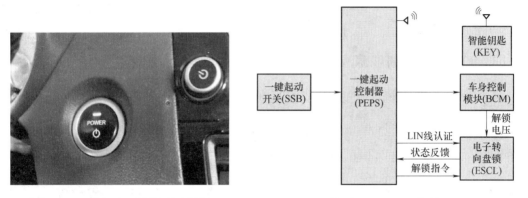

图 1-114　一键起动开关背景灯呈绿色　　　图 1-115　ESCL 解锁

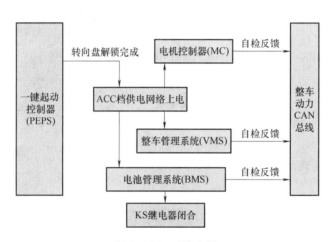

图 1-116　系统自检

如图 1-117 所示，踩下制动踏板后再次按下 SSB 开关，PEPS 接收到 ON 档起动信号，且制动信号有效，PEPS 便通过低频天线寻找车内是否存在智能钥匙；确认智能钥匙有效后，PEPS 控制 ON 继电器吸合；PEPS 与整车管理系统（VMS）通过 CAN 总线进行防盗认证，VMS 与电机控制器（MC）通过动力 CAN 总线进行车型匹配；防盗认证和车型匹配通过后，车载终端（GPRS）通过 CAN 总线发出解锁指令，VMS 通过动力 CAN 总线向 MC 发出允许起动指令。MC 控制 KP 预充继电器吸合，开始高压预充电过程，MC 实时检测直流母线端电压，并与 BMS 检测的动力电池总电压进行比对，当直流母线端电压达到动力电池总电压的 90% 以上时，闭合 KM 继电器（此比对过程在一直持续，只要直流母线端电压低于动力电池总电压的 90%，MC 将切断 KM 继电器）。如图 1-118 所示，高压预充电过程完成后，MC 控制 KP 预充继电器断开，高压上电过程完成，VMS 通过信息 CAN 总线向仪表总成（ICU）发送 READY 点亮指令。

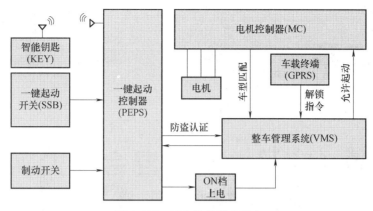

图1-117 MC接收起动指令

连接故障检测仪,进入MC,发现存储有故障码P401B——预充电故障。读取电机系统当前数据流,结合上述起动流程分析,进一步确定故障范围为高压预充系统。根据实车线束及整车电路图将高压预充系统抽象成图1-119,由此推断可能的故障原因有:KP预充继电器及其控制线路故障;预充电阻断路;MC硬件故障(无法正常输出12V预充继电器控制电压)。

基于上述分析,本着由简入繁、由表及里、先低压后高压的诊断原则,执行诊断流程,发现MC的9号端子(KP预充继电器控制线)供电异常。拔下MC插接件,发现有锈蚀现象。与驾驶人沟通得知,该车属于泡水车,泡水后未更换全车线束。

故障排除 与驾驶人沟通后,更换机舱相关线束后试车,车辆能正常进入READY状态,故障排除。

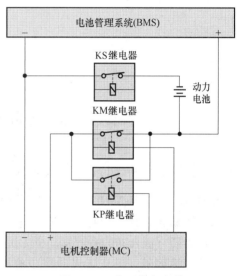

图1-118 高压上电完成

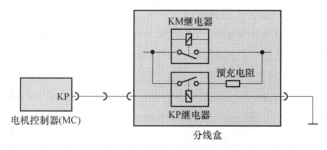

图1-119 KP预充继电器控制电路

技巧点拨 不建议简单处理锈蚀端子,因为这样容易再次造成接触不良,存在安全隐患,若在高速行车过程中动力突然中断,这将非常危险。

第二章

奔驰、宝马、奥迪混合动力实用维修技能与技巧

第一节 奔驰混合动力实用维修技能与技巧

一、奔驰 S400 混合动力汽车无法起动

故障现象 一辆 2011 款奔驰 S400 混合动力汽车，行驶里程 13900km，装配 272.973 发动机及 722.9 变速器。驾驶人反映驻车后不久便无法再启动。

故障诊断 混合动力系统发动机无法起动的原因可能是：①节气门驱动机构损坏；②缺少发动机转速信号；③在点火顺序中有碰撞信号；④蓄电池电量不足；⑤燃油压力过低；⑥发动机基本正时错位；⑦起动机供电时间过短；⑧驾驶认可系统 3（DAS3）不允许起动；⑨保护开关（A100s1）未施加有开启电压。

接到该车后尝试起动发动机，每次起动机运转几秒就不动了，接着进行初步的检查，车载电网电压 11.7V，高压车载电网电压为 127.7V，表明高低压蓄电池电量充足。用燃油压力表检查燃油系统燃油压力实测 4.0bar（1bar = 100kPa）油压正常。连接 STAR-DAS 诊断仪读取车载系统故障码，结果如下：Electric motor control unit：P0A5D00——Connection "phase U" of electric machine A has a malfunction（当前 F）；P0A1E00——Component N129/1（Power electronics control unit）has a malfunction（当前 F）；P0A4100——Position sensor "Electric machine A" has a short circuit to ground（存储 F）；0A0B00——The interlock of the high-voltage on-board electrical system（存储 F）。

将故障码打印出来后尝试将故障码清除，仍然无法起动。再次做快速测试，结果只是电子电力控制单元存储有故障码：P0A6300——Connection "phase W" of electric machine A has a malfunction（存储 F）；P0A6000——Connection "phase V" of electric machine A has a malfunction（存储 F）；P0A5D00 Connection "phase U" of electric machine A has a malfunction（存储 F）；P0A1E00——Component N129/1（Power electronics control unit）has a malfunction

第二章　奔驰、宝马、奥迪混合动力实用维修技能与技巧

(存储F)。使用 DAS 诊断仪对故障码 P0A5D00 进行引导检测结果指示故障的可能原因是 N129/1（Power electronics contronics unit）/A79（Integrated starter-alternator）/L20（Rotor position sensor），该故障码影响的功能是①Boost effect；②Engine start-stop function。对故障码 P0A1E00 进行引导测试的结果显示，如果故障码是当前故障则可能的原因是：Internal fault in component N129/1（Power electronics contronics unit），翻译成中文，含义为电子电力控制单元内部故障。通过故障码引导测试让我们缩小了诊断范围，但是其他影响因素也不能忽略，只有把其他因素全都排除，才有更充分的理由证明该件导致了发动机无法起动。

使用 DAS 诊断仪激活节气门驱动电机，节气门开闭正常，说明节气门没问题。发动机基本正时错位的可能性非常小，如果没报相关故障码基本可以忽略。驾驶认可系统 3（DAS3）是否允许起动，可以查看电子点火开关或发动机控制单元。于是重点检查 Rotor position sensor L20 在发动机熄火时的实际值是 102.8°，而正常的实际值是 108.2°。难道是该传感器对起动发动机时的基本位置测量错误导致发动机无法起动吗？于是对调了两车的 Rotor position sensor L20，结果故障车的 Rotor position sensor L20 装在正常汽车上，该车能正常起动，说明不是 Rotor position sensor L20 的问题。两车对换传感器后接着检查，通过 DAS 诊断仪读取发动机在起动时的最大转速，结果只有几十转/分，明显偏低。

起动机运转时间短可能的原因有：①供电部件供电时间太短；②车载电网电压过低；③刚对其供电就因为其他因素而切断了。该车由电子电力控制单元对供电，供电部件的供电时间无法进行测量；车载电网的压力之前已经检查过，高低压都正常。检查高压蓄电池内保护开关，蓄电池管理控制单元监视高压互锁电路，并控制保护开关。一旦高压互锁电路发生断路，蓄电池管理系统控制单元断开保护开关，这样会切断高压系统中的电源。互锁电路的作用是对无意间触摸到高电压部件的人员提供接触保护，为此通过高电压系统的所有可拆卸或可断开部件传送 12V/88Hz 的互锁信号。

为此，每个可拆卸高电压插头连接中都有一个触点横杆，可在拆卸高电压插头连接的过程中中断互锁电路，互锁电路还通过高电压部件的 12V 控制单元插头连接串联。在高压蓄电池处测得的互锁电压为 11.8V，基本正常。集成式起动发电机能够工作并且没有系统报其有故障，基本可以排除它的问题。检查到此，故障已经非常明了，电力电子控制单元自身故障在起动时对起动机的供电时间过短，发动机达不到怠速转速而导致发动机无法起动。也许大家会有疑问线路连接是否良好没有排查呢？这一点在奔驰 S400 HYBRID 上可以省去，因为电力电子模块是线束的部件，其中包括高电压熔丝盒（F70）和相关的高压导线，如果线束中的其中一个部件发生故障，则必须更换所有部件。

故障排除　该车更换电力电子控制单元后故障排除。

> **技巧点拨**　奔驰 S400 混合动力发动机起动需要满足的要点：混合动力驾驶系统"就绪"（READY）；发动机关闭；驾驶认可系统 3 允许起动。点火系统（ME-SFI）控制单元通过传动系统传感器控制器区域网络 CAN 与电力电子控制单元和蓄电池管理系统进行通信，以确定应当如何起动发动机。从电子点火开关（EIS）控制单元 N73 接收到"电路 50 信号"时，开始起动发动机（钥匙操作起动）。
>
> 发动机起动有如下之分：①转速引导起动的功能顺序，当冷却液温度高于 60℃，并且高压蓄电池能够提供达到怠速的计算输出时，发动机才能通过转速引导起动。如果超

过 0.7s 未达到最小怠速转速,则起动结束,这种起动方式是具有最佳舒适性的首选起动方式。②转矩引导起动的功能顺序,如果不满足转速引导起动的条件,则发动机将按照转矩引导启动。如果发动机转速达到 650~850r/min,则起动结束。起动结束所对应的发动机转速取决于冷却液温度,此起动用于冷起动和紧急起动。

二、奔驰 S400 混合动力系统工作过程

奔驰 S400 混合动力汽车装备的是并联式轻度混合动力系统,该系统采用了"集成起动机-发电机"一体化技术(Integrated Starter Generator,简称 ISG),它的运行模式策略如图 2-1 所示。系统各种运行模式之间的切换由电控多点顺序燃油喷射/点火系统(ME-SFI)[ME]控制单元进行控制。在发动机驱动模式下,车辆的主要动力来自于发动机。在混合动力驱动模式下,如车辆起步或加速,ISG 依靠高压锂电池组(图 2-2)提供的电能,作为驱动电机产生转矩,来支持发动机增大驱动力,并降低燃油消耗量。在发电模式下,ISG 作为发电机将发动机动力或传动系统动力(如车辆减速和制动过程)转化为电能向高压锂电池组充电,并且通过 DC/DC 变换器向 12V 用电系统供电。如果车辆不需要动力来驱动或停止,电控多点顺序燃油喷射/点

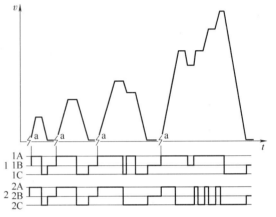

图 2-1 混合动力运行模式策略
1—内燃机的工作模式　1A—内燃机运转　1B—内燃机关闭
1C—减速燃油切断　2—电动机的工作模式
2A—混合动力驱动工作　2B—待命　2C—再生模式
a—内燃机起动　t—时间　v—车速

火系统(ME-SFI)[ME]控制单元会指令用 ISG 制动来关闭发动机运行(起动-停止功能)。发动机起动同样是依靠 ISG 的起动机功能起动发动机,起动形式分为转速决定型起动和转矩决定型起动。

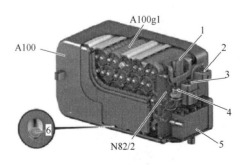

图 2-2 高压锂电池组
1—蓄电池管理系统控制单元的 12V 插头连接　2—制冷剂管路连接　3—高电压插头连接(电力电子、电动制冷压缩机)　4—高压插头连接(DC/DC 变换器)　5—保护开关　6—带膜片和爆裂膜的熔断接通
A100—高压蓄电池模块　A100g1—高压蓄电池　N82/2—蓄电池管理系统(BMS)控制单元

奔驰 S400h 混合动力系统组成如图 2-3 所示。ISG 安装在发动机与自动变速器之间，是一台盘形外转子式永磁同步电机（图 2-4），并且 ISG 还可以充当发动机的减振元件，以降低行驶时的转矩振动。

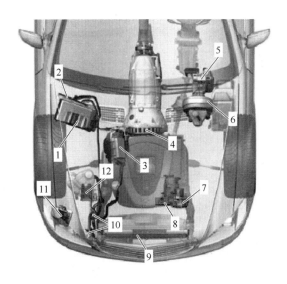

图 2-3　奔驰 S400h 混合动力系统组成
1—高压蓄电池模块　2—DC/DC 变换器模块　3—电力电子模块　4—电动机　5—制动踏板总成
6—再生制动系统（RBS）制动助力器　7—电动真空泵　8—电动制冷压缩机　9—低温冷却器
10—低温回路循环泵　11—电液助力转向机构　12—带再生制动系统控制单元的液压单元

电力电子模块（图 2-5）通过三条母线与 ISG 的三个电源连接器相连接，三相电流根据混合动力运行模式以及电机的转子位置传感器和温度传感器信号调节扭矩，电力电子控制单元集成在电力电子模块中，安装在排气歧管下方的右侧，装配有保护免受热辐射的隔热板和配备专用的冷却系统，防止电力电子模块出现过热损坏。电力电子控制单元根据转矩请求为 ISG 提供三相交流电压；检测 ISG 的温度；执行诊断并为电控多端顺序燃油喷射/点火系统（ME—SFI）［ME］控制单元提供预测的可用电机转矩。

利用 STAR-DAS 诊断仪对故障码引导测试的结果（电力电子控制单元内部故障），缩小了故障诊断范围，并且从诊断仪中读到 ISG 的起动转速过低的数据，在确定发动机"着火"三要素正常的情况下，更换了电力电子模块，整个诊断过程显示出了 4S 店专业技术的优势。

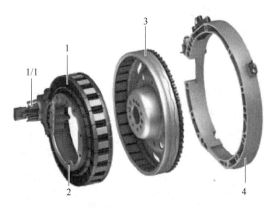

图 2-4　盘形外转子式永磁同步电机
1—带线圈的定子　1/1—电器螺纹连接温度传感器连接
2—定子架　3—带增量环和位置传感器
轨的转子　4—中间壳体

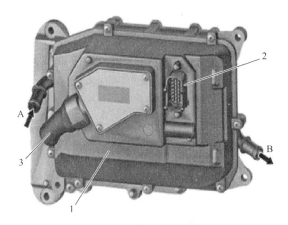

图 2-5 电力电子模块

1—电力电子模块 2—电力电子控制单元的 12V 插头连接 3—高压蓄电池的高压导线
A—冷却液进口 B—冷却液出口

技巧点拨 检修混合动力系统故障时,一定要遵循安全操作规范,只有经过机动车辆高压车载电气系统资质培训认定的技师才可以对混合动力系统高压车载电气进行作业。

三、奔驰 S400L 混合动力系统 CAN 通信故障

故障现象 一辆奔驰 S400L 混合动力汽车,配置 M272 发动机和 722.9 变速器,行驶里程 25346km。发动机起停功能不能长时间保持;车辆偶尔起动失败。

故障诊断 经过长时间的试车行驶,起停功能条件满足的情况下(也就是仪表中就绪 READY 指示灯的颜色变为绿色时)等交通信号灯,车辆正常熄火可没过几秒钟自动又重新起动,多次尝试结果一样。驾驶人还提到车辆偶尔有时还打不着车,但一直未试出不能起动的现象。按照正常检查作业流程先用专用检测设备 Xentry 读取得到相关故障码。

在 SG-BMS 蓄电池管理系统控制模块(N83/1)内存储有两个故障码:P0A0E00——高压车载电网的联锁回路存在偶发性功能故障、已储存;PC10000——与发动机控制模块的通信存在故障、当前已存储。ME17.7 发动机电子设备(N3/10)故障码:U029800——混合动力控制器区域网络(CAN)总线断路故障、当前的;U029881——混合动力控制器区域网络(CAN)总线断路故障、当前的;U011000——与"电动机 A"控制模块的通信存在功能故障、当前的;U011081——与"电动机 A"控制模块的通信存在功能故障。

由以上初步检查分析,故障点可能会出现在以下 5 点:
1)相关线路故障(首要排除)。
2)电力电子模块(功率电子装置)控制模块(N129/1)。
3)SG-BMS 高压蓄电池管理系统控制模块(N82/2)。
4)发动机控制模块故障(N3/10)。
5)混合动力控制器区域网络(CAN)电位分配器插接器(X30/44)损坏。

查阅如图 2-6 所示的混合动力系统电路图,结合以往对此车的了解及经验,先对各控制模块的熔丝供电、搭铁点及各控制模块高低 CAN 的线路的电压信号进行测量,均在正常值。

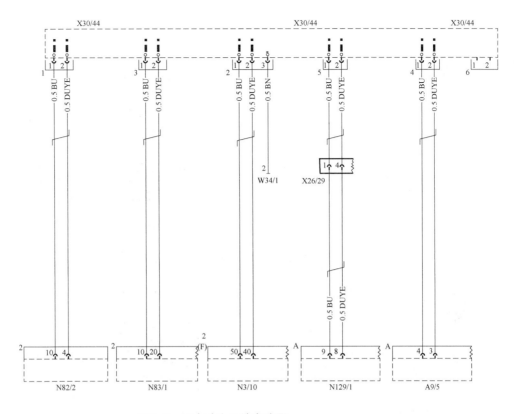

图 2-6 混合动力系统电路图

A9/5—电动制冷压缩机　N129/1—功率电子装置控制模块　N3/10—发动机控制模块　N82/2—蓄电池管理系统控制模块　N83/1—DC/DC 变换器控制模块　W34/1—电气装置接地（左侧脚坑）　X26/29—发动机线束/发动机舱插接器　X30/44—混合动力控制器区域网络（CAN）电位分配器插接器

混合动力控制器区域网络（CAN）电位分配器插接器 X30/44 测量情况如下：第一步，检测 CAN 分配器本身阻值，标准值为 55~65Ω。第二步，测量插头上面 CAN 线束的 1 和 2 端子之间的电阻值，测量值为 59.5Ω。结果都在额定值范围之内。诊断仪引导提示控制模块阻值如图 2-7 所示。

但实际测量结果与提示有差别，不管重复测量几次都是以下结果：DC/DC 变换器控制模块 N83/1：48.5kΩ 左右；蓄电池管理系统控制模块 N82/2：49kΩ 左右；发动机控制模块 N3/10：51kΩ 左右；电动制冷压缩机 A9/5：24~26kΩ；功率电子装置控制模块 N129/1：48kΩ 左右。

从数据上来看，压缩机控制模块内部电阻值过低，故障可能就是电动压缩机损坏。但凭这个数据还不能百分百地确定压缩机完全损坏，因为空调系统制冷都正常，只能找到相同型号电动压缩机做过对比之后才能确定是否存在问题。正好有在修的 S400，可对比测量数据。其测量结果还是和原车一样。说明该原车的电动压缩机正常。考虑到这个 CAN 通信故障和起动故障可能是一个原因造成。先将 P0A0E00 故障码进行引导检查，首先读取 N83/1 高压车载电网电压的实际值为 0，然后检查部件 A100（高压蓄电池模块）上的插头是否安装到位，为此

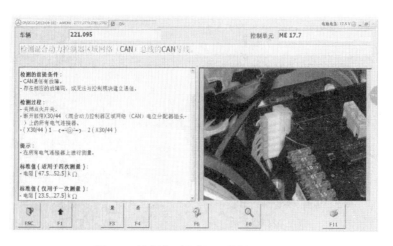

图 2-7 诊断仪引导提示测量标准阻值

拔下插头观察未发现异常,然后仔细地重新安装,故障依旧(在安装时不允许使插头歪斜,否则插头无法完全插上,可能导致互锁回路断路,A100 插接器如图 2-8 所示)。

下一步检查电动机软件(SG-EM)内的软件(SW)、软件版本为 12.04.00,诊断仪检测电动机控制模块记录中的"总电容量的平均值"的数值。显示数值大于 $1\mu F$,接着评估电动机控制模块记录中的总电容量(总电容量的平均值数值),结果平均值小于 $800\mu F$,则必须更换电力电子装置。检查蓄电池的 30A 熔丝是否正常运作,可以利用通路检测,结果高压车载电网无法试运行。再用万用表测量熔丝,此时电阻值为无穷大。说明 30A 熔丝损坏,此必须更换高压蓄电池。

图 2-8 A100 插接器

从以上分析判断,需要将高压蓄电池管理控制模块、电力电子装置控制模块更换,再进行以下诊断。更换之后,连接诊断仪 Xentry 在线编程。起动发动机重新读取故障码:SG-BMS、蓄电池管理系统控制模块,还存在 C10000 与发动机通信故障;发动机控制模块还有 U029A81、U029881 混合动力网络 CAN 总线断路故障,还有散热风扇故障码;SG-DDW、DC/DC 变换器控制模块(N83/1),P060700 控制模块存在功能故障。本来该控制模块没有任何故障,而换过 N82/2 和 N129/1 这两个控制模块之后才出现该故障码,最后再检查它。

检查发动机控制模块,插头内部无虚接。发现该控制模块周围有撬动过的痕迹,似乎维修过,如图 2-9 所示。将发动机控制模块拆掉,到专业维修 ECU 的地方进行检测,结果也是正常的,那之前可能是由于其他问题维修过,最后把故障疑点指向 N83/1 DC/DC 变换器控制模块。既然之前的供电搭铁、CAN 通信之间的电阻值也一样,会不会也是由于进水导致控制模块插头进水或控制模块损坏。接着拆掉右前轮内衬拔下控制模块插头,发现插头内部有轻微腐蚀的痕迹,如图 2-10 所示。

图 2-9　发动机控制模块

既然线路正常，其他控制模块也都逐一排除。最终锁定 N83/1 存在本身的内部故障，该控制模块无法维修只能更换。由于配件无货，更换拆车备件，刚装好插上插头，散热风扇已不再高速运转。接着连接诊断设备读取故障码，发现都变为"已存储"并可以直接清除。

图 2-10　N83/1 控制模块插头

故障排除　更换功率电子装置控制模块 N129/1、高压蓄电池控制模块 N82/2，解决车辆偶尔无法起动。最终更换 DC/DC 变换器控制模块 N83/1，彻底解决混合动力网络 CAN 通信故障。

> **技巧点拨**　维修类似的疑难故障，检查都应按由简到繁的步骤来排查故障。怀疑控制模块本身故障的前提，我们必须要做的就是排除控制模块的供电和搭铁，还有就是通信线路，之后再结合维修经验的辅助才有可能确定控制模块自身的问题。

四、奔驰 S400 混合动力汽车无法起动

故障现象　一辆 2012 款奔驰 S400 混合动力汽车，装配 272.974 发动机及 722.950 变速器，行驶里程 8 万 km，发动机无法起动。

故障诊断　混合动力系统发动机无法起动的可能原因有：节气门驱动机构机械损坏；缺少发动机转速信号；在点火顺序中有碰撞信号；蓄电池电量不足；燃油压力过低；发动机基本正时错位；起动机及其线路故障；驾驶认可系统 3（DAS3）不允许起动；保护开关（A100s1）未施加开启电压。

接车后尝试起动发动机，经多次起动均没有任何反应；检查低压车载电网电压，约为 11.7V，高压车载电网电压约为 127.7V，这表明高低压蓄电池的 SOC 充足；用燃油压力表检查燃油压力，燃油压力为 400kPa，正常。连接 STAR-DAS 进行故障诊断，在发动机电子设备（ME）控制单元（N3/10）中读到 2 个故障码，故障码：U011000——与电动机 A 控制单元的通信存在功能故障（当前），U011081——与电动机 A 控制单元的通信存在功能故障，接收到错误的数据（当前）；在 SG-EM 电力电子装置控制单元（N129/1）中存储有故障码：P0A1E00——电力电子装置控制单元（N129/1）部件存在故障（当前）；在 SG-DDW DC/DC 变换器控制单元（N83/1）中存储有 2 个故障码：P0A0E00——高压车载电网的联锁

回路存在偶发性功能故障（已存储），U010000——与发动机电子设备（ME）控制单元的通信存在故障（当前）；在 SG-BMS 蓄电池管理系统控制单元（N82/2）中存储有故障码：C11000——与电动机 A 控制单元的通信存在功能故障（当前）。虽然在发动机电子设备（ME）控制单元（N3/10）中没有存储与散热风扇有关的故障码，但该车的散热风扇却一直常转，可能是接收到错误的数据所致。根据故障引导检查控制单元的通信，检测结果显示"与控制单元 HSG 的通信是成功的"，说明该车控制单元的通信正常。由以上初步检查结果分析，该车的故障可能会出现在以下 5 个方面：相关线路故障（首要排除）；电力电子装置控制单元（N129/1）故障；SG-BMS 蓄电池管理系统控制单元（N82/2）故障；发动机电子设备（ME）控制单元（N3/10）故障；混合动力控制器区域网络（CAN）电位分配器连接器（X30/44）损坏。

查阅混合动力系统相关资料，结合以往对此车的了解及经验，先对各控制单元的供电熔丝、搭铁点及各控制单元高低 CAN 总线的电压信号进行测量，均未发现异常；检测混合动力控制器区域网络（CAN）电位分配器连接器 X30/44（见图 2-11，位于前部带熔丝和继电器模块的 SAM 模块 N10/1 之后）端子 1 与端子 2 之间的电阻，为 59.5Ω（标准值为 55~65Ω），正常；故障诊断仪引导提示检测控制单元电阻，按照图 2-12 所示的电路进行控制单元电阻的检测，实测 DC/DC 变换器控制单元（N83/1）的电阻约为 48.5kΩ，

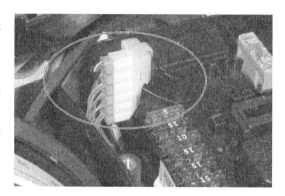

图 2-11 混合动力控制器区域网络（CAN）电位分配器连接器 X30/44

蓄电池管理系统控制单元（N82/2）的电阻约为 49kΩ，发动机电子设备（ME）控制单元（N3/10）的电阻为 51kΩ，电动制冷压缩机（A9/5）的电阻为 24~26kΩ，功率电子装置控制单元（N129/1）的电阻约为 48kΩ，从检测结果数据看，电动制冷压缩机（A9/5）的内部阻值过低，很可能是电动制冷压缩机（A9/5）损坏，但是因为该车空调系统制冷功能是正常的，单凭该数据并不能确定电动制冷压缩机（A9/5）损坏，只能找到相同型号电动制冷压缩机（A9/5）进行互换进行验证。车间正好有一辆在修的奔驰 S400 汽车，于是测量数据进行对比，测量结果与原车一样，这说明电动制冷压缩机（A9/5）工作正常。

考虑到该车 CAN 通信故障和无法起动故障很有可能是同一个故障原因造成的。于是，就先对故障码 P0A0E00 进行引导检测，读取到 DC/DC 变换器控制单元（N83/1）中高压车载电网电压的实际值为 9.2V，电压却为低压安全电压，因此怀疑是蓄电池或蓄电池连接有问题，于是决定检查部件 A100（高压蓄电池模块）上的导线连接器是否安装到位，拔下 A100（高压蓄电池模块）上的导线连接器观察，未发现异常，重新插回 A100（高压蓄电池模块）导线连接器（导线连接器不得歪斜，否则导线连接器无法完全插上，可能导致互锁回路断路）后试车，故障依旧。

接着对故障码 P0A1E0 0 进行引导检测，检查功率电子装置控制单元（N129/1）内的软件（SW）版本，为 12.04.00，不必升级；用故障检测仪检测功率电子装置控制单元（N129/1）中记录的"总电容量的初始值"，为 1037μF，正常，接着评估电力电子装置控制

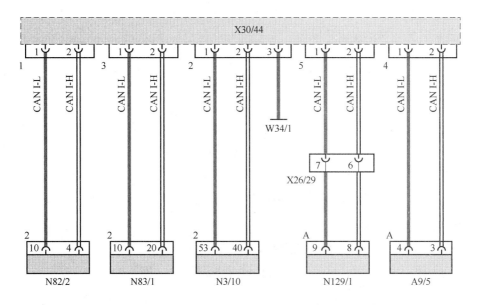

图 2-12　电位分配器连接器（X30/44）与控制单元的电路连接

A9/5—电动制冷压缩机　N3/10—发动机电子设备（ME）控制单元　N82/2—蓄电池管理系统控制单元
N83/1—DC/DC 变换器控制单元　N129/1—功率电子装置控制单元　W34/1—电器装置搭铁点（左侧脚坑）
X26/29—发动机线束/发动机舱导线连接器　X30/44—混合动力控制器区域网络（CAN）电位分配器连接器

单元（N129/1）中记录的"总电容量的平均值"，为 0μF，小于 800μF，则必须更换电力电子装置控制单元（N129/1）。

从以上分析判断，是由于电力电子装置控制单元（N129/1）出现故障导致整个高压车载电网电压都降至低压安全电压。因此需要更换电力电子装置控制单元（N129/1）后再进行后续故障诊断。更换电力电子装置控制单元（N129/1）后，连接故障检测仪进行在线编程。编程完成后重新读取 DC/DC 变换器控制单元（N83/1）中高压车载电网的电压，为 122V（正常为 48~150V），说明高压车载电网的电压恢复正常。重新读取故障码，所有控制单元内均无故障码存储，散热风扇也不再常转。尝试起动车辆，但发现该车还是无法起动，在起动的过程中，起动前仪表板上显示的高压电电量为 57%，但在按下起动按键后仪表板上显示的高压电电量迅速下降至 0%。难道是高压蓄电池的电量不足吗？于是外接充电机进行充电，大约充电 20min 后试车，故障现象还是和之前一样。那么会不会是高压蓄电池损坏了呢？如果高压蓄电池损坏，那又是什么原因造成的呢？电动机的运作会不会受干扰或受阻碍呢？于是笔者用力矩扳手尝试转动曲轴，却发现曲轴无论是顺时针还是逆时针一点都转不动，这充分说明该车发动机的机械部分存在故障，于是决定解体发动机进行检查。

在解体发动机时，发现起动发电机的磁铁绝缘块脱落（图 2-13）后卡在线圈上，

图 2-13　起动发电机的磁铁绝缘块脱落

将线圈卡死，从而导致发动机无法运转，由于发动机机械卡死，起动阻力过大，瞬间耗尽高压蓄电池电量，从而导致上述故障的产生。

故障排除 更换起动发电机和电力电子装置控制单元（N129/1）后，连接故障检测仪进行在线编程后，对高压车载电网进行初始化，激活车载高压电系统后试车，发动机起动顺利，故障彻底排除。

> **技巧点拨** 在拿不准一些诊断数据时，采用实车对比数据的方法是一个比较快捷准确的方法，在快速确定故障部位、快速排除故障方面起到了一定的作用。

五、新款奔驰 V213 能源管理系统的模式及管理

能源管理系统涉及以下部件：车载电网蓄电池（存储能量并在发动机关闭时供电）、车载电网蓄电池传感器（监测车载电网蓄电池的充电水平、电压、电流及温度）、发电机（能源产生）、ME 控制单元（发电机管理）、前 SAM 控制单元（能源管理的主控单元）。

1. 运输模式

车辆在出厂时，运输模式被激活（2012 年 6 月起开始引入运输模式功能），将整车设置为规定的特殊状态，车辆从工厂到销售店的整个过程中，运输模式都保持启用状态。直到交货检验并最终交付给终端驾驶人为止。目的是为了减少运输损坏和事故，通过经过优化的能源管理系统对车载电网蓄电池进行最佳充电，避免对车内造成任何损坏和污染，以及避免车内部件被盗等。

一旦车辆的总行驶里程超过 350km，则运输模式自动停用且无法再次启用。达到该限制前，可在任何时候使用诊断仪或按键组合停用运输模式，并可用诊断仪重新将其激活，如图 2-14 所示。当运输模式启用时，车载电网蓄电池相应的养护说明（如有必要）显示在仪表板上，以支持销售和物流运输。在车辆运输期间，会随时明确地提供能源管理系统确定的车载电网蓄电池的状态，并且不需要使用任何额外的测量仪表。

图 2-14 运输模式实际值

处于运输模式时会执行以下功能限制：
车速限制为 40km/h，前排乘客侧车门、后车门及行李舱盖（尾门）被锁止，禁用车顶开启功能（装配全景滑动天窗或滑动天窗的车辆），在点火开关打开且发动机关闭的情况下，车辆处于静止状态超过 10s 时，则促动喇叭，可以通过将钥匙转至电路 15R 或通过起动发动机关闭喇叭，限制车外照明功能；车灯旋转开关的位置被忽略，在发动机运转的情况下，行车灯持续开启，远光灯不工作，仪表板上显示启用的运输模式，并可能显示 Battery OK（蓄电池正常）、Charge Battery（给蓄电池充电）、Replace Battery（更换蓄电池）。确定可用的蓄电池剩余使用寿命，生成有关蓄电池养护的说明，停用舒适系统设备（例如收音机、座椅加热）等。

2. 发动机运转时的能源管理

1) 确定车载电网蓄电池的充放电水平。发动机运转时,能源管理可确保车载电气系统的稳定性以及车载电网蓄电池均匀地充放电。如果同时使用多个用电设备,则可能出现过载,从而必须由车载电网蓄电池进行缓冲,如果这种过载情况持续时间较长或车载电网蓄电池的充电能力较低,则可能会出现不正确的充放电比例。如果车载电气系统持续过载,则发动机运转时的能源管理功能促进发动机的动力输出,还会减少舒适性用电设备,以使车载电网蓄电池电荷平衡。

车载电网蓄电池的状态由蓄电池传感器来监测,蓄电池传感器计算车载电网蓄电池的电压、电流和温度相关参数。车载电网蓄电池的充放电水平是当前电量与最大可存储电量的比率,基于内阻计算而来,可利用此数值与蓄电池容量一起计算车载电网蓄电池中存储的电量。

2) 对车载电网蓄电池进行充电。对车载电网蓄电池充电需要确定规定的电压,根据不同的因素,规定电压由发电机管理系统确定,或通过特定温度充电特性确定,起动发动机后会进行快速高压充电,直至在车载电网蓄电池上检测到足够高的充电量。执行快速充电的充电电压为15V,充电时间可能为20s~1h,之后会利用与温度相关的特性或发电机管理功能。发电机管理系统降低充电电压至12.8V,以及发动机处于减速模式时可以进行再生制动(能量回收)。发电机管理启用时,打开一个前车门以及车速为0m/s,发电机管理功能会切换至跨接起动模式,同时,发电机电压持续增加至14.3V。仅当车速大于0m/s时,跨接起动模式才会取消。当进行较长时间的下坡行驶时,会进行紧急切断,以免由于长时间的减速燃油切断而导致车载电网蓄电池过度充电,此紧急切断功能会在电压较高且耗电量较低的情况下停用再生制动。如果车载电网蓄电池完全充满电(例如在寒冷天气或长距离的下坡行驶之后),则电压会进一步降低,以使蓄电池恢复至80%的最佳充电水平。

3) 减少用电设备。如果无法进一步提供所要求的电量输出,能源管理方法则通过切断舒适性功能降低车载电气系统的负载,这可以防止车载电网蓄电池出现明显负向充放电的情形,继而可以保持发动机的起动性能。当能够再次提供稳定车载电气系统电压所需的电量输出时,舒适功能重新启用。

车载电气系统电压降至12.2V以下或达到最大放电电流时(装配锂离子起动型蓄电池),会启用减少用电设备功能。主要用电设备的耗电量在发动机起动20s后会降低,如果降低耗电量后情况保持不变,每过1s就会减小下一个用电设备的耗电量。左前可逆式安全带紧急收紧器和右前可逆式安全带紧急收紧器具有非常大的起动和工作电流,因此当触发可逆式安全带紧急收紧器时,在2s内会降低一些高功率用电设备的耗电量或切断用电设备,以便降低车载电气系统的负载。

当车载电气系统的电压稳定且高于13.5V时,或未达到允许放电电流时,降低功率或减少用电设备功能会被取消,两次撤销之间的等待时间为1s。

3. 发动机关闭时的能源管理

发动机关闭时的能源管理可确保车载电气系统的稳定性以及车辆停驻时发动机的起动性能。此功能集成在前SAM控制单元中,用于延长车载电网蓄电池的使用寿命,因此常用舒适功能或用电设备被关闭。发动机关闭时的能源管理包括减少用电设备(停用舒适系统)、深度放电保护等功能。

1）减少用电设备（停用舒适系统）。如果车载电气系统的电压降至 11.8V 以下，则前 SAM 控制单元会激活用电设备减少功能（关闭舒适系统）。前 SAM 控制单元通过车内控制器区域网络（CAN）将用电量降低或切断用电设备的请求发送至与车内控制器区域网络（CAN）连接的相应控制单元。前 SAM 控制单元还将此请求通过电子点火开关控制单元、底盘 Flex Ray、传动系统控制单元和车内控制器区域网络发送至 ME 控制单元。前 SAM 控制单元还将此请求通过车内控制器区域网络（CAN）、电子点火开关控制单元和用户界面控制器区域网络（CAN HMI）发送至主机。

即使车载电气系统的电压稳定在 11.8V 以上时，降低输出功率或停用用电设备也不会被取消，仅在发动机起动后再次取消降低输出功率或切断用电设备功能。

2）深度放电保护。深度放电保护可防止车载电网蓄电池在车辆处于静止状态时过度放电。这确保发动机长期或在增加空载电流时保持稳定。此外，也会最大程度降低由故障部件导致的硬件复位所产生的空载电流增加。该功能集成在前 SAM 控制单元（能源管理）和电子点火开关控制单元（关闭和安全性）中。

蓄电池传感器通过蓄电池传感器局域互联网（LIN）与前 SAM 控制单元通信。如果车载电网蓄电池的充电量降至稳定限值以下或者检测到过大的空载电流，则前 SAM 控制单元会在 5min 后按开启方向促动发动机舱预熔熔丝盒（F32/3）中的蓄电池断开开关继电器（K57/4）。前 SAM 控制单元会事先通过车内控制器区域网络（CAN）发送一条信号作为提前切断通知，此信号与所有通过 30t 供电的控制单元相关，然后关闭所有通过 30t 供电的用电设备。

如果蓄电池断开开关继电器由于空载电流过大而开启，则电子点火开关控制单元会在经过规定的时间后按关闭方向促动蓄电池断开开关继电器，然后电路 30t 上所有的用电设备重新供电，短时开启蓄电池断开开关继电器可能导致空载电流用电设备复位。如果空载电流仍然过高，则蓄电池断开开关继电器开启并再次关闭，最多两次；如果空载电流仍然特别高，则蓄电池断开开关继电器永久保持断开。

4. 手动模式（待机模式）

用户可以通过在显示屏上操作（图 2-15），手动断开蓄电池断开开关继电器（图 2-16），这样车辆存放时间就会变得更长，为长时间不使用车辆的用户提供了便利。需要注意的是，无论是自动断开模式还是手动断开模式，只要按下遥控器或改变点火开关的位置，蓄电池断开开关继电器就会重新闭合。蓄电池断开开关继电器保持开启后，车辆的相关功能（如车辆的防盗系统、拖车保护和车内活动检测系统等）都会受到限制。

图 2-15　蓄电池电量不足时无法进入待机模式

图 2-16　进入待机模式

技巧点拨 车辆能源管理系统对车辆电能的提供和消耗进行管理，旨在确保所有的电器设备稳定供电。新款奔驰 V213 搭载了创新型的能源管理系统，既有前代车型优良特点的继承，又有新概念的延伸，能够让驾驶人参与其中，为驾驶人用车提供更多的保障。

六、新款奔驰 S400 混合动力汽车不能使用纯电动模式

故障现象 一辆新款奔驰 S400，配置 276.9 缸内直喷发动机、722.9 变速器，行驶里程 10 万 km。驾驶人反映在车辆行驶过程中纯电动功能不能使用。

故障诊断 接车后，路试车辆，确实如驾驶人反映的那样，车辆不能使用纯电动功能。仪表没有其他的警告信息，车辆的其他功能正常，高压蓄电池也能正常充电，制动系统也能进行制动能量回收。

连接诊断仪对电控系统进行快速测试，遗憾的是高压系统控制单元并没有相关故障码，如图 2-17 所示。

N129/1 - 功率电子装置 (SG-EM) -✓-

梅赛德斯－奔驰硬件号	276 901 66 00	梅赛德斯－奔驰软件号	222 902 43 08
梅赛德斯－奔驰软件号	222 903 75 00	软件的梅赛德斯－奔驰件号（引导程序）	212 904 10 00
诊断标识	000121	硬件版本	13/13 001
软件状态	14/33 000	软件状态	14/35 000
引导程序软件版本	13/13 001	引导程序软件版本	11/48 000
硬件供应商	Continental	软件供应商	Continental
软件供应商	MB	引导程序软件供应商	Continental
控制单元型号	LE_TUBE_BT11_128_0121		

N82/2 - 蓄电池管理系统(BMS) -✓-

梅赛德斯－奔驰硬件号	789 340 24 02	梅赛德斯－奔驰软件号	222 902 09 14
软件的梅赛德斯－奔驰件号（引导程序）	789 904 28 00	诊断标识	003007
硬件版本	13/11 000	软件状态	16/44 000
引导程序软件版本	13/02 000	引导程序软件版本	13/02 000
硬件供应商	Deutsche Accumotive GmbH & Co KG	软件供应商	Deutsche Accumotive GmbH & Co KG
引导程序软件供应商	Deutsche Accumotive GmbH & Co KG	控制单元型号	BMS222MH_Variant_003007

图 2-17 故障检测

新款 S400 混合动力汽车相对于老款的 S400，最大的区别就是应用了最新的 P2 系统，P2 系统的基本特征是电动机位于变矩器与变速器之间。通过这种布置，可以对电动机的转速与发动机的转速分别进行控制，这样就能实现车辆的纯电动行驶，并且当电动机出现问题时，车辆一样的能起动，发动机有自己的电动机，而老款的 221 S400 电动机位于发动机和变速器之间，这样就不能实现纯电动行驶，并且在电机出现问题时。车辆不能正常起动和行驶，也不能实现纯电动行驶。新款 S400 还有一个特点就是它的 AC/DC 和 DC/DC 整合在了一起，位置也发生了变化，位于发动机舱的右前侧，高压蓄电池位于行李舱处。

对混合动力的大致结构和原理有了了解后，再进行诊断就会有的放矢了。如果没有故障码，那就看实际值了，按照以往经验诊断混合动力的故障，一般从高压蓄电池的实际值、互锁回路和绝缘电阻入手，在出现故障时的数据流如图 2-18 ~ 图 2-20 所示。

从上面的实际值分析来看，一切都正常，高压互锁回路和绝缘电阻都是正常的，高压蓄电池里面的小蓄电池也是正常的，看来这个故障相当隐蔽。查阅相关的技术文件，没有直接的指引，对蓄电池管理系统控制单元和 AC/DC 控制单元进行了升级，对发动机和传动系统控制单元也进行了升级，故障依旧。

图 2-18 数据流 1

图 2-19 数据流 2

编号	姓名	实际值	标准值
814	蓄电池单元 - 最小电压	3.588V	[3.200 .. 4.100]
867	蓄电池单元 - 最大电压	3.609V	[3.200 .. 4.100]
477	蓄电池单元 - 平均电压	3.596V	[3.200 .. 4.100]
280	蓄电池单元1的电压	3.595V	[3.200 .. 4.100]
611	蓄电池单元2的电压	3.596V	[3.200 .. 4.100]
639	蓄电池单元3的电压	3.599V	[3.200 .. 4.100]
052	蓄电池单元4的电压	3.599V	[3.200 .. 4.100]
398	蓄电池单元5的电压	3.599V	[3.200 .. 4.100]
725	蓄电池单元6的电压	3.594V	[3.200 .. 4.100]
621	蓄电池单元7的电压	3.592V	[3.200 .. 4.100]
302	蓄电池单元8的电压	3.600V	[3.200 .. 4.100]
268	蓄电池单元9的电压	3.597V	[3.200 .. 4.100]
054	蓄电池单元10的电压	3.597V	[3.200 .. 4.100]
619	蓄电池单元11的电压	3.602V	[3.200 .. 4.100]
871	蓄电池单元12的电压	3.599V	[3.200 .. 4.100]
761	蓄电池单元13的电压	3.595V	[3.200 .. 4.100]
351	蓄电池单元14的电压	3.609V	[3.200 .. 4.100]
032	蓄电池单元15的电池	3.604V	[3.200 .. 4.100]
917	蓄电池单元16的电压	3.601V	[3.200 .. 4.100]
294	蓄电池单元17的电压	3.598V	[3.200 .. 4.100]
433	蓄电池单元18的电压	3.602V	[3.200 .. 4.100]
213	蓄电池单元19的电压	3.599V	[3.200 .. 4.100]
163	蓄电池单元20的电压	3.591V	[3.200 .. 4.100]
718	蓄电池单元21的电压	3.603V	[3.200 .. 4.100]
405	蓄电池单元22的电压	3.602V	[3.200 .. 4.100]
062	蓄电池单元23的电压	3.599V	[3.200 .. 4.100]
441	蓄电池单元24的电压	3.603V	[3.200 .. 4.100]
309	蓄电池单元25的电压	3.602V	[3.200 .. 4.100]
573	蓄电池单元26的电压	3.597V	[3.200 .. 4.100]
929	蓄电池单元27的电压	3.592V	[3.200 .. 4.100]
085	蓄电池单元28的电压	3.591V	[3.200 .. 4.100]
830	蓄电池单元29的电压	3.596V	[3.200 .. 4.100]
655	蓄电池单元30的电压	3.597V	[3.200 .. 4.100]
406	蓄电池单元31的电压	3.596V	[3.200 .. 4.100]
146	蓄电池单元32的电压	3.600V	[3.200 .. 4.100]
778	蓄电池单元33的电压	3.599V	[3.200 .. 4.100]
344	蓄电池单元34的电压	3.590V	[3.200 .. 4.100]
137	蓄电池单元35的电压	3.595V	[3.200 .. 4.100]

图 2-20 数据流 3

如图 2-21 所示，混合动力模式已经准备好了，但是纯电动模式还是用不了。在奔驰的技术资料中并没有专门讲述纯电动行驶需要什么具体的条件，只是说高压蓄电池的充电量和选择的操作模式决定是否以纯电动方式行驶。在 S 模式时，纯电功能是不能使用的，并没有具体说明高压蓄电池要有一个什么具体的充电量。没有故障码，高压系统实际值正常，看来这个问题不易解决。

图 2-21　仪表显示

再进一步整理诊断思路，在试车过程中，还发现一个问题，此车的 ECO 功能不能正常使用，应该是完全不能使用才对。转念一想，它们之间会不会有什么内在的联系呢？诊断思路又转移到 ECO 功能不能使用上来。

ECO 功能不能使用往往也是没有故障码的，只有看相关实际值，前 SAM 是整车低压电网的控制单元，里面有相关 ECO 的实际值，进去一看，果然有了发现，相关实际值如图 2-22 所示。

故障排除　通过上面的实际值可以看出，发动机不能使用 ECO 功能的一个条件就是车载电网已经激活，这样会导致 ECO 功能不能使用，这说明车载电网是有问题的。按照以往的诊断经验分析，车载电网有问题一般指向低压蓄电池，用奔驰专用蓄电池测试仪，测试低压蓄电池提示更换，果断更换低压蓄电池。低压蓄电池和高压蓄电池实际位置如图 2-23 所示。

图 2-22　ECO 起动/停止功能实际值　　　　图 2-23　蓄电池实际位置

左边是低压蓄电池，右边是高压蓄电池。更换低压蓄电池后，车辆的 ECO 功能可以使用了，并且车辆的纯电动功能也可以使用了。

看来它们二者之间是有必然联系的，整理二者的共同点，纯电动功能就是发动机不运转，只是靠电动机运行，而 ECO 功能有个特点就是，发动机也要停止运作，ECO 才能使用。

技巧点拨　遇到一个隐蔽的故障时，诊断思路一定要发散，一个故障点往往连带了很多的故障现象，而多个故障现象之间有的必然联系。

第二节　宝马混合动力实用维修技能与技巧

一、宝马混合动力发动机起动困难且起停功能不好用

故障现象　一辆宝马混合动力（车型：F04），配置 N63 发动机，行驶里程 52222km。驾驶人反映 MSA 不好用，MSA 只能使用一次，当再次停车时 MSA 不起作用。关闭点火开关重起发动机，MSA 又恢复，但还是只能使用一次。

故障诊断　由于该车机油消耗严重，分解并维修了发动机后出现该故障。试车故障确实存在，MSA（节油起停功能）有时候在等红绿灯时发动机不自动熄火；同时有时候在等红绿灯时，MSA 能使发动机自动熄火，但是在车辆起步 MSA 起动发动机时，起动以后发动机会自动熄火并在 CID 上面有故障显示，MSA 退出工作，重新关闭钥匙后故障消失。

用 ISID 测试，有故障码 216104——MSA 监控发动机转速建立过慢。根据故障码执行相应的检测计划，检查电机插头及高压线插头没有腐蚀，测量高压线电阻低于 100Ω，在标准范围以内。鉴于检测计划提示检测不出结果，于是进入 ISID 服务功能查看到底是什么因素抑制了 MSA 正常使用。其具体路径是：服务功能-电动机-混合动力汽车-发动机起动/停止自动装置。进入以后，里面有以下 6 个选项：①发动机起动/停止自动装置概述；②历史存储器概述；③发动机未关闭（断开阻碍条件）或独立开始运转（通电请求条件）；④最后 10 个起动阻碍条件概述（发动机不运转）；⑤历史存储器复位；⑥结束服务功能。进入选项③，结果发现里面阻碍因素太多，于是对历史存储器进行复位再次试车。试车后再次读取哪些因素抑制了 MSA 起动，结果发现"自动变速器未准备就绪（变速器油温或齿轮油油位超出额定范围）"故障频率报了 22 次。

读取变速器数据流，变速器油温在 90℃左右波动，所以排除油温的影响。同时因为冷车的时候也会出现该故障，就更进一步证明不是变速器油温导致的故障。与其他车辆互换蓄压器，试车故障依旧。怀疑是模块软件问题，对车辆进行编程，故障依旧。重新查询 ISTA 安装电机的步骤，看是否有遗漏步骤未操作，同时询问维修人员：

1）安装电机是否使用专用工具（没有用），因为没有专用工具。
2）安装好电机后是否匹配过电机转子位置传感器（没有匹配），因为没注意看。
3）维修人员还反映在维修发动机后第一次起动时，发动机噪声非常大，像助力泵没有时产生的异响声音，但是过一会儿就消失了。
4）发动机熄火后，再次起动发动机始终起动不起来，感觉电机运转无力。

故障排除　基于以上得到的信息，同时结合 ISTA 维修步骤，因为在拆卸电机以后必须使有专用工具对电机的定子与转子进行定位，怀疑是没有定位导致的。重新拆变速器并拆卸电机，用其他办法对电机进行定位，装车再试，故障依旧。再次拆卸电机并分解电机，发现电机的转子和定子严重磨损，估计是定子的硅钢片绝缘层磨损导致产生涡流，从而使导磁能力下降，所以电机运转起来无力。重新订购新的电机并装车试车，故障消失。

技巧点拨　在做任何维修时，一定要仔细阅读维修流程，不然会增加不必要的维修作业。定子磨损是由于没有用专用工具定位转子与定子，此定位主要是调整转子与定子的间隙。

二、2010 款宝马 750Li 混合动力汽车声音警告系统失效

故障现象　一辆 2010 款宝马 750Li 混合动力汽车（F04），行驶里程 34537km。驾驶人反映在车辆行驶中经常出现"声音报警系统失效"的警告提示；中央信息显示屏有时突然变成黑屏，正在播放的 DVD 转换匣中的歌曲突然停止，音频系统自动切换到收音机模式；控制器调整失效。

故障诊断　接车后检查车辆，发现故障现象并没有当前存在。连接 ISID 进行诊断检测，读取和故障现象相关的故障存储内容如下：

CA9403-信息（车辆状态，0x3A0）缺失，TRSVC 接收器，JBE/FEM/ZGM 发射器，34537km，无故障类型可用；272-MOST 通信故障，34537km；800D01-VSW：FBAS 输入端 1 无视频信号或无同步信号，34537km，无故障类型可用；B7F841 CIC：FBAS 输入端 1 视频或同步信号不存在，34537km，无故障类型可用；E2D401-信息（车辆状态，0x3A0）：有故障，接收器 CON，发射器 JBE/FEM-ZGM/DME/DDE/CAS，34537km，无故障类型可用；E31401-信息（车辆状态，0x3A0）：错误，接收器 FCON，发射器 JBE，34537km，无故障类型可用；E5D416-信息（车辆状态，0x3A0）有错误，接收器 CID，发射器 JBE，34537km，无故障类型可用；E61416-信息（车辆状态，0x3A0）有错误，接收器 FD，发射器 JBE，34537km，无故障类型可用；E65416-信息（车辆状态，0x3A0）有错误，接收器 FD2，发射器 JBE，34537km，无故障类型可用。

通过故障含义分析，上述故障都是出现在 34537km 时。而故障码 800D01-VSW——FBAS 输入端 1 无视频信号或无同步信号；B7F841CIC——FBAS 输入端 1 视频或同步信号不存在。可能和故障现象直接相关，其他的故障存储则可能是由于这几个故障关联信息缺失引起。相关故障内容的细节描述见表 2-1～表 2-3。

表 2-1　272-MOST 通信故障

故障描述	如果 MOST 系统分析在 MOST 环形结构中识别到有故障的控制模块，该故障码存储器将进行记录对此，请分析各 MOST 控制模块的下列故障记录： MOST：接收器未接收信息 控制模块：复位 控制模块：温度过高关闭 MOST 控制模块：温度过高关闭 控制模块：MOST 复位 MOST：控制模块未应答监控信息 MOST：一个控制模块已注销 MOST：实际配置不完整
故障识别条件	在快速测试过程中进行检测
保养措施	执行以下步骤（ABL）：MOST 系统分析
驾驶人信息服务提示	目前无法使用快速删除功能删除该故障记录。如不满足故障设定条件，则在进行车辆重复测试时不记录该故障

表2-2 800D01-VSW：FBAS 输入端 1 无视频信号或无同步信号

故障描述	未识别到 FBAS 信号输入端 1 同步。不存储以下故障记录：信号，在公差之外
故障识别条件	供电电压大于 10V，总线端 KL.15 接通
故障码存储记录条件	在 750ms 后便会记录该故障
保养措施	1. 检查相关视频源（TRSVC） 2. 检查导线和插头 3. 检查 VSW 4. 执行测试模块：视频运行诊断
驾驶人信息服务提示	目前无法使用快速删除功能删除该故障记录。如不满足故障设定条件，则在进行车辆重复测试时不记录该故障

表2-3 B7F841 CIC：FBAS 输入端 1 视频或同步信号不存在

故障描述	如果测试视频信号的输入时，接通连接后约 8s 内不能识别到视频信号，则在视频诊断范围内记录这个故障
故障识别条件	供电电压介于 9~16V 之间，总线端 KL.15 接通
故障码存储记录条件	在 1.6s 后便会记录该故障
保养措施	可能的故障原因： 1. 视频源/VSW 2. 与视频源的接线损坏 3. 视频信号输入端损坏
故障影响和抛锚说明	相应视频源上无图像（蓝屏表示无视频源，橙屏表示机头和 CID 之间的 LVDS 数据导线断路）

选择故障"272-MOST 通信故障"执行检测计划，ISTA 系统建议执行 MOST 系统分析。这和表 2-1 中的维护措施相符合。由于 MOST 所采用的环形结构，因此组件故障常会对整个系统产生影响。由此，组件故障将会在多个控制模块中产生故障记录。

MOST 系统分析已进行了结构重组及简化。MOST 内的所有相关故障都将显示在车辆测试中（不再像原来那样合并为一个虚拟控制模块）。稳定性（MOST 环形结构闭合或中断）和控制模块在 MOST 环形结构内的顺序将在检测过程"MOST 系统分析"中进行评判。

MOST 系统分析结果，车辆任务与保存的 MOST 环形结构配置之间存在不一致。下列控制模块参与了：RSE-后座区高级视听设备；DVDC DVD 交换机；AMPT 顶级高保真系统放大器；VM 视频模块；ULF-SBX-H 高级装备接口盒。

如果没有正确存储的 MOST 环形结构配置，则不能对 MOST 环形结构的状态作出可靠的判断。继续进行分析，检查故障码存储器是否存储有与 MOST 通信有关的故障。大多数涉及 MOST 环形结构通信的故障可以通过对怀疑的控制模块进行编程排除。

分析结果显示，下列控制模块引起了 MOST 环形结构故障。DVDC DVD 交换机（分配的星点数目是引起故障的严重程度的一个尺度，并且从 1 排到 5）。这种情况下可能有下列故障原因：控制模块中有软件错误控制模块有故障。为了排除故障，必须进行如下操作：对控制模块重新编程/设码，如果通过编程控制模块不能排除故障，则更新控制模块。

选择"800D01-VSW——FBAS 输入端 1 无视频信号或无同步信号"和"B7F841 CIC——FBAS 输入端 1 视频或同步信号不存在"执行检测计划，ISTA 系统建议执行下列测试模块：视频运行诊断。借助视频诊断可以检查内置信号源的所有输出端和内置汇点的所有输入端。在主机或后座区视听设备内启动检测，同时检查在输入端上是否有来自于所有内置信号源的信号，视频诊断自动进行。

信号源可以是电子夜视装置、环视摄像机、视频模块、DVD 转换匣或 Smartphone 视频连接。汇点可以是主机、视频开关或后座区视听设备。视频开关位于信号源和汇点之间，所以应检查视频开关的输入端和输出端。车辆视频控制电路如图 2-24 所示。

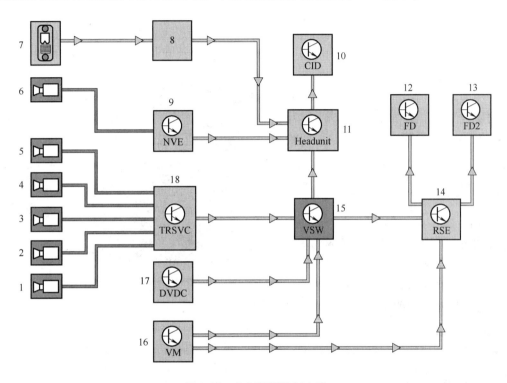

图 2-24　车辆视频控制电路

1—倒车摄像机　2—右侧外后视镜摄像机　3—左侧外后视镜摄像机　4—右侧保险杠摄像机　5—左侧保险杠摄像机
6—夜视电子摄像机　7—Smartphone　8—底板　9—夜视电子控制模块　10—中央信息显示器
11—汽车信息计算机或主机　12—后座区左显示器　13—后座区右显示器　14—后座区视听设备
15—视频开关　16—视频模块　17—DVD 转换匣　18—环视摄像机

视频诊断结果显示，信号源都可以正常显示测试图，未能发现任何故障。对车辆进行编程，编程结束后测试车辆，车辆信息娱乐系统一切正常，车辆留厂观察。第二天试车，发现车辆的信息显示屏一直显示黑屏状态，中央的控制器失效，车辆的整个音频控制系统失效。客户之前反映的故障现象都当前存在。再次连接 ISID 进行诊断检测，测试界面显示诊断测试树 MOST 总线的控制模块都为黄色状态，表示无法通信。诊断结果显示的故障内容如下：

1）301-无法与下列装置通信：后座区视听设备。

2）271-无法与下列装置通信：DVD 机。

3）123-无法与下列装置通信：DVD 机。

4）219-无法与下列装置通信：功率放大器。

5）63-无法与下列装置通信：功率放大器。

6）315-无法与下列装置通信：视频模块。

7）112-无法与下列装置通信：ULF-SBX-H。

8）386-无法与下列装置通信：组合仪表。

9）273-无法与下列装置通信：主机。

10）275-MOST环形结构断裂。

选择故障内容，根据检测计划执行MOST环形结构断裂的诊断步骤，环形结构断裂诊断集成在MOST系统分析中（从F01起）。为此，将读取MOST控制模块在环内的顺序，并显示环形结构断裂位置。结果显示仍旧无法准确地锁定故障点。故障现象依然存在。

接下来通过排除法对MOST系统各个控制模块进行单独断开测试，断开某一个控制模块时，在这个控制模块的MOST端子接口通过一个专用的MOST光纤端接器连接，以排除是否由于这个控制模块内部引起的MOST环形线路断裂。根据第一次测量的故障内容"800D01-VSW：FBAS输入端1无视频信号或无同步信号"和"B7F841 CIC：FBAS输入端1视频或同步信号不存在"。视频开关VSW的信号输入端有视频模块VM、DVDC、环视摄像机TRSVC。首先断开视频模块VM的MOST接口，跨接上MOST光纤端接器，如图2-25所示。中央信息显示器上立即显示出正常的图像。说明是视频模块VM内部的故障。

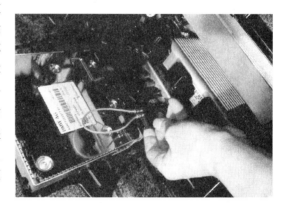

图2-25 跨接MOST光纤端连接器

故障排除 更换视频模块，对车辆进行编程设码，故障排除。

技巧点拨 MOST总线系统不仅负责传递车辆信息娱乐系统的声音信息，还传递信息娱乐的控制信息。图像信息是由主机通过LVDS传递给中央信息显示器。当MOST总线出现故障后首先信息娱乐系统没有声音，包括倒车雷达警告系统的声音报警，因为雷达报警的声音是通过顶级高保真功率放大器传递到两个前门扬声器。信息娱乐系统的控制也会失效（控制器无法调整），严重时中央信息显示屏会黑屏。

第三节 奥迪混合动力实用维修技能与技巧

一、2013款奥迪A8混合动力汽车高压蓄电池故障

故障现象 一辆2013款A8混合动力汽车，发动机型号CHJA，2.0TFSi，功率180kW，行驶里程36430km。该车为事故车，前后被撞，后部损坏严重。

故障诊断 连接大众诊断仪VAS6160，读取故障码为：P0A1B00——电力电子装置控制单元，电驱动装置，主动/静态；P0A1F00——蓄电池能量管理控制单元，主动/静态；

P160900——碰撞切断已触发，被动/偶发；P0AB900——混合动力组件系统故障，被动/偶发；P160900——碰撞切断已触发，主动/静态。

诊断仪"引导型故障查询"中有一个用于判断高压蓄电池的检测程序。该检测程序根据外观和热标准评判高压蓄电池状态是否达到临界值。

外观：①检查是否有燃烧痕迹；②检查是否变形或损坏；③检查是否潮湿或有无水分。

热标准：①高电压蓄电池受热；②蓄电池壳体变色；③塑料变形。

评判该高压蓄电池状态是否已达到临界值危险，从外观看没有发现什么问题，从热态看也正常。从以上故障码可以看出，发动机、变速器和蓄电池管理系统都报了故障。

按照 ELSA 高压电安全要求规定及 VAS6160 引导性功能逐步检测维修。在高压系统上作业前，必须切断高压系统的电压，只能通过引导型故障查询切断高压，然后将高压蓄电池从车上拆下（图 2-26），以便于钣金维修。

图 2-26　高压电池位置

拆卸高压蓄电池必须做到以下 4 点：

1) 在修理汽车时，要选择好临时存放高压蓄电池的地方。

2) 高压蓄电池不允许临时存放在露天和直接的工作范围内。

3) 必须保护高压蓄电池免受机械作用和热作用以及避免潮湿。

4) 未经批准的维修车间技师、驾驶人及保险公司理赔员不允许够着临时存放高压蓄电池的位置。

经过一段时期修复，为了节约成本，原车高压蓄电池外部没有损坏，决定启用，可装复后始终无法起动。

诊断报告如下：蓄电池调节单元 J840 报有故障码 P160900 碰撞切断已触发，故障类型主动/静态。

根据故障码提示，尽管高压蓄电池内部存有电量，但是由于其内部高压触点已被切断，电能无法输出。高压蓄电池 A38 是由两个串联的电池组组成，如图 2-27 所示。这两个电池组是通过维修插头彼此相连的。每个电池组由两个电池模块组成，每个电池模块由 18 个锂离子电池格组成，额定电压是 66.5V。

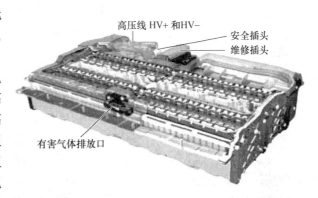

图 2-27　高压蓄电池电池组

一个电流传感器用于在蓄电池充电和放电时侦测电流，工作情况由蓄电池调节控制单元 J840 来监控。

蓄电池调节控制单元 J840 是集成在混合动力蓄电池单元 AX1 内的一个组件，在壳体内的左侧。蓄电池调节控制单元 J840 负责的工作有：①评估和确定蓄电池电压；②评估和确定各个单格的电压；③识别高压蓄电池的温度；④借助于蓄电池冷却模块来调节高压蓄电池的温度。该控制单元通过与混合动力 CAN 总线和驱动 CAN 总线以及 12V 车载供电网相连，就能与其他控制单元和部件进行通信了。

在混合动力蓄电池单元 AX1 内部，共有 3 个高压触点，它们也称作"接触器"，如图 2-28 所示。每个接触器类似一个继电器，只是通过电流的能力更大（功率更大）。如果这些高压触点接合了，那么高压蓄电池就与其他高压部件连接上，就会有电流流过。一个是正极高压触点，一个是负极高压触点；还有一个正极触点且在其中集成有一个 10Ω 的电阻，该高压触点称作预加载触点。

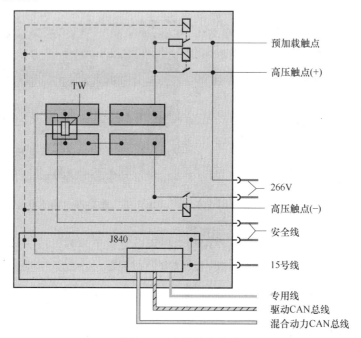

图 2-28 高压触点电路

如果 15 号线接通，蓄电池调节控制单元 J840 会先接通负极高压触点和预加载触点。一个很小的电流会流过该电阻，该电流会给电驱动装置的功率电子系统 JX1 内的中间电路电容器 1-C25 充电。只有当这个中间电路电容器 1 充好了电后，控制单元 J840 才会让正极高压触点接通。在下述情况下，高压触点由蓄电池调节控制单元 J840 来给断开：①15 号线已断开；②安全线已切断；③安全气囊控制单元 J234 识别出碰撞信号；④给蓄电池调节控制单元 J840 供电的 12V 蓄电池电网断开。2018 款 A8 混合动力汽车前部/尾部被撞，车身气囊引爆，在混合动力蓄电池调节单元 J840 经过驱动 CAN 总线碰撞信息传递，操控其高压触点切断，以期保证乘员生命安全。

故障排除 更换高压蓄电池（日本三洋牌），故障码变为偶发，清除故障码。恢复高电压系统只能通过引导型故障查询重新投入运行，上路试车，经过较长距离及各种工况试车，一切正常。

技巧点拨 高压蓄电池外部经过目视没有问题，但该车经过碰撞，其内部高压触点已经切断。

二、2014 款奥迪 A8 混合动力汽车无法起动

故障现象　一辆 2014 款奥迪 A8 混合动力汽车，搭载 CHJA 发动机，行驶里程 8.5 万 km。车主反映，车辆行驶过程中，组合仪表上的混合动力系统故障灯突然点亮，于是靠路边停车，并将车辆熄火，再次按下起动按钮，发现车辆无法进入 Hybrid Ready（混合动力准备完毕）模式。

故障诊断　接到客户的救援电话，维修人员迅速赶到救援现场。按下起动按钮，组合仪表无显示，怀疑是低压蓄电池亏电，对车辆进行跨接操作，发现车辆又能够进入 Hybrid Ready 模式，但行驶一段距离后故障现象再次出现，于是建议车主将车辆拖至维修厂检修。由于车辆到厂时间较晚，将车辆临时放置了一晚。第二天早上，维修人员试着按下起动按钮，车辆又能够进入 Hybrid Ready 模式，但组合仪表始终显示高压蓄电池不充电（图 2-29）。连接故障检测仪（VAS6150B）读取故障码，在电驱动控制单元（J841）内存储有故障码 "POCEB00 低温循环冷却液泵对搭铁短路"，在发动机控制单元（J623）内存储有故障码 "P0A9400 DC/DC 变换器丢失电源"。根据故障码 "P0A9400" 进行引导性故障查询，要求检查低温循环冷却液泵（V468）。

图 2-29　组合仪表显示高压蓄电池不充电

查阅奥迪 A8 混合动力汽车冷却液循环系统工作原理图（图 2-30），得知冷却液循环系统分为高温循环和低温循环。高温循环部分组件包括暖风热交换器、冷却液截止阀（N82）、电驱动装置电机（V141）、高温循环冷却液泵（V467）、冷却液泵、废气涡轮增压器、发动机润滑油冷却器、冷却液温度传感器（G62）、发动机冷却系统节温器（F265）、冷却液续动泵（V51）、高温循环散热器、变速器油冷却器；低温循环部分组件包括电驱动功率电子装置（JX1）、低温循环冷却液泵、低温循环散热器。在发动机不工作时，冷却液是由冷却液泵来实现循环的。

查询相关资料得知，电驱动功率电子装置由电驱动控制单元、交流电驱动装置、牵引电机逆变器、变压器、中间电容器组成。电驱动功率电子装置上的温度传感器将温度信息传递给电驱动控制单元。由于低温循环管路是冷却液循环系统的一个组成部分，所以电驱动控制单元会将相应的信息传递给发动机控制单元。于是发动机控制单元就可以通过电驱动控制单元根据需要接通低温循环冷却液泵。

根据奥迪 A8 混合动力汽车冷却液循环系统工作原理，结合该车的故障现象分析，认为造成故障的原因可能有：低温循环冷却液泵故障；低温循环冷却液泵相关线路故障；电驱动控制单元故障；电驱动控制单元相关线路故障。

本着由简入繁的诊断原则，用故障检测仪对低温循环冷却液泵执行元件测试，发现低温循环冷却液泵 V468 不工作。断开低温循环冷却液泵 V468 导线连接器，发现低温循环冷却液泵端子处有大量冷却液渗出（图 2-31），由此判定低温循环冷却液泵损坏。

故障排除　更换低温循环冷却液泵 V468 后试车，上述故障现象不再出现，故障彻底排除。

> **技巧点拨** 由于低温循环冷却液泵 V468 故障，冷却液循环系统的低温循环部分无法正常散热，导致电驱动功率和控制电子装置 JX1 温度过高，电驱动控制单元出于安全考虑将会切断高压电，从而出现上述故障现象。

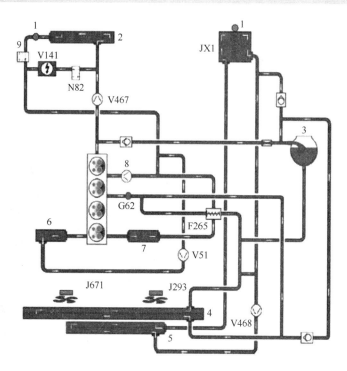

图 2-30 奥迪 A8 混合动力汽车冷却液循环系统工作原理图

1—放气螺塞 2—暖风热交换器 3—冷却液膨胀罐 4—高温循环散热器 5—低温循环散热器 6—废气涡轮增压器 7—发动机润滑油冷却器 8—冷却液泵 9—冷却液截止阀 F265—特性曲线控制的发动机冷却系统节温器 G62—冷却液温度传感器 J293—散热风扇控制单元 J671—散热器风扇控制单元 2 N82—冷却液截止阀 V51—冷却液续动泵 V141—电驱动装置电机 V467—高温循环冷却液泵 V468—低温循环冷却液泵 JX1—电驱动功率电子装置

图 2-31 低温循环冷却液泵处渗出大量的冷却液

第三章

雷克萨斯混合动力维修技能与技巧

第一节 雷克萨斯 LS600h 混合动力维修技能与技巧

一、雷克萨斯 LS600h 汽车混合动力变速器结构原理分析

1. 混合动力变速器 L110F 的结构

雷克萨斯 LS600h 混合动力变速器 L110F 的组成如图 3-1 所示，MG1 和 MG2 是 2 个交流永磁同步电动机，MG1 又称为发电机，主要作用是在行驶中提供电能以驱动 MG2 电动机，并对 HV 蓄电池充电。此外，在需要发动机起动时，MG1 可用作起动机。MG2 电动机主要用以驱动车辆，并利用 MG1 和 HV 蓄电池提供的电能工作，在减速过程中当作发电机对 HV 蓄电池充电。动力分配行星齿轮机构与 2 级电动机减速行星齿轮机构是动力分配与协调的核心部件。

如图 3-2 所示左侧框中是动力分配行星齿轮机构，右侧框中是 2 级电动机减速行星齿轮机构。左侧框中动力分配行星齿轮机构的太阳轮连接 MG1、行星齿轮架连接发动机、齿圈连接车轮。右侧框中 2 级电动机减速行星齿轮机构是拉威娜式行星齿轮机构，如图 3-3 所示。该行星齿轮机构分前后两排，前行星排是双行星齿轮式。前太阳轮连接至 1 号制动器 B1，同时与长小齿轮啮合，长小齿轮又和短小齿轮啮合，短小齿轮再和齿圈啮合，齿圈连接至 2 号制动器 B2；后行星排是单行星齿轮式。后太阳轮连接至 MG2，后太阳轮与短小齿轮啮合，短小齿轮再和齿圈啮合，前后两排共用一个齿圈与行星架，行星架与传动轴相连。

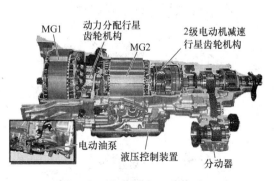

图 3-1 雷克萨斯 LS600h 混合动力变速器 L110F 的组成

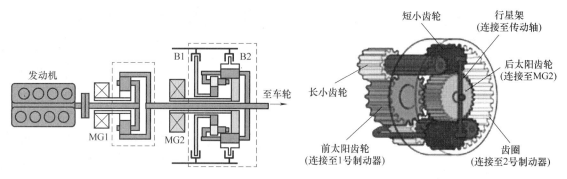

图 3-2 混合动力变速器 L110F 结构分析图　　图 3-3 拉威娜式行星齿轮机构

该拉威娜式行星齿轮机构的前太阳轮齿数为 27，后太阳轮齿数为 30，长小齿轮齿数为 20，短小齿轮齿数为 28，齿圈的齿数为 87。

2. 混合动力变速器 L110F 原理分析

（1）低速档工作　如图 3-4 所示，当车辆在低速档工作时，B1 制动器不工作，B2 制动器工作固定齿圈。MG2 连接到后太阳轮，因此后太阳轮顺时针转动，短小齿轮逆时针转动，因为齿圈静止，所以行星架顺时针转动，输出动力至分动器再到车轮。

后行星排的运动特性方程为 $n_{MG2} + a_2 n_3 = (1 + a_2) n_H$

其中，n_{MG2} 是后太阳轮转速，n_3 是齿圈转速，n_H 是行星架转速，a_2 是齿圈与后太阳轮的齿数比，因为齿圈被固定，所以 n_3 为零，因此可以算出传动比 $i = \dfrac{n_{MG2}}{n_H} = 1 + a_2 = 1 + \dfrac{87}{30} = 3.9$，传动比为正表示行星架转向与 MG2 转向相同，该齿轮机构的减速比为 3.9。通过降低 MG2 的转速，其转矩增至 3.9 倍。低速档时前行星排不受约束，处于空转状态，动力由后行星排输出，动力传递路线如图 3-5 所示。

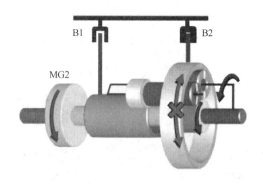
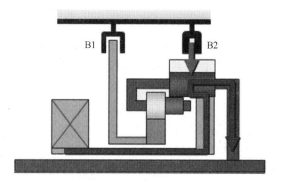

图 3-4 混合动力变速器　　　　图 3-5 混合动力变速器
L110F 低速档工作原理　　　L110F 低速档时动力传递路线

（2）高速档工作　当车辆在高速档工作时，如图 3-6 所示，B2 制动器不工作，B1 制动器工作固定前太阳轮。MG2 连接到后太阳轮，因此后太阳轮顺时针转动，短小齿轮逆时针转动，长小齿轮顺时针转动。前太阳轮静止，所以行星架顺时针转动，输出动力至分动器再到车轮。

前后两个行星排的运动特性为

$$\begin{cases} n_1 + a_2 n_3 = (1-a_1) n_H & (1) \\ n_{MG2} + a_2 n_3 = (1+a_2) n_H & (2) \end{cases}$$

式（1）是前排运动特性方程，式（2）是后排运动特性方程。其中，n_1 是前太阳轮转速，a_1 是齿圈与前太阳轮的齿数比，其余字母含义同上。因为前太阳轮被固定，所以由式（1）可得出

$$n_3 = \frac{a_1 - 1}{a_1} n_H \tag{3}$$

因为所求的传动比为 $i = \dfrac{n_{MG2}}{n_H}$，所以式（2）等号两边都除以 n_H，因此可得：

$$i + a_2 n_3 = 1 + a_2 \tag{4}$$

将式（3）代入式（4）可求得 $i = \dfrac{a_1 + a_2}{a_1}$；由已知参数知：$a_1 = \dfrac{87}{27}$，$a_2 = \dfrac{87}{30}$。最后可算出传动比 $i = 1.9$。因此高速档时齿轮机构的减速比为 1.9。通过降低 MG2 的转速，其转矩增至 1.9 倍。高速档时，前后行星排均受约束，动力由前后两排共同输出，动力传递路线如图 3-7 所示。

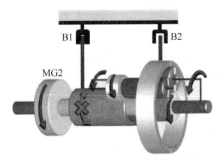

图 3-6　混合动力变速器 L110F
高速档工作原理

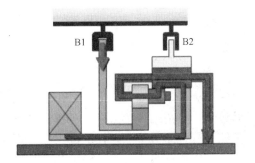

图 3-7　混合动力变速器 L110F
高速档时动力传递路线

（3）转矩特性　混合动力变速器 L110F 的转矩特性图如图 3-8 所示。在低速档行驶范围内可以获得大转矩，处在蓝色区域，高速档行驶范围内的转矩较小，图中灰色区域表示高低档均可以行驶的区域。

混合动力变速器 L110F 的档位切换图如图 3-9 所示，车速低时，车辆以低速档行驶。车辆达到一定速度时，变速器切换至高速档。由图可知升档车速明显高于降档车速，车速一旦增长到切换点时，升为高速档，如果此后车速稍有降低，也不会立刻降低档，除非车速降得厉害到了另一个切换点，这样使得变速器在低速档可强劲加速，高速档可舒适地高速巡航。

混合动力变速器 L110F 通过降低 MG2 的转速，可以实现低速档动力强劲，高速档舒适巡航。混合动力变速器 L110F 变速器根据车速在高速档和低速档之间切换，要强调的是车速根据 ATF 温度和 HV 蓄电池的状态而变化的。另外选择 R 档时，车辆以低速档操作；车辆停止时（选择 P 档或 N 档时），车辆位于低速档；处于检查模式时，变速器固定

在高速档。

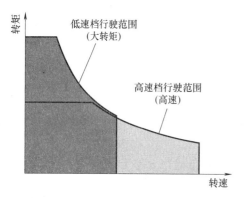

图 3-8 混合动力变速器 L110F 转矩特性图

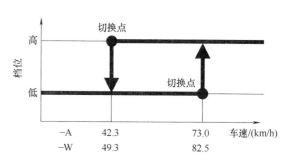

图 3-9 混合动力变速器 L110F 档位切换图

技巧点拨 雷克萨斯 LS600h 采用了混合动力驱动系统，实现"混合动力协同驱动"理念。该系统通过动力传输性能良好的混合动力变速器 L110F 实现了对 2UR-FSE 发动机和 MG2 电动机的最佳协同控制。

二、雷克萨斯 LS600hL 汽车无法进入 READY 状态

故障现象 一辆雷克萨斯 LS600hL 汽车，搭载 5.0L 排量 2UR-FSE 发动机和混合动力传动桥，行驶里程 5 万 km。驾驶人反映，早上车辆运行一切正常，但停车几个小时后再次使用，车辆便无法进入 READY 状态，车辆无法行驶，请求救援。

故障诊断 接车后试车，将电源模式切换至 IG ON 状态，组合仪表中央显示屏提示检查制动系统和混合动力系统，且黄色三角形的主警告灯点亮（图 3-10）；踩下制动踏板，起动按钮背景灯切换至绿色，此时按下起动按钮，READY 指示灯不点亮，异常。经过反复试车还发现，将电源模式切换至 IG ON 状态几秒后，散热风扇会持续高速运转，直到将电源模式切换至 OFF 状态才会停止。

连接故障检测仪，发现故障检测仪无法与车辆通信；再次将电源模式切换至 IG ON 状态，发现发动机故障灯不点亮。由此推断可能的故障原因有：发动机控制单元电源及搭铁线路故障；发动机控制单元损坏；CAN 通信线路故障；诊断连接器（DLC3）电源及搭铁线路故障。

根据图 3-11 测量发动机控制单元的电源及搭铁线路，均正常，无短路、断路及虚接等故障。测量诊断连接器的电源（16 号端子为供电端子）及搭铁（5 号端子和 4 号端子为搭铁端子），均正常。断开辅助蓄电池负极接线，等待 90s 后测量诊断连接器 14 号端子（CAN-L 端子）与 6 号端子（CAN-H 端子）

图 3-10 组合仪表上的故障信息

间的电阻，约为60Ω，正常。诊断至此，怀疑发动机控制单元损坏。由于LS600hL汽车比较少见，没有条件通过对调发动机控制单元来确认故障。

重新调整维修思路，决定从散热风扇高速运转的异常现象寻找突破口。该车散热风扇在IG ON状态下高速运转的原因可能为，发动机控制单元接收不到或接收了错误的冷却液温度信号，从而进入失效保护模式。由于故障检测仪无法与车辆通信，无法读取发动机冷却液温度，决定先检查发动机冷却液温度传感器线路。

断开发动机冷却液温度传感器导线连接器，将电源模式切换至IG ON状态，测量发现发动机冷却液温度传感器供电线上无电压，异常；测量发动机冷却液温度传感器供电线的导通性，正常。查看维修资料得知，节气门位置传感器、VVT传感器、曲轴位置传感器、凸轮轴位置传感器、燃油压力传感器、

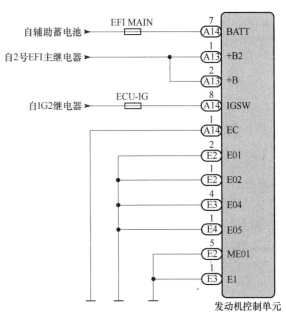

图3-11 发动机控制单元的电源及搭铁电路

发动机冷却液温度传感器及进气温度传感器的5V电源在发动机控制单元内部为并联关系（图3-12），怀疑其中1个传感器或其线路异常，导致发动机控制单元无法向各传感器提供5V供电。依次断开上述传感器的导线连接器，当断开凸轮轴位置传感器导线连接器时，发动机故障灯点亮；仔细检查凸轮轴位置传感器端子，端子颜色发绿，且有进水痕迹。与驾驶人沟通得知，前不久驾驶人使用高压水枪清洗过发动机舱，怀疑凸轮轴位置传感器进水损坏，使其搭铁端子与供电端子短路，从而导致整个5V供电线路上无电压供应，且发动机控制单元工作异常，无法与故障检测仪通信。

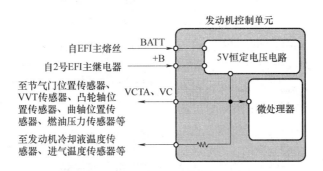

图3-12 传感器5V供电电路

故障排除 更换凸轮轴位置传感器后试车，踩下制动踏板，按下起动按钮，READY指示灯点亮，车辆可以正常行驶，故障排除。

技巧点拨 洗车时，要尽量避免用高压水枪清洗发动机舱，对于发动机舱内的电子控制单元、电气线路与相关部件以及线束之间的插接器，难免会进水，进水、生锈、接触不良、故障出现是一个长期的过程，在洗车过程中要注意避免。

第二节 雷克萨斯 RX450h 混合动力维修技能与技巧

一、雷克萨斯 RX450h 空调系统不能出暖风

故障现象 一辆丰田雷克萨斯 RX450h 混合动力 SUV，行驶里程 28000km，驾驶人反映空调系统不能出暖风。具体症状是车辆在行驶一段时间后，即使将空调系统温度调节到最高温度，空调出风口还是出凉风。

故障诊断 根据驾驶人描述的故障现象，判定故障原因可能是空调系统负责温度调节的执行器出现问题或卡滞，导致系统一直出冷风，也可能是发动机冷却系统内有空气或出现渗漏，导致空调散热器内没有足够的冷却液循环。

首先检查空调系统的出风量正常，证明鼓风机正常。使用专用故障诊断仪检测空调控制系统，未发现任何故障码。决定利用故障诊断仪的动态测试功能在不解体和不拆卸任何零件的情况下对空调系统温度调节器执行器进行测试。经过测试，温度调节执行器正常，测试过程中没有出现卡滞、异响情况，且无故障码产生，因此可以排除空调器部分发生问题导致空调不出暖风。

接下来，检查发动机冷却系统。经观察，可以看到仪表板上的冷却液温度表指示在中间位置，指示正常。为了确认准确的发动机冷却液温度，利用故障诊断仪进入发动机控制系统读取了相关动态数据流。从数据流上可以看出，发动机冷却液温度为 88℃。将车辆熄火后，用手触摸空调散热器的进水和出水管的温度，感觉温度在 30~40℃，这与发动机冷却液温度有很大的温差。正常情况下，如果发动机温度达到 80℃，节温器应打开，冷却系统处于大循环时，冷却系统内的温差应在 10℃ 以内，看来问题就出现在发动机冷却系统。找到了问题的大概方向，接下来寻找问题的真正原因应该就不会很难了。先检查了冷却液储液罐的液位，发现储液罐内没有冷却液。用棉布盖住散热器盖，拧松散热器盖后，检查散热器内的冷却液，发现散热器内也没有冷却液。将储液罐和散热器内缺的冷却液补充到正常位置，拧紧散热器盖后起动发动机，使发动机达到正常工作温度，再检查空调系统，暖风恢复正常，看来空调系统的问题是冷却系统泄漏导致的。

发动机怠速情况下，检查发动机冷却系统的泄漏点。仔细观察各水管的接口处，未发现有冷却液泄漏后留下的粉红色痕迹。然后又检查了空调冷凝排水口的软管，经检查该排水软管内非常干燥，可以排除空调散热器泄漏的可能性。因为如果空调散热器泄漏，可能会从空调冷凝排水口漏出，从而留下痕迹。将发动机熄火后停放一段时间，使用冷却系统的检测工具给冷却系统加压，检查能否保持压力不变，当将压力增加到 80kPa 时，观察压力表发现压力表指针明显下降，证明冷却系统确实存在泄漏情况。既然检查外观时没有发现泄漏，哪个部位泄漏了呢？当然气缸垫损坏导致冷却液进入气缸的可能性存在，但概率很低。另外，鉴

于车辆来时仪表板冷却温度表指示的冷却液温度一直正常，进一步证明气缸垫出现问题的可能性更小。

再沿着冷却系统各水管进行检查，当检查到发动机后部时，发现有一个小的冷却器（图3-13），查询资料得知该冷却器是EGR（废气再循环）系统的冷却器（经翻阅新车特征说明书，查询到该车因使用了阿特金森循环的发动机，为了配合绿色环保并结合混合动力系统将废气排放降到最低，丰田汽车公司又将停用多年的EGR系统再次使用，以降低氮氧化物的排放，并设置了冷却器），发动机冷却系统如图3-14所示，刚才在检查时因疏忽没有检查到该处。如果EGR冷却器内部泄漏，那就不可能在检查外观时发现有泄漏的地方，因为冷却液泄漏到排气中，然后从排气管中排出。为了证明是EGR冷却器泄漏，将排气管中段拆下，如果排气管内有冷却液就可以确定是EGR冷却器泄漏。拆下后，确认EGR冷却器泄漏。仔细观察发现，在排气管处可以看到2列气缸排气路径处有冷却液（图3-15），冷却器接EGR阀处有水迹（图3-16），接三元催化转换器侧则正常（图3-17）。

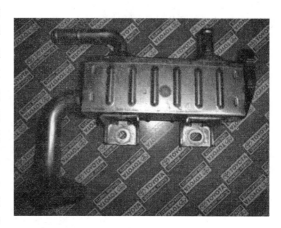

图3-13　冷却器

故障排除　更换新的EGR冷却器后，再次将该冷却系统加压到80kPa并持续10min，压力没有变化，故障排除。

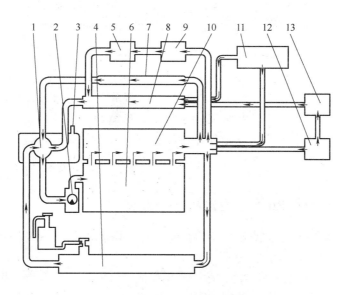

图3-14　发动机冷却系统

1—节温器　2—水泵总成　3—放水开关总成（放气阀）　4—散热器总成　5—EGR阀　6—气缸体分总成
7—旁通管　8—加热器回水管　9—EGR冷却器　10—气缸盖分总成　11—节气门体
12—加热器散热装置分总成　13—废气余热再循环装置

图 3-15 气缸排气路径处有冷却液

图 3-16 EGR 阀处的水迹

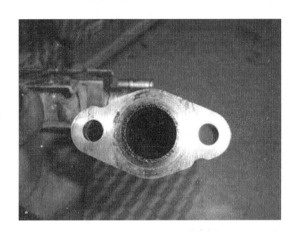

图 3-17 三元催化转换器侧没有水迹

> **技巧点拨** 该车的整个修理过程中诊断时间大约用了 1h, 如果在诊断过程中因诊断思路发生误判断, 更有可能因此拆解发动机、检查气缸垫, 从而将故障扩大化, 无法找到问题的根源。因此, 在维修工作开始之前, 了解需要修理部位的结构和工作原理至关重要。另外, 在检查过程中更要仔细, 应本着由浅入深的原则循序渐进地检查。

二、雷克萨斯 RX450h 汽车发动机故障灯亮

故障现象 一辆 2009 款雷克萨斯 RX450h 汽车, 搭载 2GR-FXE 发动机和混合动力系统。驾驶人因发动机故障灯点亮而进厂维修。

故障诊断 接车后首先试车, 确认故障现象属实。询问驾驶人得知, 发动机故障灯以前也亮过, 清除故障码后发动机故障灯未再点亮, 但是发动机故障灯还会点亮, 说明此故障为间歇性故障。利用故障检测仪读得的故障码 P0430——催化器系统效率低于门限值（2 列）。分析造成该故障的可能原因有空燃比传感器故障、氧传感器故障、排气管漏气、EGR 系统故障和三元催化转换器故障。

利用故障检测仪执行主动测试，让车辆进入维护模式（发动机会一直运转），查看当前数据流（图3-18），分析空气流量、喷油量、点火提前角、空燃比传感器反馈电压、短期燃油修正值和长期燃油修正值数据发现，2列2号氧传感器的反馈电压变化频率很快。进行喷油量增减的主动测试，当喷油量增加+25%时，1列和2列空燃比传感器的反馈电压为2.5V左右，标准值应低于3.1V，正常；1列和2列氧传感器的反馈电压为0.9V左右，标准值应大于0.55V，正常；当喷油量减少到-12.5%时，1列和2列空燃比传感器的反馈电压为4.2V左右，标准值应高于3.4V；1列和2列氧传感器的反馈电压为0.1V左右，正常值应该低于0.4V。经过测试发现空燃比传感器和氧传感器没有问题，接着检查排气管是否有漏气情况，对排气管和相关连接部位进行检查，在加速和怠速时都无异常且安装良好。接着对EGR阀进行检查，进行主动测试，驱动步进电动机逐渐打开，发动机开始抖动并熄火，说明EGR阀本身良好。

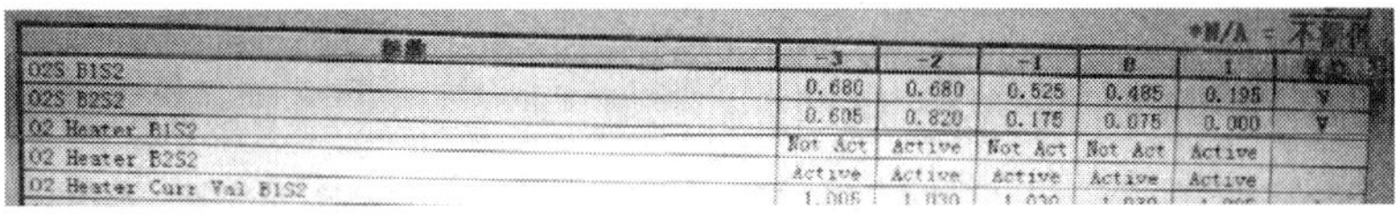

图3-18 读取的发动机数据流

根据以上测试分析认为三元催化转换器内部催化效率降低，才会导致1列2号氧传感器反馈电压变化过快，因为氧传感器用于监测三元催化转换器的工作效率，以保证其能够正常工作。当催化转换效率变差时，氧传感器电压变化频繁，而空燃比传感器是检测尾气中混合气的浓度，以调整燃油喷射量，精确控制空燃比。

故障排除 更换三元催化转换器后试车，故障排除，一个月后电话回访，车辆一切正常。

> **技巧点拨** 氧传感器是混合气变化的浓稀开关，前氧传感器的作用是将混合气控制在理论空燃比附近，后氧传感器是检测三元催化转换器的转化效率，这一点要注意分清。

三、雷克萨斯 RX450h 汽车行驶中自动熄火

故障现象 一辆2010款雷克萨斯 RX450h 汽车，搭载 2GR-FXE 发动机和混合动力系统，出现行驶中加速无力、自动熄火。

故障诊断 用故障检测仪 IT Ⅱ 诊断，在发动机控制系统中读出故障码 P3191——发动机不能起动。踩下制动踏板，按下起动按钮，READY 指示灯点亮，说明其混合动力系统正常；将加速踏板踩到底（目的是主动驱动发动机运行系统），此时 MG1（电动机/发电机）旋转带动发动机起动，但发动机运转几秒之后再次熄火。

查看存储故障码时的冻结数据流，显示燃油泵驱动信号正常，且驱动转速为低速，节气门开度为20%，发动机负荷为100%，1缸和2缸的短期燃油修正均为20%，发动机转速为700r/min，燃油控制系统状态为闭环，1缸喷油量为0.465mL，空气流量为12g/s，1缸和2缸的空燃比反馈电压为4.9V。分析上述数据，可知混合气过稀，燃油泵控制无异常，加速踏板踩到底时发动机转速偏低（正常应该为1000r/min左右），1缸喷油量偏大。由此推断

该车突然熄火是由混合气过稀引起的。

首先检查进气系统是否漏气。检查进气管各个固定卡箍、曲轴箱强制通风阀及活性炭罐电磁阀上各个真空软管的连接状态和安装情况,无异常;连接燃油压力表,主动驱动燃油泵,发现燃油压力只有120kPa,说明燃油压力不足导致混合气过稀;短接燃油泵电阻器(该车采用燃油泵电阻器,可以使燃油泵低速或高速运转),使燃油泵高速运转,但燃油压力依旧只有120kPa,说明燃油泵电阻器无异常。由此推断燃油泵或其线路有故障。在准备拆检燃油泵时,发现燃油箱底部有明显的碰撞痕迹,燃油箱隔热板已被撞坏,且燃油箱有一定的变形;拆下燃油箱,发现燃油箱里已经没有多少燃油了,而且燃油浮子的位置发生了变化。诊断至此,可知该车底盘发生碰撞使燃油浮子的位置发生了变化,从而导致仪表上显示的燃油量不准,虽然仪表上显示燃油压力为114kPa,但实际只有很少的燃油,因此发动机因供油不足而自动熄火。

故障排除 更换燃油箱及燃油泵后试车,燃油压力恢复正常,故障排除。

技巧点拨 发动机工作过程中油路出现问题,发动机熄火往往是逐渐的,但是发动机工作过程中电路出现问题,发动机熄火是突然的,这是我们日常维修过程中判断的基本依据。

四、雷克萨斯RX450h汽车提示"检查混合动力系统"

故障现象 一辆雷克萨斯RX450h汽车,行驶里程14万km,驾驶人反映,该车在行驶过程中,组合仪表显示"检查混合动力系统"。

故障诊断 接车后试车,将电源模式切换至ON状态,组合仪表显示"检查混合动力系统",且黄色的三角形主警告灯点亮。用故障检测仪检测,在动力管理控制单元中读得故障码P0A80-123——更换混合型蓄电池组。

该车HV蓄电池为镍氢蓄电池,无需外部充电,在行驶过程中,动力管理控制单元将HV蓄电池的SOC(荷电状态)控制在恒定水平。如图3-19所示,HV蓄电池由30个蓄电池模块组成,各模块包括8个串联的1.2V蓄电池单格。蓄电池智能单元在15个位置上监视蓄电池单元电压,各蓄电池单元由2个蓄电池模块组成。

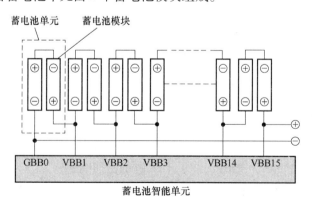

图3-19 HV蓄电池和蓄电池智能单元

查看维修资料得知，故障码 P0A80-123 的设置条件为：在规定的 8 对蓄电池单元的电压（表 3-1）中，有 1 对或多对的差大于 0.3V。产生故障码 P0A80-123 的原因可能有：HV 蓄电池损坏；蓄电池智能单元损坏。如果有 1 对或几对蓄电池单元的电压差大于 0.3V，说明 HV 蓄电池损坏；如果 8 对蓄电池单元间的电压差均大于 0.3V，说明蓄电池智能单元损坏。

表 3-1 规定的 8 对蓄电池的电压

序号	含义
第 1 对	蓄电池单元 1 的电压（V01）与蓄电池单元 2 的电压（V02）
第 2 对	蓄电池单元 3 的电压（V03）与蓄电池单元 4 的电压（V04）
第 3 对	蓄电池单元 5 的电压（V05）与蓄电池单元 6 的电压（V06）
第 4 对	蓄电池单元 7 的电压（V07）与蓄电池单元 8 的电压（V08）
第 5 对	蓄电池单元 9 的电压（V09）与蓄电池单元 10 的电压（V10）
第 6 对	蓄电池单元 11 的电压（V11）与蓄电池单元 12 的电压（V12）
第 7 对	蓄电池单元 13 的电压（V13）与蓄电池单元 14 的电压（V14）
第 8 对	蓄电池单元 15 的电压（V15）与蓄电池单元 16 的电压（V16）

查看故障码 P0A80-123 停帧数据中 V01 ~ V15 的数值（图 3-20），发现故障发生时 V01 与 V02、V03 与 V04、V05 与 V06、V07 与 V08 及 V09 与 V10 的差值均小于 0.3V，而 V11 与 V12、V13 与 V14 及 V15 与 V16 的差值均大于 0.3V。由此推断 HV 蓄电池总成损坏。

P0A80-123 更换混合型电池组

*N/A = 不提供

参数	-3	-2	-1	0	1	单位
Temp of Batt TB1	39.6	39.6	39.6	39.6	39.6	℃
Temp of Batt TB2	35.2	35.2	35.2	35.2	35.2	℃
Temp of Batt TB3	33.0	33.0	33.0	33.0	33.0	℃
Temp of Batt TB4	38.1	38.1	38.1	38.1	38.1	℃
Temp of Batt TB5	35.0	35.0	35.0	35.0	35.0	℃
Temp of Batt TB6	39.3	39.5	39.5	39.5	39.3	℃
Battery Block Vol -V01	19.96	19.93	19.90	20.25	20.52	V
Battery Block Vol -V02	19.93	19.96	19.96	20.32	20.48	V
Battery Block Vol -V03	19.96	20.00	20.00	20.39	20.48	V
Battery Block Vol -V04	19.93	19.96	19.96	20.39	20.55	V
Battery Block Vol -V05	20.06	20.06	20.06	20.44	20.55	V
Battery Block Vol -V06	20.03	20.06	20.06	20.48	20.68	V
Battery Block Vol -V07	20.00	20.03	20.00	20.42	20.61	V
Battery Block Vol -V08	19.96	20.00	19.96	20.42	20.52	V
Battery Block Vol -V09	20.00	20.03	20.03	20.42	20.55	V
Battery Block Vol -V10	20.03	20.03	20.03	20.48	20.61	V
Battery Block Vol -V11	19.80	19.80	19.77	20.22	20.35	V
Battery Block Vol -V12	19.18	19.21	19.18	19.60	19.73	V
Battery Block Vol -V13	18.63	18.76	18.69	19.15	19.21	V
Battery Block Vol -V14	17.09	17.03	16.83	18.17	18.46	V
Battery Block Vol -V15	18.43	18.40	18.40	18.85	18.92	V
Snow Mode	OFF	OFF	OFF	OFF	OFF	
Sports Mode	OFF	OFF	OFF	OFF	OFF	
Detail Code 1	N/A.	N/A.	N/A.	123	N/A.	
Detail Code 2	N/A.	N/A.	N/A.	0	N/A.	
Detail Code 3	N/A.	N/A.	N/A.	0	N/A.	
Detail Code 4	N/A.	N/A.	N/A.	0	N/A.	
Detail Code 5	N/A.	N/A.	N/A.	0	N/A.	

图 3-20 故障码 P0A80-123 停帧数据

故障排除 更换 HV 蓄电池后，故障现象消失，故障排除。

技巧点拨 对于混合动力汽车来说，检测到 HV 蓄电池出现问题，是需要更换 HV 蓄电池的，HV 蓄电池没有维修价值，这对于驾驶人来说，是一笔不小的开支。

五、雷克萨斯 RX450h 汽车自适应巡航无法使用

故障现象 一辆雷克萨斯 RX450h 汽车，搭载 2GR-FXE 发动机和混合动力系统，行驶里程 202741km。驾驶人反映在操作自适应巡航的过程中，仪表板显示"检查巡航控制系统"，如图 3-21 所示。

图 3-21 仪表显示

故障诊断 首先使用诊断仪 GTS 进入自适应巡航系统，查看是否存在相关故障码，发现存有历史性故障码，如图 3-22 所示。

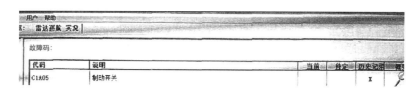

图 3-22 故障码

保存其故障码，尝试清除故障码，可以正常清除。于是再次上路试车，发现没过多久故障再现。另外，在故障出现的时候无法使用自适应巡航，自适应巡航准备指示灯也不断闪烁。再次使用诊断仪查看其故障码，发现其故障码 C1A05 变成了当前故障。

可能的原因有：①制动灯开关总成；②制动灯开关电路；③行驶辅助 ECU。首先需要了解其控制原理，行驶辅助 ECU 控制电路如图 3-23 所示。

防滑控制 ECU 从行驶辅助 ECU 接收信号并操作制动执行器，防滑控制 ECU 操作制动执行器，同时通过操作制动灯控制继电器使制动灯亮起。踩下制动踏板后，制动灯开关总成将信号发送至行驶辅助 ECU，接收到信号后，行驶辅助 ECU 取消动态雷达巡航控制系统。巡航控制运行期间，即使制动灯开关信号电路存在故障，也会因失效保护功能而保持正常行驶，将蓄电池正电压施加到端子 STP - 时，取消动态雷达巡航控制。松开制动踏板后，通过 ECU IG2 熔丝和制动灯开关总成将正电压施加到行驶辅助 ECU 的端子 ST1 - ，并且行驶辅助 ECU 使动态雷达巡航控制运行。故障码的检测条件为行驶辅助 ECU 的端子 ST1 - 和 STP - 的电压均低于 1V 并达到 1s。

接着重点检查行驶辅助 ECU 的端子 ST1 - 和 STP - 的电压在踩下制动踏板和未踩下制动

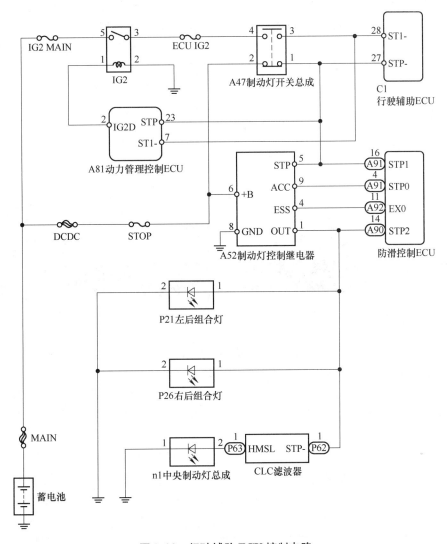

图 3-23 行驶辅助 ECU 控制电路

踏板时电压输出是否正确,为了快速判断是否存在异常点,决定查看相关数据流,进入雷达巡航系统,如图 3-24 所示。

观察其数据流:

1) Stop Light SW1 (M CPU)(制动灯开关主 CPU 信号)ON。
2) Stop Light SW1 (S CPU)(制动灯开关副 CPU 信号)ON。
3) Stop Light SW2 (M CPU)(制动灯开关主 CPU 信号)ON。

在踩下制动踏板时,数据都显示为 ON,松开制动踏板时数据都显示为 OFF,无异常现象。因为当前没有故障,于是决定上路试车,在故障出现的时候查看相关数据,在打开巡航开关之后驾驶车辆,频繁地踩踏制动踏板,没过一会儿,故障就再现,仪表板上再次出现检查巡航控制系统,另外每次出现故障码时都可以清除故障码。从这两点可以看出,该故障为间歇性故障,并不是一直存在。为了准确地判断故障原因,让故障再现非常重要,于是决定在车辆不行驶的状态下看是否可以让故障再现。将车辆起动后,按下巡航开关,此时仪表上的巡航指示灯点亮,不断地踩踏制动踏板,没一会儿仪表就再次显示"检查巡航控制系统",说明故障的出现和制动有一定关系。接着重点查看其数据流,在松开制动踏板时,数据流的反馈果然出现了异常,其 Stop Light SW2 的状态依旧显示为 ON,而 SW1 的状态是正常的,数据流(故障)如图 3-25 所示。

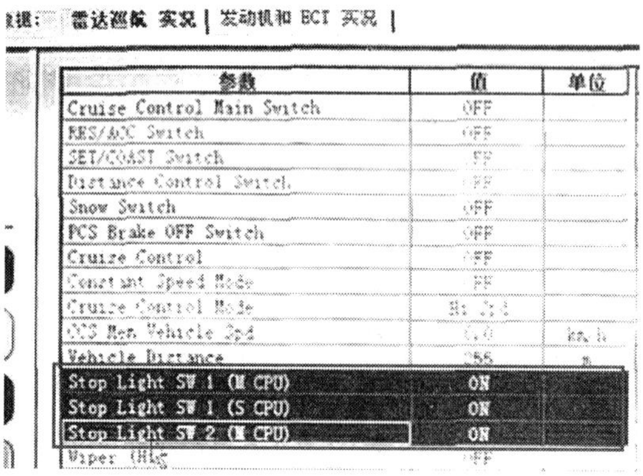

图 3-24 数据流 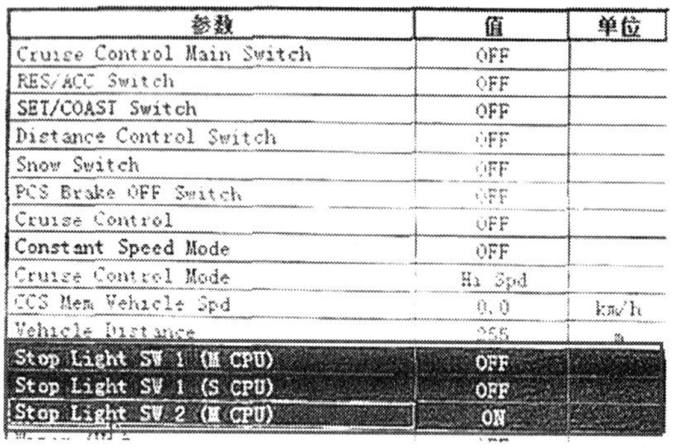　　　　　　　　　　　　　图 3-25 数据流(故障)

找出异常点后,接着检查制动灯开关总成的线路是否良好,找到制动灯开关的插头 A47,将其拔下后,测量其插头 A47 的 2 号端子与搭铁的电压为 12V,无异常。将电源模式切换至 IG 状态下,测量其插头 A47 的 4 号端子与搭铁的电压为 12V,说明供电线路无异常。接着重点检查制动灯开关的状态,将其制动灯开关拆下,使用万用表测量其制动灯开关的状态,标准电阻见表 3-2,无异常。考虑到并不是每次踩下制动踏板都会出现故障,而是偶尔一次会出现问题,决定将其制动灯开关拆下,检查其内部元件,发现其触点有一定的磨损。

故障排除　订购新的制动灯开关,装复之后,频繁地踩踏制动踏板,再次确认其数据流的状态是否正常,经观察无任何异常。在交车 1 个月后回访客户,故障彻底排除。

表 3-2　标准电阻

检测仪连接	开关状态	规定状态
1-2	未按下开关销	小于 1Ω
3-4	未按下开关销	10kΩ 或更大
1-2	按下开关销	10kΩ 或更大
3-4	按下开关销	小于 1Ω

技巧点拨　制动开关信号是巡航系统解除的一个条件,巡航系统不能正常工作,读得故障信息为制动开关故障,则说明制动开关信号不正常,需要重点排查。

六、雷克萨斯 RX450h 汽车无法进入 READY 状态

故障现象　一辆雷克萨斯 RX450h 汽车,搭载 2GR-FXE 发动机和混合动力系统,在行驶中组合仪表突然提示检查混合动力系统,停车检查后重新起动车辆,发现车辆无法进入

READY 状态，车辆无法行驶。

故障诊断 用故障检测仪检测，混合动力系统中读得的故障码如图 3-26 所示，在 ABS 中读得的故障码如图 3-27 所示。分析故障码可知，ABS 中存储的故障码是由混合动力系统故障引起的。记录故障码后尝试清除故障码，发现故障码 P0AA1、P0AA6 和 P0ADF 无法清除。

图 3-26　混合动力系统中读得的故障码

图 3-27　ABS 中读得的故障码

针对上述故障码，判断先诊断哪一个故障码尤为重要，因为一旦判断失误，很可能会走很多弯路，于是决定查看各故障码的停帧数据，对故障码出现的顺序进行排列，从而准确地判断故障。分别查看 3 个故障码的停帧数据（图 3-28～图 3-30），发现故障码 P0AA1 的 Detail Code（详细代码）为 233，排序为第 5；故障码 P0AA6 有 2 个详细代码，分别为 526 和 612，排序分别为第 2 和第 3；故障码 P0ADF 的详细代码为 229，排序为第 4。分析至此可知，故障码的发生顺序为 P0AA6-526→P0AA6-612→P0ADF-229→P0AA1-233。

图 3-28　故障码 P0AA1 停帧数据

由图 3-31 可知，引起故障码 P0AA6-526 的可能原因有：空调部位绝缘电阻减小（同时存储故障码 P0AA6-611）；HV 蓄电池部位绝缘电阻减小（同时存储故障码 P0AA6-612）；前驱动桥部分绝缘电阻减小（同时存储故障码 P0AA6-613）；高压直流部位绝缘电阻减小（同时存储故障码 P0AA6-614）；后驱动桥部分绝缘电阻减小（同时存储故障码 P0AA6-655）。由故障码 P0AA6-612 将故障范围缩小至 HV 蓄电池部分，可能的故障原因有：HV 蓄电池接

图 3-29 故障码 P0AA6 停帧数据

P0AA6 混合型蓄电池电压系统隔离故障

+N/A = 不提供

参数	-3	-2	-1	0	1	单位
Engine Coolant Temp	87	87	87	87	87	C
Engine Revolution	1792	1760	1760	1760	1472	r/min
Engine Run Time	2506	2506	2507	2507	2507	s
Vehicle Spd	115	115	115	115	114	km/h
+B	13.47	13.47	13.47	13.47	13.49	V
Ambient Temperature	16	16	16	16	16	C
MAP	92	92	92	92	52	kPa(abs)
Ready Signal	ON	ON	ON	ON	ON	
Atmosphere Pressure	101	101	101	101	101	kPa(abs)
Intake Air Temperature	19	19	19	19	19	C
Detail Code 1	0	0	0	0	0	
Detail Code 2	0	0	0	526	0	
Detail Code 3	0	0	0	612	0	
Detail Code 4	0	0	0	0	0	
Detail Code 5	0	0	0	0	0	
SMRP Status	OFF	OFF	OFF	OFF	OFF	
SMRB Status	ON	ON	ON	ON	ON	
SMRG Status	ON	ON	ON	ON	ON	
SMRP Control Status	OFF	OFF	OFF	OFF	OFF	
SMRG Control Status	ON	ON	ON	ON	ON	
SMRB Control Status	ON	ON	ON	ON	ON	
Short Wave Highest Val	0.03	0.03	0.03	0.03	0.03	V
VL-Voltage before Boosting	327	328	327	326	341	V
VH-Voltage after Boosting	649	650	650	650	651	V
Crank Position	-49	58	29	15	28	°
Power Resource VB	325.0	326.0	325.0	324.0	338.0	V
Power Resource IB	0.98	0.00	7.82	1.95	-36.66	A

图 3-29 故障码 P0AA6 停帧数据

P0ADF-229 混合型蓄电池负极触点控制电路低

当前 FFD | 特定 FFD

参数	值	单位	参数	值	单位
Engine Coolant Temp	88	C	Crank Position	-53	°
Vehicle Spd	0	km/h	Sports Shift Position	0	
Engine Revolution	0	r/min	Drive Condition ID	0	
Engine Run Time	0	s	Shift Sensor Shift Pos	P	
+B	12.36	V	Short Wave Highest Val	4.98	V
MAP	101	kPa(abs)			
Atmosphere Pressure	101	kPa(abs)			
Ready Signal	OFF				
Power Resource VB	342.0	V			
Power Resource IB	0.00	A			
VL-Voltage before Boosting	333	V			
VH-Voltage after Boosting	336	V			
SMRP Status	OFF				
SMRB Status	ON				
SMRG Status	OFF				
SMRP Control Status	OFF				
SMRB Control Status	ON				
SMRG Control Status	ON				
Detail Code 1	0				
Detail Code 2	0				
Detail Code 3	0				
Detail Code 4	229				
Detail Code 5	0				
A/C Consumption Pwr	0	W			

图 3-30 故障码 P0ADF 停帧数据

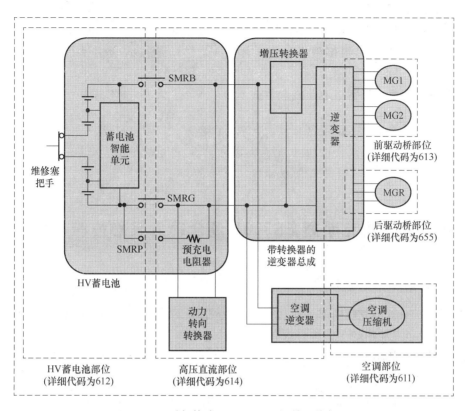

图 3-31　引起故障码 P0AA6-526 的可能部位

线盒；蓄电池智能单元；HV 蓄电池损坏；相关导线连接器或线路故障。

分析故障码 P0AA6 停帧数据可知，故障发生时车速（Vehicle Spd）为 115km/h，起动信号（Ready Signal）为 ON，蓄电池智能单元绝缘检测电路的反馈电压（Short Wave Highest Val）为 0.03V，该反馈电压与高压电路的绝缘电阻有关，绝缘电阻减小，反馈电压也减小，正常情况下，该反馈电压在 4V 以上。

将电源模式切换至 OFF 状态；断开辅助蓄电池负极接线；佩戴绝缘手套，拆下维修塞把手并将其放入自己的口袋（防止在维修时，其他维修人员将其意外重新连接）；至少等待 10min，让带转换器的逆变器总成内的高压电容充分放电；用万用表电压档（量程要大于 750V）测量带转换器的逆变器总成高压正、负极上的电压，确定电压为 0V 后再进行诊断作业。接着用兆欧表测量绝缘电阻，将兆欧表设定为 500V，断开蓄电池智能单元导线连接器，测量维修塞把手端子 1 与车身间的电阻，为 0.5MΩ，异常，正常情况下应大于 10MΩ；测量维修塞把手端子 2 与车身间的电阻，也存在异常电阻。拆下 HV 蓄电池托罩，检查 HV 蓄电池接线盒，发现其内部已经严重生

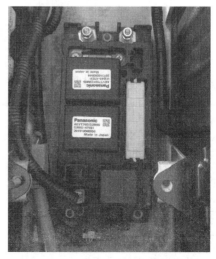

图 3-32　HV 蓄电池接线盒严重生锈

锈（图 3-32）；拔下上面的继电器检查，发现其端子均有一定程度的腐蚀；使用兆欧表测量 HV 蓄电池高压电缆连接器端子与 HV 蓄电池托架面板间的电阻，存在异常。与客户沟通得知，该车行李舱曾放置过很多瓶矿泉水，怀疑 HV 蓄电池接线盒生锈是由矿泉水泄漏引起的。

故障排除 更换 HV 蓄电池接线盒后试车，车辆能正常进入 READY 状态，故障排除。

> **技巧点拨** 动力管理控制 ECU 监视蓄电池智能单元并检测高压系统的绝缘情况，当车辆出现故障码 P0AA6 时，车辆无法进入 READY 状态。故障码 P0AA6-526 的含义为高压电路和车身之间的绝缘电阻减小。

第三节 雷克萨斯 ES300h 混合动力维修技能与技巧

一、雷克萨斯 ES300h 汽车提示"检查混合动力系统"

故障现象 一辆雷克萨斯 ES300h 汽车，发生追尾事故后，组合仪表显示"检查混合动力系统"，且黄色三角形的主警告灯点亮。

故障诊断 用故障检测仪检测，在动力管理控制单元中读得故障码 P0A84-123——混合型电池组散热风扇 1 控制电路低。

HV 蓄电池在充电和放电时均会产生热量，为保护 HV 蓄电池性能，混合动力系统采用专用的散热风扇对 HV 蓄电池进行散热。如图 3-33 所示，动力管理控制单元端子 MREL 接通 IGCT 继电器，辅助蓄电池向 HV 蓄电池散热风扇供电；动力管理控制单元通过端子 SIO 向 HV 蓄电池散热风扇发送控制指令，将风扇转速调节至与 HV 蓄电池温度相应的转速；HV 蓄电池散热风扇通过端子 FPO 将风扇频率反馈给蓄电池智能单元，再由蓄电池智能单元通过串行通信将风扇频率反馈至动力管理控制单元。

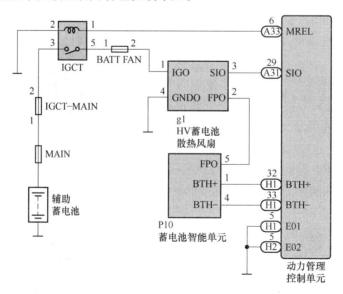

图 3-33 雷克萨斯 ES300h 汽车 HV 蓄电池散热风扇控制电路

查看维修资料得知，故障码 P0A84-123 的设置条件为：根据 HV 蓄电池散热风扇频率反馈计算的转速超出目标控制转速范围。产生故障码 P0A84-123 的原因可能有：BATT FAN 熔丝故障；HV 蓄电池散热风扇故障；蓄电池智能单元故障；动力管理控制单元故障；相关线路故障。

用故障检测仪对 HV 蓄电池散热风扇进行主动测试（Driving the Battery Cooling Fan），发现 HV 蓄电池散热风扇运转正常，且将手放在左后座椅处的进风口上，能明显感觉到吸力，由此判断 HV 蓄电池散热风扇及其电源和搭铁均正常。另外，将 HV 蓄电池散热风扇转速依次由 1 级调节至 6 级时，散热风扇转速变化正常，说明动力管理控制单元与 HV 蓄电池散热风扇间的控制指令线路及动力管理控制单元均正常。接着查看 HV 蓄电池散热风扇频率（Cooling Fan Frequency 1）反馈信号，发现在对 HV 蓄电池散热风扇进行主动测试时，散热风扇的占空比达到 65.5%，但 HV 蓄电池散热风扇频率一直显示为 0Hz（图 3-34），推断动力管理控制单元没有接收到 HV 蓄电池散热风扇频率反馈信号。由于蓄电池智能单元和动力管理控制单元是通过串行数据进行通信的，而蓄电池智能单元还检测 HV 蓄电池温度、电流、电压等信息，如果串行通信线路出现故障，应该会有很多故障信息，因此怀疑 HV 蓄电池散热风扇与蓄电池智能单元间的风扇频率反馈信号线路存在故障。

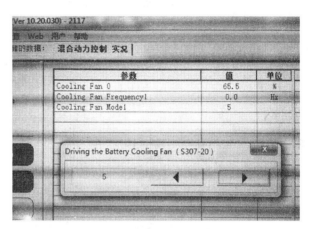

图 3-34　HV 蓄电池散热风扇频率反馈信号

断开 HV 蓄电池散热风扇导线连接器 g1 和智能蓄电池单元导线连接器 P10，测量导线连接器 g1 端子 2 与导线连接器 P10 端子 5 间的电阻，为 ∞，说明该线路断路。仔细检查相关线束，发现该导线因追尾事故发生断路。

故障排除　修复断路的导线后试车，故障排除。

> **技巧点拨**　对于本例中因追尾事故造成的混合动力系统故障提示，原则上要先进行相关碰撞部位和涉及相关线束插接件的修复，修复完毕后应能消除相应的故障。

二、雷克萨斯汽车 HV 蓄电池系统

如图 3-35 所示，雷克萨斯汽车 HV 蓄电池（镍氢蓄电池）系统主要由 HV 蓄电池、蓄电池智能单元、HV 接线盒及 HV 蓄电池散热风扇等组成。HV 蓄电池系统具有 HV 蓄电池 SOC（荷电状态）控制、HV 蓄电池散热风扇控制及 HV 蓄电池故障诊断等功能。

1. HV 蓄电池 SOC 控制

如图 3-36 所示，内置于 HV 接线盒中的 HV 蓄电池电流传感器用于检测 HV 蓄电池充电和放电电流，然后由动力管理控制单元根据充电和放电电流计算 HV 蓄电池 SOC。

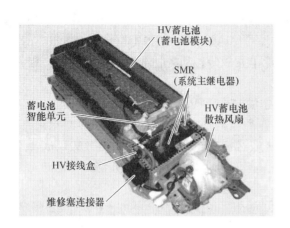

图 3-35 雷克萨斯 HV 蓄电池系统组成

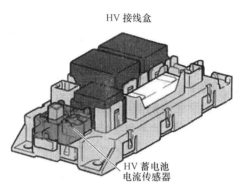

图 3-36 HV 蓄电池传感器位置

HV 蓄电池在车辆加速期间放电以向电动机/发电机 MG2 供电,并在减速期间通过再生制动进行充电,如此反复放电和充电。当 HV 蓄电池 SOC 低于下限时,动力管理控制单元增大发动机功率,以使起动机/发电机 MG1 对 HV 蓄电池充电。

2. HV 蓄电池散热风扇控制

HV 蓄电池充电和放电时均会产生热量,为保护 HV 蓄电池性能,混合动力系统采用专用的散热风扇对 HV 蓄电池进行散热。如图 3-37 所示,动力管理控制单元分析 HV 蓄电池温度信号,通过占空比信号控制 HV 蓄电池散热风扇以不同转速运转。

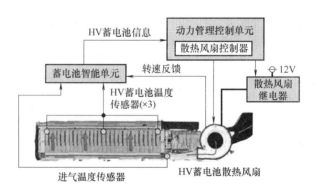

图 3-37 HV 蓄电池散热风扇控制原理

3. HV 蓄电池故障诊断

如图 3-35 所示,蓄电池智能单元监视各蓄电池单元的电压,以判断 HV 蓄电池是否正常。

> **技巧点拨** HV 蓄电池采用镍氢电池,每个单体电池电压为 1.2V,以 6 个为一模组,直列连接 28 组共 168 个单体电池,产生 201.6V 的电压以驱动电机。

三、雷克萨斯 ES300h 混合动力汽车无法起动

故障现象 一辆雷克萨斯 ES300h 混合动力汽车,搭载 2AR-FXE 发动机和混合动力系

统，行驶里程 9 万 km，因车辆无法起动而进行维修。

故障诊断　因辅助蓄电池亏电，于是将辅助蓄电池拆下充电，慢充 1 ~ 2h 后装复试车，发现组合仪表可以正常点亮，但踩下制动踏板并按下起动按钮时，READY 指示灯不点亮，且中央信息显示屏显示“检查混合动力系统”。用故障检测仪检查，在混合动力系统中读得故障码 P0A0D——高压系统互锁电路高电位，且无法清除。

该车高压系统共有 5 个互锁开关（图 3-38），其中 1 个在维修塞把手上，另外 4 个在带变换器的逆变器总成上，分别位于发电机/电动机（MG1）导线连接器、发电机/电动机（MG2）导线连接器、电动空调压缩机导线连接器及带变换器的逆变器总成盖中。

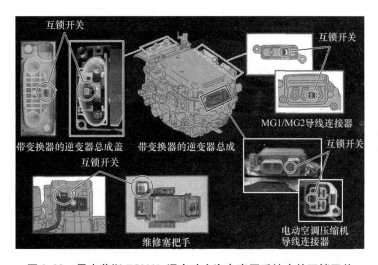

图 3-38　雷克萨斯 ES300h 混合动力汽车高压系统中的互锁开关

查看故障码 P0A0D 的停帧数据（图 3-39），发现详细代码 2（Detail Code2）为 350，含义为车辆停止时操作任何安全装置，即互锁开关信号为 ON；查看互锁开关信号（Inter Lock

Engine Revolution	N/A.	N/A.	N/A.	0	0	rpm
Vehicle Spd	N/A.	N/A.	N/A.	0	0	km/h
Engine Run Time	N/A.	N/A.	N/A.	0	0	s
+B	N/A.	N/A.	N/A.	11.64	11.71	V
Accel Pedal Pos #1	N/A.	N/A.	N/A.	16.0	16.0	%
Accel Pedal Pos #2	N/A.	N/A.	N/A.	31.7	31.7	%
Ambient Temperature	N/A.	N/A.	N/A.	215	27	C
Power Resource VB	N/A.	N/A.	N/A.	0.0	264.0	V
Power Resource IB	N/A.	N/A.	N/A.	0.00	-0.27	A
VL-Voltage before Boosting	N/A.	N/A.	N/A.	0	0	V
VH-Voltage after Boosting	N/A.	N/A.	N/A.	0	0	V
Boost Ratio	N/A.	N/A.	N/A.	0.0	0.0	%
SOC after IG-ON	N/A.	N/A.	N/A.	47.5	47.5	%
Stop Light Switch	N/A.	N/A.	N/A.	OFF	OFF	
Auxiliary Batt Temperature	N/A.	N/A.	N/A.	28	28	C
Collision Signal (Airbag)	N/A.	N/A.	N/A.	OFF	OFF	
TC Terminal	N/A.	N/A.	N/A.	OFF	OFF	
Inter Lock Switch	N/A.	N/A.	N/A.	ON	ON	
EV Switch	N/A.	N/A.	N/A.	OFF	OFF	
SMRP Status	N/A.	N/A.	N/A.	OFF	OFF	
SMRB Status	N/A.	N/A.	N/A.	OFF	OFF	
SMRG Status	N/A.	N/A.	N/A.	OFF	OFF	
Detail Code 1	N/A.	N/A.	N/A.	0	0	
Detail Code 2	N/A.	N/A.	N/A.	350	0	
Detail Code 3	N/A.	N/A.	N/A.	0	0	
Detail Code 4	N/A.	N/A.	N/A.	0	0	
Detail Code 5	N/A.	N/A.	N/A.	0	0	

图 3-39　故障码 P0A0D 的停帧数据

Switch),确实为 ON。正常情况下,如果高压系统的线路连接完整,互锁开关信号应为 OFF,否则在起动车辆时,动力管理控制单元无法控制 3 个高压系统主继电器(SMRP、SMRB 及 SMRG)工作,动力蓄电池无法供应电压给带变换器的逆变器总成。由此确定该车高压系统互锁电路确实存在故障。

将电源模式切换至 OFF 状态;断开辅助蓄电池负极接线;佩戴绝缘手套,拆下维修塞把手并将其放入自己的口袋(防止在维修时,其他维修人员将其意外重新连接);至少等待 10min,让带变换器的逆变器总成内的高压电容充分放电;用万用表电压档(量程要大于 750V)测量带变换器的逆变器总成高压正、负极上的电压,确定电压为 0V 后再进行诊断作业。检查 5 个互锁开关的连接情况,均正常;根据图 3-40,脱开带变换器的逆变器总成导线连接器 A14,将电源模式切换至 IG ON 状态,测量 16 号端子上的电压,为 12V,正常;测量带变换器的逆变器总成 16 号端子与 5 号端子间的

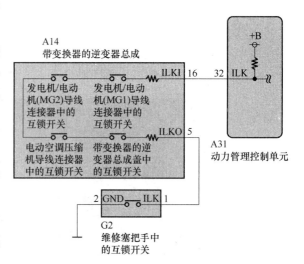

图 3-40 雷克萨斯 ES300H 混合动汽力车高压系统互锁电路

电阻,为 6.2Ω(正常情况下小于 10Ω),正常;安装维修塞把手,测量带变换器的逆变器总成导线连接器 A14 的 5 号端子与搭铁间的电阻,为 ∞,说明此段线路存在断路。进一步检查发现,带变换器的逆变器总成导线连接器 A14 的 5 号端子与维修塞把手导线连接器 G2 的 1 号端子间的导通性正常,且维修塞把手导线连接器 G2 的 2 号端子与搭铁间的导通性也正常,由此怀疑维修塞把手内的互锁开关损坏。拆下维修塞把手,仔细检查发现其互锁开关内的端子发生移位。

故障排除 重新调整维修塞把手内互锁开关端子后装复,查看混合动力系统数据流,互锁开关信号显示为 OFF;起动车辆,车辆能顺利起动,故障排除。

技巧点拨 动力管理控制单元检测到高压系统互锁电路异常时,将禁止混合动力系统运行,从而切断高压系统主继电器(SMR),让混合动力蓄电池无法供应电压给带变换器的逆变器总成,造成车辆无法起动。

四、雷克萨斯 ES300h 汽车 ABS 警告灯和防滑指示灯点亮

故障现象 一辆雷克萨斯 ES300h 汽车,搭载 2AR-FXE 发动机,行驶里程 4 万 km,该车因事故进厂维修,在更换制动踏板及制动液后,ABS 警告灯、防滑指示灯及制动警告灯点亮。

故障诊断 连接故障检测仪,进入防滑控制 ECU 读取故障码,读出 5 个故障码(图 3-41),保存并清除故障码,发现故障码均无法清除。由于更换了制动踏板,且制动踏板行程传感器

安装在制动踏板上，决定先排除故障码 C1392。查看防滑控制 ECU 数据流，发现在未踩制动踏板时，制动踏板行程传感器的信号电压为 3.14V，异常（正常应为 0.8~1.2V）。仔细检查发现，制动踏板行程传感器未安装到位，重新安装制动踏板行程传感器并将其信号电压调整至标准范围后，发现故障码 C1392 可以清除了。

故障码	说明	当前
C1203	ECM 通信电路	X
C1345	线性阀偏置学习得未完成	X
C1392	行程传感器的零点校准未完成	X
C1451	电机驱动允许故障	X
C1465	左前转速传感器电路	X

图 3-41　防滑控制 ECU 内存储的故障码

接着准备清除故障码 C1203、C1345 和 C1451，查看维修手册得知，当故障码 C1203、C1345 和 C1451 同时出现时，应先清除故障码 C1451，其可能的故障原因有：制动液泄漏；未对制动管路排气。检查制动液储液罐，制动液液位正常；连接故障检测仪，进入防滑控制 ECU，使用设定功能对制动管路进行排气处理，但是操作失败，提示"与车辆的通信丢失"（图 3-42）。无奈之下，决定先清除故障码 C1345，即对制动执行器中的线性电磁阀初始化及校准。使用设定功能重置防滑控制 ECU 的记忆，发现在重置记忆的过程中，仪表上的 ABS 警告灯、防滑指示灯及制动警告灯均不闪烁，异常（正常情况下，此时 ABS 警告灯、防滑指示灯及制动警告灯应闪烁），但系统并没有提示重置记忆失败；进入 ECB（电子控制制动系统）工具，选择线性电磁阀校准，提示"ECB 无效"（图 3-43）。

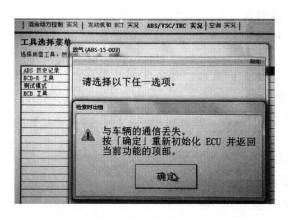

图 3-42　对制动管路进行排气操作失败

图 3-43　对制动执行器中的线性电磁阀校准失败

故障检测仪可以与防滑控制 ECU 通信，为什么在进行制动管路排气操作时还提示"与车辆的通信丢失"呢？难道防滑控制 ECU 损坏了？保险起见，根据电路图仔细检查了防滑控制ECU的电源、搭铁及通信电路，均正常；更换带主缸的制动助力器总成（防滑控制ECU集成在上面）后试车，故障依旧。难道是故障检测仪有问题？将故障检测仪与正常车辆连接，发现可以对制动管路进行排气操作。诊断至此，维修陷入僵局。

故障排除 由于存储了故障码C1465，决定先解决简单的问题。检查左前轮速传感器线路，发现线路在事故中被撞断；修复线路后清除故障码，故障码C1465可以清除，而故障码C1203、C1345和C1451仍无法清除；再次尝试对制动管路进行排气操作，发现操作成功；接着重置防滑控制ECU记忆，并对制动执行器中的线性电磁阀校准，均操作成功，此时故障码自动清除，且ABS警告灯、防滑指示灯及制动警告灯熄灭，故障排除。

技巧点拨 由本案例可知，轮速传感器故障会影响制动系统的设定功能，因此设定制动系统功能时，一定要优先排除其他与制动系统相关的故障码。

五、雷克萨斯ES300h制动系统相关部件的校准方法

1. 制动踏板行程传感器的校准

连接故障检测仪，进入防滑控制ECU，读取制动踏板行程传感器的信号电压。如果未踩下制动踏板时，制动踏板行程传感器的信号电压不在标准范围（0.8~1.2V），则对制动踏板行程传感器进行校准。

1）松开制动踏板行程传感器的2个固定螺栓（图3-44）。

2）左右缓慢转动制动踏板行程传感器，同时观察制动踏板行程传感器的信号电压，使其在标准范围内。

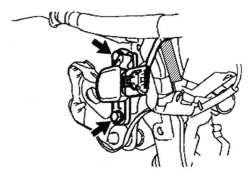

图3-44 松开制动踏板行程传感器的2个固定螺栓

3）紧固制动踏板行程传感器的2个固定螺栓（拧紧力矩为8.5N·m），校准完毕。

2. 线性电磁阀、横摆率和加速度传感器及转向角传感器的手工校准方法

更换制动踏板行程传感器、制动踏板、带主缸的制动助力器总成、制动助力泵总成及制动液储液罐等，均需要对制动执行器中的线性电磁阀、横摆率和加速度传感器（集成在安全气囊控制单元中）及转向角传感器校准。在更换制动踏板行程传感器及制动踏板时，可采用手工方法校准，而更换带主缸的制动助力器总成、制动助力泵总成及制动液储液罐时，需要对制动系统进行排气，只能使用故障检测仪进行校准。线性电磁阀、横摆率和加速度传感器及转向角传感器的手工校准方法如下：

1）将电源模式切换至IG OFF状态。

2）确认转向盘居中，变速杆位于P位，驻车制动解除。

3）在松开制动踏板的情况下，将电源模式切换至IG ON状态。

4）使用短接线在8s内"短接-断开"诊断连接器端子4（端子CG）和端子12（端子TS）4次（此步骤是为了清除防滑控制ECU中存储的线性电磁阀、横摆率和加速度传感器及转向角传感器之前的校准数据）。

5）将电源模式切换至 IG OFF 状态。

6）使用短接线短接诊断连接器端子 4 和端子 12。

7）将电源模式切换至 IG ON 状态。

8）观察 ABS 警告灯、防滑指示灯及制动警告灯，点亮数秒后闪烁，表明校准完成。

9）将电源模式切换至 IG OFF 状态，取下短接线。

技巧点拨 制动踏板行程传感器的测量原理以霍尔式传感器设计为基础，能够对磁场的磁力矢量进行记录。

六、雷克萨斯 ES300h 汽车 D 位无法工作

故障现象 一辆雷克萨斯 ES300h 汽车，搭载 2AE-FXE 发动机和混合动力传动桥，行驶里程 14 万 km。该车因底盘发生严重剐蹭事故而被拖至修理厂维修，在更换了混合动力传动桥和副车架后试车，踩下制动踏板，按下起动按钮，组合仪表上的 READY 指示灯正常点亮，且无任何故障指示灯点亮；将变速杆置于 D 位，组合仪表无档位显示，且车辆无法行驶；将变速杆置于 P 位、N 位、R 位，组合仪表均能正常显示档位。

故障诊断 用故障检测仪检测混合动力系统，无故障码存储。分析故障现象，初步怀疑可能的故障原因有：变速杆位置传感器及其线路故障；混合动力控制 ECU 故障。

如图 3-45 所示，该车变速杆位置传感器上有 3 组触点，分别负责输出变速杆位置信号（R、D、N、R 及 P）、行驶方向信号（FD 为向前行驶信号，RV 为向后行驶信号）及变速杆位置确定信号（MJ）；混合动力控制 ECU 综合分析这 3 个信号，以确定当前档位。

如图 3-46 所示，当变速杆处于 D 位时，混合动力控制 ECU 只有同时接收到 FD 信号、MJ 信号和 D 位信号，才能确定变速杆位于 D 位。为了快速判断混合动力控制 ECU 是否已经接收到了这 3 个信号，决定连接故障检测仪，进入混合动力控制 ECU，查看相关档位数据。如图 3-47 所示，当变速杆处于 D 档时，FD 信号（Shift Senor SW-FD）和 D 位信号（Shift Senor SW-D）均为 ON，正常；MJ 信号（Shift Senor SW-MJ）为 OFF 了，异常；变速杆位置（Shift Senor Shift Pos）为 N，也异常。将变速杆依次置于 P 位、N 位、R 位，发现 MJ 信号均为 ON，正常。分析测试结果，可以判定混合动力控制 ECU 端子 16 与变速杆位置传感器端子 5 间的线路正常，怀疑变速杆位置传感器内部触点有故障。

在拆检变速杆位置传感器之前，查看维修资料得知，变速杆位置传感器的安装位置是有讲究的。如图 3-48 所示，变速杆位置传感器螺母挡块凸出部分应与空档基线对齐。查看该车变速杆位置传感器的安装位置，发现其螺母挡块凸出部分与空档基线未对齐（图 3-49）。诊断至此，怀疑故障正是由此引起的。

故障排除 重新调整变速杆位置传感器安装位置后试车，所有档位均能正常工作，故障排除。

技巧点拨 变速杆位置传感器必须注意位置要安装准确，否则变速杆位置传感器显示的位置与实际变速器的档位位置是不匹配的，这种情况下自动变速器无法正常工作。

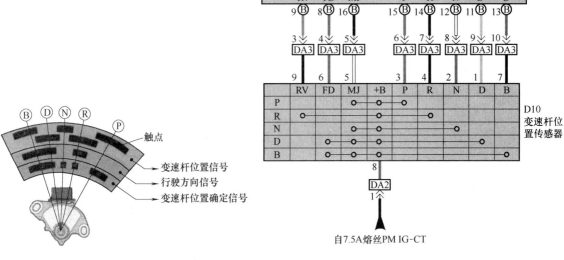

图 3-45 变速杆位置传感器内部结构示意

图 3-46 变速杆位置传感器电路

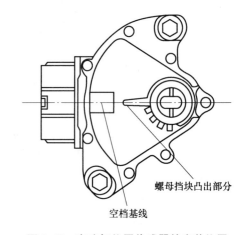

图 3-47 故障车变速杆处于 D 位时的档位数据

图 3-48 变速杆位置传感器的安装位置

七、雷克萨斯 ES300h 汽车行驶中发动机自动熄火

故障现象 一辆雷克萨斯 ES300h 汽车，搭载 2AR-FXE 发动机，行驶里程 5 万 km。驾驶人反映，该车行驶中发动机故障灯突然异常点亮，同时组合仪表提示"检查混合动力系统"，并发出蜂鸣声，没过多久发动机自动熄火。

故障诊断 用故障检测仪检测，发现发动机系统中存储了故障码：P261B——发动机冷却液泵 B 控制故障，混合动力系统中存储了故障码：P0A0F-206——发动机起动失败。查看故障码 P0A0F-206 的停帧数据（图 3-50），发现发动机冷却液温度（Engine Coolant Temp）高达 100℃，异常。对于混合动力车型，正常情况下发动机冷却液温度应不超过 95℃，一旦发动机冷却液温度达到 100℃，为保护发动机，发动机会自动熄火。查看故障码 P261B 的停帧数据（图 3-51），发现电动冷却液泵目标转速（Elec Water Pump Target Spd）为 3300r/min，而电动冷却液泵转速（Elec Water Pump Spd）为 0r/min，说明在发动机冷却液升高的情况下，发动机控制单元已向电动冷却液泵发出了工作指令，但电动冷却液泵并没有运转。

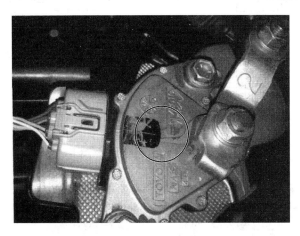

图 3-49　变速杆位置传感器螺母挡块凸出部分与空档基线未对齐

定格数据

P0A0F-206 发动机起动失败

*N/A = 不提供

参数	单位	-3	-2	-1	0	1
Engine Coolant Temp	C	100	100	100	100	100
Engine Revolution	rpm	992	992	992	992	928
Vehicle Spd	km/h	0	0	0	0	0
Engine Run Time	s	21	22	22	22	23
+B	V	13.80	13.80	13.80	13.80	13.82
Accel Pedal Pos #1	%	15.6	15.6	15.6	15.6	15.6
Accel Pedal Pos #2	%	31.7	31.7	31.7	31.7	31.7
Ambient Temperature	C	36	36	36	36	36
Intake Air Temperature	C	51	51	51	51	51
DTC Clear Warm Up		0	0	0	0	0
DTC Clear Run Distance	km	0	0	0	0	0
DTC Clear Min	min	0	0	0	0	0
MAP	kPa(abs)	54	52	51	51	31
Atmosphere Pressure	kPa(abs)	100	100	100	100	100
Ready Signal		ON	ON	ON	ON	ON
Motor(MG2) Revolution	rpm	-1	0	3	-4	0
Motor(MG2) Torq	Nm	-17.25	-16.00	-16.38	-15.08	-13.75
M(MG2) Trq Exec Val	Nm	-17.83	-16.25	-14.88	-15.00	-11.50
Generator(MG1) Rev	rpm	3588	3627	3619	3591	3289
Generator(MG1) Torq	Nm	-16.50	-15.75	-14.63	-14.25	0.00
G(MG1) Trq Exec Val	Nm	-15.25	-14.13	-13.50	-13.88	0.00
Regenerative Brake Torq	Nm	0.0	0.0	0.0	0.0	0.0

图 3-50　故障码 P0A0F-206 的停帧数据

定格数据

P261B 发动机冷却液泵“B”控制故障

*N/A = 不提供

参数	单位	-3	-2	-1	0	1
Vehicle Speed	km/h	0	0	0	0	0
Engine Speed	rpm	1000	997	1000	1000	1001
Calculate Load	%	49.8	49.8	49.8	49.8	49.8
MAP	kPa	49	50	50	49	49
Coolant Temp	C	95	95	95	95	95
Engine Run Time	s	30	31	31	32	32
Initial Engine Coolant Temp	C	93.1	93.1	93.1	93.1	93.1
Battery Voltage	V	13.945	13.945	13.945	13.945	13.945
Short FT #1	%	-2.344	-2.344	-2.344	-1.563	-1.563
Long FT #1	%	1.562	1.562	1.562	1.562	1.562
Total FT #1		0.000	0.000	0.000	0.000	0.000
AFS Current B1S1	mA	0.00	0.00	0.00	0.00	0.00
AFS Voltage B1S1	V	3.312	3.312	3.317	3.312	3.302
Cylinder #1 Misfire Count		0	0	0	0	0
Cylinder #2 Misfire Count		0	0	0	0	0
Cylinder #3 Misfire Count		0	0	0	0	0
Cylinder #4 Misfire Count		0	0	0	0	0
Elec Water Pump Spd	rpm	0	0	0	0	0
Elec Water Pump Target Spd	rpm	3300	3300	3300	3300	0

图 3-51　故障码 P261B 的停帧数据

如图 3-52 所示，发动机控制单元根据发动机冷却液温度、发动机转速及车速等信号计算所需的冷却液流量，然后通过占空比信号对电动冷却液泵的转速进行无级调控，同时电动冷却液泵通过占空比信号将其转速反馈给发动机控制单元。若电动冷却液泵工作转速低于 900r/min，或实际转速与目标转速不一致，发动机控制单元会存储相关故障码。

结合故障码及电动冷却液泵的控制原理分析，推断可能的故障原因有：电动冷却液泵及其线路故障；发动机控制单元损坏。

进入发动机系统，选择主动测试功能，激活电动冷却液泵，使其以 3000r/min 运转，用手触摸电动冷却液泵外壳，有明显振感，初步判断电动冷却液泵驱动电路正常。断开电动冷却液泵导线连接器 D61 检查，该连接器连接可靠，且无进水腐蚀等异常现象。用万用表测量电动冷却液泵的供电及搭铁，均正常；测量电动冷却液泵与发动机控制单元间 2 根占空比

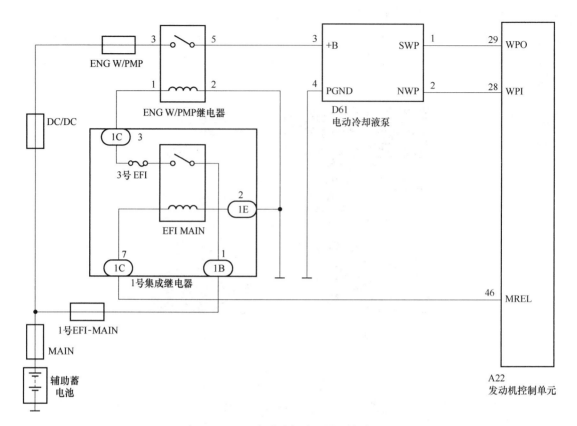

图 3-52 电动冷却液泵控制电路

信号线的导通性,均正常。诊断至此,怀疑电动冷却液泵损坏(图 3-53)。损坏的电动冷却液泵虽然能在发动机控制单元的驱动信号下运转,但转速无法达到目标转速,且无法反馈转速信号给发动机控制单元。

图 3-53 损坏的电动冷却液泵

故障排除 更换电动冷却液泵后试车,发动机自动熄火现象消失,且发动机冷却液温度一直在 90℃ 左右,故障排除。

技巧点拨 电动冷却液泵正常工作是保证混合动力发动机正常工作的先决条件，此案例中读出的故障信息与实际的故障部位是一致的，更换后即可准确排除故障。

八、雷克萨斯 ES300h 汽车空调按键信号反应迟钝

故障现象 一辆雷克萨斯 ES300h 汽车，搭载 2AR-FXR 发动机及混合动力系统，行驶里程 3 万 km。驾驶人反映，该车空调面板上的按键信号反应迟钝，有时需要按下多次，中央显示屏上才会有变化。

故障诊断 接车后试车，起动发动机，接通空调开关，按下风量调节按键，发现需要按下好几次，中央显示屏显示的风量才会有变化。调节出风模式时也存在相同的问题，但空调制冷效果良好。

用故障检测仪检测，发现空调系统中存储了 4 个故障码（图 3-54），其中故障码 B1447 和 B14B3 反映后座空调系统有故障，而该车为双区恒温空调系统，不是三区恒温空调系统，后座并没有空调控制面板。尝试清除故障码，发现故障码均无法清除。诊断至此，决定从故障码 B14B2 着手。

故障码	说明	当前
B1447	空气混合风门控制伺服电动机电路（后）	×
B1497	通信故障（Bus Ic）	×
B14B2	与前面板 LIN 失去通信	×
B14B3	与后面板 LIN 失去通信	×

图 3-54 空调系统中存储的故障码

如图 3-55 所示，按下空调控制面板上的按键，辅助仪表通过 AVC-LAN 通信接收来自空调面板的请求信号，然后通过 LIN 通信将其发送至空调放大器。检查发现，该车加装了导

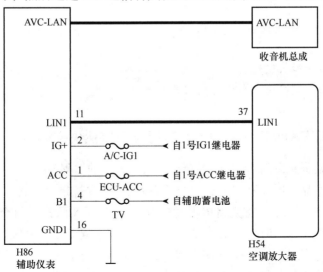

图 3-55 空调系统通信电路

航系统，取消了原车辅助仪表。断开导航系统的导线连接器，测量导航系统的供电及搭铁线路，均正常；测量导航系统与空调放大器间的LIN线，导通正常且无短路故障。

考虑到加装的导航系统也需要接收空调控制面板信号，并将其传输给空调放大器，怀疑该车故障由加装的导航系统引起。拆除加装的导航系统，更换上原车辅助仪表后试车，空调控制面板上的按键功能恢复正常，迟钝现象消失。再次用故障检测仪检测，发现空调系统中仍存储了故障码B1447和B1497，且无法清除；读取空调系统数据流，发现有后空气混合目标脉冲[Air Mix Servo Targ Pulse（R）]和后空气混合实际脉冲[Air Mix Servo Actual Pulse（R）]数据（图3-56），且这2个数据相差很大，这就是存储故障码B1447的原因，但实际上该车并无后空气混合风门伺服电动机。会不会是故障检测仪软件版本有问题呢？找来相同型号的车，读取空调数据流，

参数	值	单位
Room Temperature Sensor	29.75	℃
Ambient Temp Sensor	38.30	℃
Adjusted Ambient Temp	33.52	℃
Evaporator Fin Thermistor	25.25	℃
Evaporator Target Temp	2.00	℃
Solar Sensor (D Side)	0	
Solar Sensor (P Side)	1	
Engine Coolant Temp	90.20	℃
Set Temperature (D Side)	24.5oC	
Set Temperature (P Side)	24.5oC	
Blower Motor Speed Level	1	
Emission Gas Nox Sensor	122	
Emission Gas Sensor	134	
Regulator Pressure Sensor	0.9849	MPa
Set Temperature (Rear)	24.5oC	
Air Mix Servo Targ Pulse(R)	107	
Air Mix Servo Actual Pulse(R)	255	
Air Mix Servo Targ Pulse (D)	5	
Air Mix Servo Actual Pulse (D)	5	
Air Mix Servo Targ Pulse(P)	105	
Air Mix Servo Actual Pulse(P)	105	
Air Outlet Servo Pulse (D)	8	
Air Outlet Servo Actu Pulse (D)	8	
Air Inlet Damper Targ Pulse	7	
Air Inlet Damper Actual Pulse	7	

图3-56 故障车空调系统数据流

并没有后空气混合目标脉冲和后空气混合实际脉冲数据。难道空调放大器损坏了？重新整理维修思路，决定先尝试进行断电处理，让空调放大器恢复初始状态，若故障依旧，再更换空调放大器。断电5min后，用故障检测仪检测，空调系统无故障码存储，且空调按键功能均正常。由此推断，加装的导航系统损坏后，不仅使空调控制面板上的按键信号反应迟钝，还通过LIN通信传递了错误的信号给空调放大器，以致空调放大器存储故障码B1447和B1497。

故障排除 更换导航系统并对空调放大器进行初始化后试车，故障排除。

> **技巧点拨** 车辆加装导航、行车记录仪以及倒车影像等相关装置容易造成整车出现异常，这是我们在日常维修过程中需要注意的事项。

九、雷克萨斯ES300h混合动力汽车行驶中突然失去动力

故障现象 一辆雷克萨斯ES300h混合动力汽车，行驶里程3000km，该车行驶中突然失去动力，且中央信息显示屏显示"检查混合动力系统"，重新起动车辆，无任何反应。

故障诊断 接车后试车，首先将电源模式切换至IG ON状态，组合仪表能正常点亮，且多个故障指示灯点亮，同时中央信息显示屏显示"检查混合动力系统"；踩下制动踏板并按下起动按钮，电源模式直接切换至OFF状态，而正常情况下此时组合仪表上的READY指示灯应点亮。用故障检测仪检查，在混合动力系统中读得故障码P0A94——DC/DC变换器性能，且无法清除。查看故障码P0A94的停帧数据（图3-57），发现详细代码1（Detail

Code 1）为 127，含义为增压变换器过电压（系统故障引起）。

如图 3-58 所示，增压变换器将混合动力蓄电池 244.8V 的直流电压增压（最大值约为 650V），然后逆变器将增压后的直流电压变换为交流电压，用于驱动电动机/发电机（MG1 和 MG2）；当电动机/发电机作为发电机工作时，产生的交流电压通过逆变器变换成直流电压，然后增压变换器将该电压降至 244.8V 左右，用于对混合动力蓄电池充电。带变换器的逆变器总成使用内置于增压变换器中的电压传感器（VL）检测增压前的电压，使用内置于逆变器中的电压传感器（VH）检测增压后的电压，然后对比增压前后的电压，控制增压变换器将电压转换至目标电压。

仔细分析故障码 P0A94 的停帧数据，可知故障发生时车速

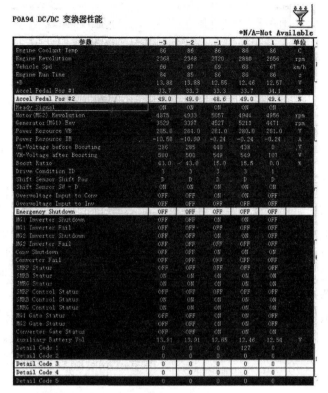

图 3-57 故障码 P0A94 的停帧数据

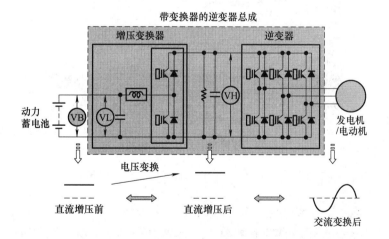

图 3-58 增压变换器及逆变器的工作过程

（Veh1cle Spd）为 68km/h 左右，变速杆位置（Shift Sensor Shift Pos）处于 D 位，动力蓄电池电压（Power Resource VB）为 280V 左右，预充电主继电器状态（SMRP Status）为 OFF，混合动力蓄电池正极侧主继电器状态（SMRB Status）和混合动力蓄电池负极侧主继电器状态（SMRG Status）均为 ON，以上数据均无异常，但增压前的电压（VL-Voltage Before

Boosting）由 286V 突然升高至 440V，接着又再降低至 0V，异常，正常情况下增压前的电压应与动力蓄电池电压基本相同。查看维修资料，得知故障部位可能是混合动力蓄电池接线盒、带变换器的逆变器总成、维修塞把手、传动桥、发电机/电动机线束及动力管理控制单元等。

将电源模式切换至 OFF 状态；断开辅助蓄电池负极接线；佩戴绝缘手套，拆下维修塞把手并将其放入自己的口袋（防止在维修时，其他维修人员将其意外重新连接）；至少等待 10min，让带变换器的逆变器总成内的高压电容充分放电；用万用表电压档（量程要大于 750V）测量带变换器的逆变器总成高压正、负极上的电压，确定电压为 0V 后再进行诊断作业。把电源模式切换至 IG ON 状态，查看混合动力系统数据流（图 3-59），发现 SMRG 的状态为 ON，异常，正常情况下此时 3 个高压系统主继电器（均安装在动力蓄电池接线盒上）的状态均应为 OFF；根据图 3-60 测量动力管理控制单元端子 2 上的电压，为 12V，异常，正常情况下应为 0V；脱开动力管理控制单元导线连接器 H1，测量其端子 2 与搭铁间的电阻，为∞，异常，正常情况下应该为 25 ~ 59Ω；断开动力蓄电池接线盒导线连接器 Q6，测量其 3 号端子与搭铁间的电阻，为 32Ω，正常。诊断至此，可知动力管理控制单元导线连接器 H1 的 2 号端子 2 与动力蓄电池接线盒导线连接器 Q6 的 3 号端子间的线路断路。进一步检查发现，导线连接器 HQ2 端子 7 与动力蓄电池接线盒导线连接器 Q6 的 3 号端子间的线路断路，分析认为，该导线断路是由维修人员在加装迎宾踏板时，为寻找门灯控制开关信号线破线检测引起的。

Engine Idling Request	No
Main Batt Charging Rqst	No
Aircon Request	No
Engine Warming Up Rqst	No
SMRP Status	OFF
SMRB Status	OFF
SMRG Status	ON
SMRP Control Status	OFF
SMRB Control Status	OFF
SMRG Control Status	OFF
MG1 Gate Status	ON
MG2 Gate Status	ON
Converter Gate Status	ON

图 3-59　故障车混合动力系统数据流

故障排除　修复断路的导线后试车，车辆能顺利起动，故障排除。

技巧点拨　动力管理控制单元通过检测 SMR 控制线路上的电位来判断其状态，当电源模式为 IG ON 状态时，SMR 控制线上为低电位（0V），此时 3 个继电器的状态均为 OFF；当某个 SMR 控制线路断路或对电源短路时，SMR 控制线上为高电位（12V），此时相应 SMR 的状态为 ON；当某个 SMR 控制线路对搭铁短路时，在电源模式为 IG ON 状态时，SMR 的状态为 OFF，看不出异常，而一旦踩下制动踏板并按下起动按钮，此时动力管理控制单元输出高电位，检测到异常后停止供电，并存储相关故障码。

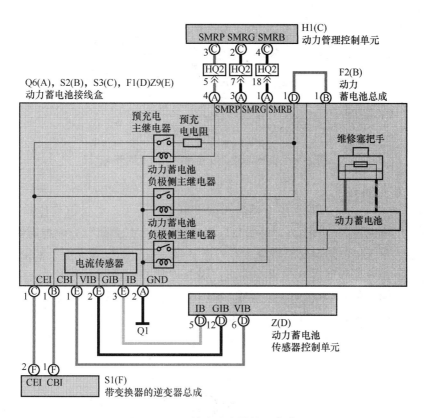

图3-60 系统主继电器控制电路

十、雷克萨斯ES300h混合动力汽车高压电路的结构

电动汽车的高压电路包括高压互锁回路及高压供电控制电路。

1. 高压互锁回路

高压互锁回路（HVIL）通过低压回路来监测高压系统电器、导线、导线连接器及电器护盖等的电气完整性，如图3-61所示。高压蓄电池总成、带变换器的逆变器总成、电动空调压缩机总成及发电机/电动机总成的导线连接器中均安装有互锁开关（图3-62），动力管理控制单元中的高压互锁监测器向高压互锁回路提供1个信号电压（一般为5V或12V），然后检测返回的信号电压，若检测不到返回的信号电压（如断开高压部件的导线连接器），则表明高压互锁回路断路，考虑到此时高压线路很有可能处于断路状态，若继续供电，将会有安全隐患，因此动力管理控制单元会切断高压供电。

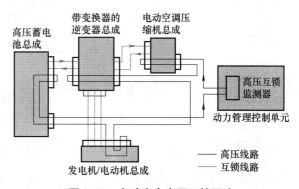

图3-61 电动汽车高压互锁回路

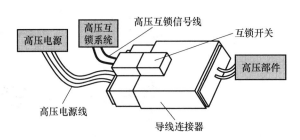

图 3-62 高压部件导线连接器中的互锁开关

2. 高压供电控制电路

如图 3-63 所示，电动汽车高压系统的高压供电主要由 3 个主继电器控制，其中 SMRB 负责控制高压供电正极，SMRG 负责控制高压供电负极，SMRP 同预充电电阻一起负责给高压系统预充电。由于供电初期要对带变换器的逆变器总成中的电容充电，如果不加以限制，充电电流过大，会对高压部件产生很大冲击，因此需要接入预充电电阻对充电电流进行限制。将电源模式切换至 READY ON 状态时，SMRB 先接通，SMRP 再接通，对高压系统进行预充电，待预充电结束后，SMRG 接通，SMRP 断开，高压蓄电池直接向带变换器的逆变器总成供电；将电源模式切换至 READY OFF 状态时，SMRG 先断开，SMGB 再断开，高压供电切断。

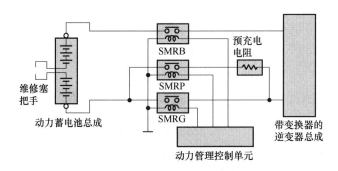

图 3-63 电动汽车高压供电控制电路

技巧点拨　由于电动汽车具有高压特性，维修人员只有在取得相关的职业资格后，才能维修电动汽车，且必须要严格按照规范的检修流程进行操作，否则会有触电危险，严重时将致人死亡。

第四节　雷克萨斯 NX300h 混合动力维修技能与技巧

一、雷克萨斯 NX300h 汽车后视野监视系统无法正常工作

故障现象　一辆雷克萨斯 NX300h 汽车，起动车辆后，将变速杆置于倒档时，多功能显示屏无法切换至倒车影像。

故障诊断 首先检查后部摄像头，安装良好且无其他异常。询问驾驶人得知，该车未额外加装过电器设备。诊断至此，怀疑倒档信号传输有问题。

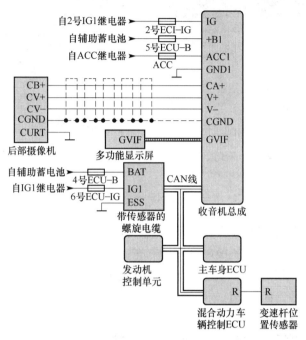

图3-64 雷克萨斯NX300h汽车后视野监视系统工作原理

查看维修资料，如图3-64所示，将电源模式切换至IG ON状态，按住MENU按钮，接通、断开示廓灯3次，进入收音机总成自诊断界面，读得故障码U0073（图3-65）——通信故障；进入车辆信号检查模式（图3-66），发现收音机总成的供电（Battery和IG）、车速信号（SPEED）和示廓灯信号（TAIL）均正常，但将档杆置于倒档时，"REV"（倒档信号）一直为OFF，且"PKB"（电子驻车信号）一直为ON，说明收音机总成确实没有接收到倒档信号。将电源模式切

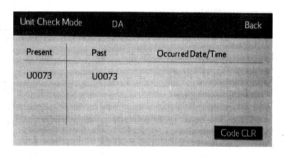

图3-65 读取的故障码

换至OFF状态，拆下收音机总成导线连接器I121，测量端子9（CAN-H端子）与端子10（CAN-L端子）间的电阻，约为62Ω，正常。暂时排除CAN线出现故障的可能性，结合故障码U0073分析，推断收音机总成损坏的可能性比较大。

故障排除 更换收音机总成（图3-67）后试车，后视野监视系统能够正常工作，故障排除。

技巧点拨 该车后视野监视系统的工作原理为：将电源模式切换至IG ON状态，且将变速杆置于倒档（R位）时，混合动力车辆控制ECU通过变速杆位置传感器识别倒档信号，然后通过CAN线将倒档信号传递至收音机总成，最后收音机总成通过后部摄像机采集倒车影像，并将多功能显示屏切换至倒车影像。

| 图 3-66 进入车辆信号检查模式 | 图 3-67 更换收音机总成 |

二、雷克萨斯 NX300h 汽车发动机故障灯点亮

故障现象 一辆雷克萨斯 NX300h 运动型多功能车,搭载 2AR-FXE 发动机和混合动力系统,行驶里程 2 万 km。发动机故障灯异常点亮,且中央显示屏上显示"检查混合动力系统"。此时踩下加速踏板时,发动机加速无力,时速只能达到 60km/h。

故障诊断 接车后,首先确认故障现象。仪表发动机故障指示灯点亮,且有混合动力系统故障的提示。该车只是做了 2 万 km 的基础维护,更换了机油和机油滤清器、空气滤清器和空调滤芯。据此,首先检查机油量,正常,并且没有出现漏油的情况。接着使用故障诊断仪对发动机系统进行检测,发现存储了故障码"P0171——系统状态过稀",即混合气过稀。保存故障码后尝试清除,发现可以正常清除。于是再次上路试车,发现没行驶多久,故障再现,说明故障当前存在。

初步分析可能的故障原因包括:进气系统漏气、喷油器总成故障、空气流量计故障、发动机冷却液温度异常、燃油压力异常、排气系统漏气、空燃比传感器及其线路故障、PCV 阀和软管故障、炭罐电磁阀常通或管路安装错误、真空传感器及其管路故障、发动机控制单元(ECM)故障等。

燃油修正包括短期燃油修正和长期燃油修正。在闭环燃油控制下,燃油喷射量与 ECM 估算的燃油喷射量相偏离,并导致长期燃油修正补偿值发生改变。如果短期燃油修正值持续出现偏差,则会调节长期燃油修正。与 ECM 估算的燃油喷射量的偏差也影响燃油修正平均学习值,该学习值是短期燃油修正平均值(燃油反馈补偿值)和长期燃油修正平均值(空燃比学习值)的综合值。如果燃油修正平均学习值超出故障阈值,ECM 将其视为燃油系统发生故障并存储故障码。

如果燃油修正平均学习值≥35%或≤-35%,则 ECM 将其视为燃油系统故障(图 3-68)。

观察此故障码的停帧数据(图 3-69),发现 Short FT#1——短期燃油修正的反馈数值为 -2.344%,而 Long FT#——长期燃油修正为 39.843%,数值明显偏大,说明混合气处于长期严重偏稀的状态。因为长期燃油修正已经超过 35%,所以才会点亮故障灯。

混合动力汽车起动之后,发动机不会一直运转,为了让发动机一直运转,将车辆进入"车辆维护模式"。具体操作如下:将电源模式切换至 IG 状态,踩下加速踏板 2 次,切换至 N 档,再踩下加速踏板 2 次,之后切换至 P 档,再踩下加速踏板 2 次,仪表中央显示保养模

图 3-68　故障码的生成原理

P0171 系统状态过滤（1 列）

当前 FFD　待定 FFD

参数	值	单位
Vehicle Speed	0	km/h
Engine Speed	977	r/min
Vehicle Load	8.6	%
Calculate Load	54.5	%
MAF	2.17	gm/sec
Atmosphere Pressure	63	kPa(abs)
MAP	25	kPa
Coolant Temp	84	℃
Intake Air	48	℃
Engine Run Time	17	s
Initial Engine Coolant Temp	82.5	℃
Initial Intake Air Temp	50.6	℃
Battery Voltage	14.335	V
Throttle Sensor Volt %	16.0	%
Throttl Sensor #2 Volt %	47.8	%
Throttle Sensor Position	0.0	%
Fuel Pump Duty	67.3	%
Injector (Port)	2060	us
Injection Volum (Cylinder1)	0.083	ml
Current Fuel Type	Gasoline/petrol	
EVAP (Purge) VSV	0.0	%
Evap Purge Flow	0.0	%
Purge Density Learn Value	0.000	

参数	值	单位
EVAP Purge VSV	OFF	
Purge Cut VSV Duty	0.0	%
Target Air-Fuel Ratio	0.999	
AF Lambda B1S1	0.992	
AFS Current B1S1	-0.02	mA
AFS Voltage B1S1	3.258	V
A/F Heater Duty B1S1	30.4	%
O2S B1S2	0.115	V
Short FT #1	-2.344	%
Long FT #1	39.843	%
Total FT #1	0.359	
Fuel System Status #1	CL	
Fuel System Status #2	Unused	
IGN Advance	15.0	°
Catalyst Temp B1S2	75.9	℃
Catalyst Temp B1S1	101.6	℃
Cylinder #1 Misfire Count	1	
Cylinder #2 Misfire Count	0	
Cylinder #3 Misfire Count	0	
Cylinder #4 Misfire Count	0	
All Cylinders Misfire Count	1	

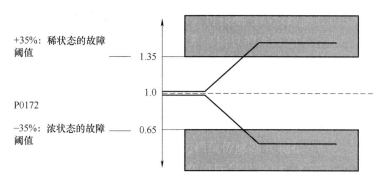

图 3-69　故障码及停帧数据

式，接着踩住制动踏板并按下起动按钮起动发动机。

查看当前数据流（图 3-70），发现 Short FT #1 为 -10%，Long FT #1 为 39%，而无论是短期燃油修正还是长期燃油修正，其标准数值应该在 -10% ~ +10% 左右。因此从燃油修正的数据来看，当前状态下，混合器存在严重偏稀的情况。

图 3-70　故障车相关数据流

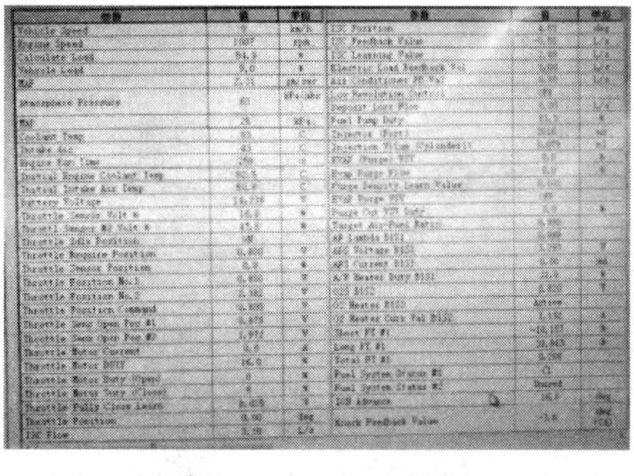

检查空燃比传感器的反馈电压是否正常，在维护模式下，观察其数据流 AFS

Voltage B1S1——空燃比传感器的反馈电压为 3.293V。为了判断空燃比传感器是否可以正常工作，使用故障诊断仪进入发动机系统，主动调节喷油量。当主动增加 12.5% 的喷油量时，AFS Voltage B1S1 的反馈电压为 2.287V（图 3-71）。当主动减少 12.5% 的喷油量时，AFS Voltage B1S1 的反馈电压为 3.502V（图 3-72）。从测试的结果判断空燃比传感器工作正常。

图 3-71　主动增加 12.5% 喷油量后的空燃比数值

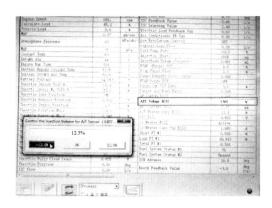
图 3-72　主动减少 12.5% 喷油量后的空燃比数值

接着查看怠速时的数据流，重点检查冷却液温度传感器和空气流量传感器的反馈数值。从数据流中得知，MAF（空气流量计）的反馈数值为 2.31g/s，在正常范围之内，Coolant Temp——冷却液温度的反馈为 83℃，也在正常范围之内。

接着重点检查燃油系统，特别是喷油器和燃油压力。观察发动机怠速时的状态，发动机并没有异常的抖动现象。观察数据 Injector（port）——进气口喷射时刻为 2016μs，Injection Volume（Cylinder1）——1 缸喷油量为 0.079mL。从这 2 个数据来判断，喷油器没有出现堵塞的情况，如果出现堵塞，数值会明显偏大。连接燃油压力表，然后直接使用故障诊断仪驱动燃油泵，观察燃油压力，发现燃油压力为 330kPa，说明燃油压力正常。根据以上检测可判断燃油系统正常。

将车辆举升后检查排气系统，没有发现漏气的情况，怠速和加速时没有任何异常的漏气声。检查底盘，也没有发现任何磕碰痕迹。

至此，之前可疑的部位都检查过了，没有发现什么问题，诊断工作陷入僵局。再次与驾驶人沟通，希望能发现新的线索。驾驶人反映维护后车辆驾驶一直正常，出故障前并未出现过任何异常，只是中途在加油站添加了一次燃油，但是加油后并没有感觉到任何异常。根据驾驶人所反映的情况，怀疑是燃油品质不好导致该车出现故障。于是将火花塞拆下观察，但并未发现异常。

还有什么原因会导致混合器过稀呢？此时怀疑节气门有问题。从节气门的数据流来看，其反馈数据 Throttle Sensor Volt%——节气门传感器的占空比为 16%，无任何异常。会不会是节气门的实际开度比传感器反馈的开度要大，所以导致进气量偏大呢？于是，将节气门拆下检查其翻板，不存在卡滞情况，清洗后装复，重新做初始化，发现故障依旧。

至此，除 ECM 以外，能想到的故障点都已经排除了，但 ECM 损坏的概率很低，此时也没有可以对调的备件，因此没有十足的把握确定 ECM 故障。无奈之下，再次仔细查看发动机的数据流，终于发现了一个异常点：Atmosphere Pressure——大气压力为 63kPa。明明是在平原地带，正常情况下，其反馈数值应该在 100kPa。为何大气压力的显示数据存在偏差呢？

想到此前的检测中曾测试过进气压力传感器，在不发动机的情况下数值反馈在100kPa，据此说明大气压力的反馈数据存在异常。

那大气压力的反馈数值是否对混合气的浓度产生影响呢？另外大气压力是通过什么计算的呢？经查询资料，海拔每升高100m，大气压力就降低1kPa。据此计算，63kPa的大气压力对应的海拔高度应为3700m。在海拔高的情况下，同样的进气量氧气的密度会降低，因此ECU会减少喷油量，而由于实际的氧气含量并没有下降，因此会造成混合气过稀。据此，怀疑ECU检测的大气压力低于实际值，导致喷油量不足，混合气偏稀。

再次查询资料，发现该车ECU内并没有大气压力传感器的数值，而是通过空气流量计的数值来计算大气压力。因此，空气流量计的反馈数值就是关键点，当前MAF（空气流量计）的反馈数值为2.31g/s，怀疑是空气流量的反馈数值存在偏差，于是将空气流量计拆下来进行检查，果然发现其内部存在异物，于是用气枪吹干净后重新安装，此时再次查看发动机数据流（图3-73）。发现MAF（空气流量计）的反馈数值为2.81g/s，而Atmosphere Pressure——大气压力数值也恢复为101kPa。

图3-73 故障排除后的数据流

短期燃油修正和长期燃油修正也都在标准范围之内。至此故障原因终于水落石出，怀疑是由于维护时拆装了空气滤芯，有异物正好落在空气流量计上，导致故障发生。

故障排除 清理空气流量计，故障彻底排除。

> **技巧点拨** 短期燃油修正值是指用于将空燃比持续保持在理论值的燃油补偿值。来自空燃比传感器的信号指示空燃比与理论空燃比相比燃油混合气是浓还是稀。这使燃油喷射量在空燃比偏浓时减少，在空燃比偏稀时增加。磨损和工作环境的改变都会使短期燃油修正值偏离中间值。长期燃油修正控制总体燃油补偿，用于补偿短期燃油修正造成的与中间值的长期偏差。

三、雷克萨斯NX300h汽车发动机无法起动

故障现象 一辆雷克萨斯NX300h汽车，配置2AR-FXE发动机和混合动力系统，行驶里程2000km。驾驶人在行驶途中忽然熄火，尝试再次起动车辆，踩下制动踏板，按下点火开关，仪表上的READY指示灯无法点亮，且仪表上显示检查发动机故障。

故障诊断 进入车内，将电源模式切换至IG状态，发现仪表可以正常点亮，按下喇叭按钮，发现喇叭声音响亮，踩下制动踏板后，按下起动按钮，发现无法起动，仪表上的READY指示灯无法正常点亮，尝试连接诊断仪进入发动机系统，发现存在故障码，如图3-74所示。

保存故障码后，尝试清除故障码，发现可以清除，清除之后，尝试起动发动机，发现可

P0121 节气门位置传感器/开关 "A" 电路范围/性能						
					*N/A = 不提供	
参数	单位	-3	-2	-1	0	1
Vehicle Speed	km/h	0	0	0	0	0
Engine Speed	r/min	0	0	0	0	0
Calculate Load	%	0.0	0.0	0.0	0.0	0.0
Vehicle Load	%	0.0	0.0	0.0	0.0	0.0
MAF	gm/s	0.48	0.48	0.46	0.46	0.46
Atmosphere Pressure	kPa(abs)	101	101	101	101	101
MAP	kPa	102	102	102	102	102
Coolant Temp	℃	9	9	9	9	9
Intake Air	℃	9	9	9	9	9
Ambient Temperature	℃	9	9	9	9	9
Engine Run Time	s	2	2	3	3	3
Initial Engine Coolant Temp	℃	8.7	8.7	8.7	8.7	8.7
Initial Intake Air Temp	℃	8.7	8.7	8.7	8.7	8.7
Battery Voltage	V	14.160	14.140	14.140	14.121	14.160
Throttle Sensor Volt %	%	18.0	18.0	18.0	18.0	18.0
Throttl Sensor #2 Volt %	%	50.5	51.3	50.5	50.5	50.9
Throttle Sensor Position	%	0.0	0.0	0.0	0.0	0.0
Throttle Motor DUTY	%	17.6	17.6	17.6	17.6	17.6
Throttle Position	deg	0.10	0.10	0.10	0.10	0.10
ISC Flow	L/s	4.65	4.65	4.65	4.65	4.65
ISC Position	°	6.11	6.11	6.11	6.11	6.11

图 3-74 故障码

以正常起动,仪表上的 READY 指示灯也正常点亮,换入 D 位,车辆可以正常行驶,但是用力踩下加速踏板后发现发动机依旧无法工作,只能电动驱动车辆行驶,大概低速行驶不到 1km,车辆再次无法行驶,电源模式也自动切换至 IG 状态,READY 灯也自动熄灭。此时再次起动车辆,发现无法起动,查看故障码,依旧是故障码 P0121。

将车辆拖至厂内进行检查,再次清除故障码后,尝试起动车辆,可以正常起动,READY 灯也正常点亮,将加速踏板踩到底,发动机还是没办法起动,而正常情况下,发动机应该会起动且运转。这说明故障还是依旧存在。

查询维修手册,可能的故障原因是:①节气门总成;②节气门线路本身;③ECM。

节气门位置传感器安装在带电动机的节气门体总成上,用来检测节气门的开度,该传感器为非接触型,使用霍尔式元件,以便在极端的驾驶条件下,例如在高速和极低速时也能生成精确的信号。如图 3-75 所示,节气门位置传感器有两个传感器电路 VTA1 和 VTA2,各传送一个信号,VTA1 用于检测节气门开度,VTA2 用于检测 VTA1 的故障,传感器信号电压与节气门开度成比例,在 0～5V 之间变化,并且传送到 ECM 端子 VTA1 和 VTA2。节气门关闭时,传感器输出电压降低;节气门开启时,传感器输出电压升高,ECM 根据这些信号来计算节气门开度并响应来自混合动力系统的请求来控制节气门执行器,这些信号同时也用来计算空燃比修正值,功率提高修正值和燃油切断控制。

将电源模式切换至 IG 状态下,使用诊断仪进入发动机系统的数据流,数据流如图 3-76 所示。重点查看的数据 Throttle Position No.1(节气门位置传感器信号 1)和 Throttle Position NO.2(节气门位置传感器信号 2)的反馈电压,发现异常,如图 3-77 所示。

在没有踩下加速踏板时,其节气门位置传感器信号 2 的反馈电压一直在 2.3～2.8V 变化,另外还有一个异常情况就是 Throttle Motor Current(节气门电动机电流)数值也一直在变化,而本身并没有操作加速踏板,在正常情况下其节气门的反馈电压应该不会波动且节气

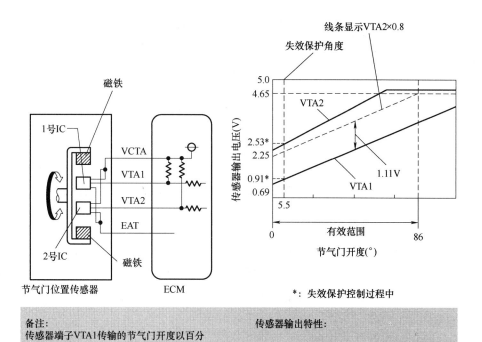

图 3-75 控制图

图 3-76 数据流

门的电流应该是 0A。另外，还发现当节气门信号 2 的反馈电压与节气门信号 1 的电压差高于 1.6V 的时候，故障码就会再次出现，初步断定节气门信号 2 的反馈电压存在异常，导致故障码的出现。由于节气门传感器 2 号信号的反馈电压一直波动，怀疑是线路本身存在问题，于是决定根据电路图（图 3-78）测量其节气门线路本身。

拔下节气门的插头 C2，将电源模式切换至 IG 状态，测量其插头 C2 的 5 号端子 VC 与 3

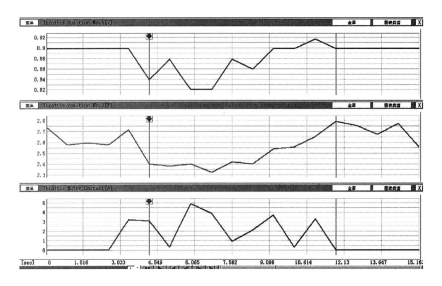

图 3-77 电压波形图

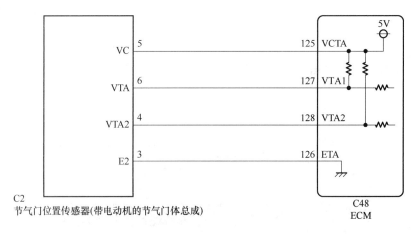

图 3-78 节气门位置传感器电路图

号端子 E2 的电压,为 5V(图 3-79),正常。

将发动机 ECU 的插头 C48 拔下来,测量插头 C48 的 127 号端子 VTA1 到节气门插头 C2 的 6 号端子 VTA 之间的线路,没有搭铁短路,且导通良好。测量 C48 的 128 号端子 VTA2 到节气门插头 C2 的 4 号端子 VTA2 之间的线路,没有搭铁短路且线路导通,说明节气门的 1 号位置和 2 号位置的信号线路正常,怀疑是节气门本身内部不良导致的,于是再次将节气门的插头 C2 连接上去,出现了更加异常的情况,节气门翻板始终在不断跳动,重新上电后,恢复正常。

再次起动车辆,发现发动机顺利着车,大约行驶 5min 之后,车辆再次熄火,节气门电动机又发出"啪嗒啪嗒"的响声,考虑到线路都是良好的,怀疑还是节气门内部电动机控制存在问题,因为节气门电动机总是存在异常的电流输入,导致节气门电动机异常动作,从而使节气门 2 号位置反馈电压异常偏离正常数值,造成故障码的出现,导致车辆无法起动。

故障排除 尝试更换节气门总成后（图 3-80），再次试车，确认故障不再出现，故障彻底排除。

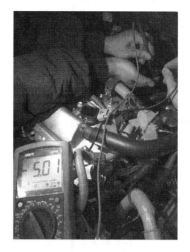

图 3-79 测量电压为 5V

图 3-80 更换节气门总成

技巧点拨 故障码的检测条件为，节气门的 VTA1 信号和 VTA2 之间的输出电压差低于 0.8V 或高于 1.6V 持续 2s 就会出现这个故障码，对于任何节气门开度，传感器端子 VTA1 和 VTA2 之间应有规定的电压差，如果 VTA1 和 VTA2 之间的电压差不正确，则 ECM 就会判定传感器电路存在故障。

四、2012 款雷克萨斯 NX300h 混合动力系统报警

故障现象 一辆 2013 款雷克萨斯 NX300h，发动机型号为 2AR，行驶里程 131876km，在行驶过程中车主发现组合仪表报警，显示"检查混合动力系统"（图 3-81）。

故障诊断 接车后，首先确认故障现象。将故障车开到机电车间诊断工位后，确实发现车辆组合仪表屏上提示"检查混合动力系统"，且多个故障灯同时点亮。用诊断仪 GTS 对混合动力系统进行检测，发现系统内存储有故障码：P0A08-264——DC/DC 变换器状态电路。

翻阅维修资料，查阅逆变器控制系统电路图（图 3-82）得知：DC/DC 变换器将 HV 蓄电池的直流电压

图 3-81 组合仪表显示"检查混合动力系统"

244.8V 转换为直流电压 12V，以对车辆照明和 ECU 系统部位供电，此外还对辅助蓄电池充电。晶体管桥接电路先将直流 244.8V 转换为交流并经变压器降压，然后经整流和滤波转换为 12V 直流，DC/DC 变换器控制输出电压，以保持辅助蓄电池端子处的电压恒定。动力管

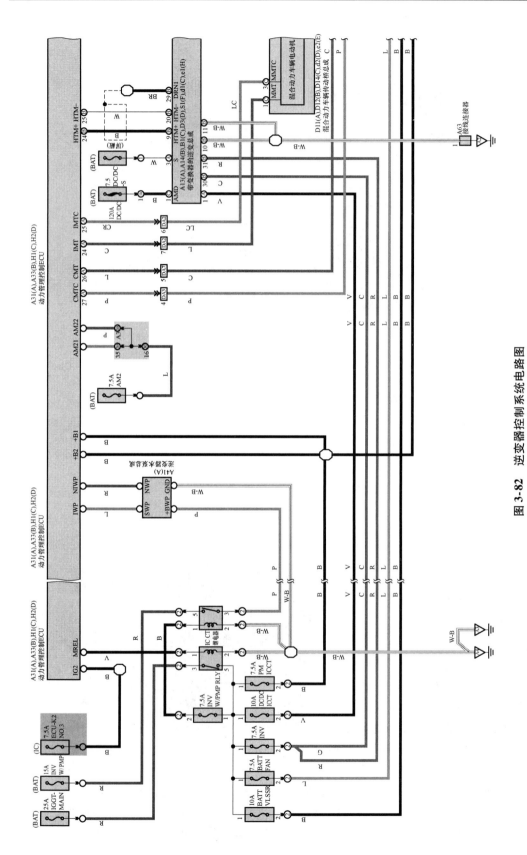

图 3-82 逆变器控制系统电路图

控制 ECU，通过 NODD 信号线路向 DC/DC 变换器传输停止指令，并接收指示，12V 充电系统正常或异常状态信号。如果车辆行驶时 DC/DC 变换器不工作，则辅助蓄电池的电压将降低，这将阻止车辆继续运行。因此动力管理控制 ECU 监视 DC/DC 变换器的工作情况，并在监测到故障时提醒驾驶人（图 3-83）。生成故障码的条件是：在电源开关置于 ON（READY）位置的情况下，DC/DC 变换器故障或辅助蓄电池电压降至 12V 或更低时出现故障码 P0A08-264。

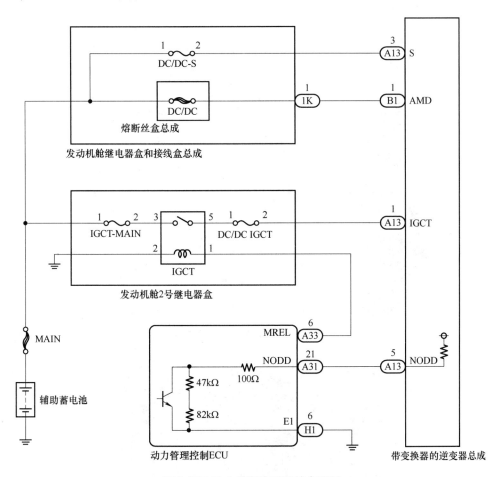

图 3-83　动力管理控制系统电路图

通过分析混合动力系统内部的故障码，对逆变器的电路进行检测。首先检查系统相关熔丝（IGCT-MAIN0、DC/DC-IGCT、DC/DC-S），系统内相关熔丝均正常。读取 GTS 中定格数据流（图 3-84），发现 +B 电压已经低于 12V，这初步证明系统出现 P0A08-264 故障码的原因在于 DC/DC 变换电压低于 12V。

接着，测量了逆变器总成 A13（图 3-85）3 号端子的电压，实测电压与辅助蓄电池上的电压相同，说明逆变器 3 号端子的电压正常。将电源开关置于"ON"位置，测量逆变器 1 号端子与车身搭铁之间的电压，实测电压也与辅助蓄电池电压相同，说明逆变器总成的供电正常。至此，基本可以断定该车故障在逆变器总成本身。

故障排除　更换逆变器总成后试车，故障码消失，再次用 GTS 读取定格数据流，+B 电压始终在 12V 以上，故障被彻底排除。

> **技巧点拨** 当故障出现后,应首先检测故障码,了解故障码含义,并详细掌握故障码的触发条件;然后查阅相关电路图,分析故障产生的可能原因;最后按照"由简到繁"的检测原则,逐一检查排除,直到找到真正的故障点。

参数	单位	-3	-2	-1	0	1
发动机冷却液温度	℃	122	122	122	122	122
发动机转速	r/min	1344	1280	1216	1162	1152
车速	km/h	0	0	0	0	0
发动机运行时间	s	6359	6360	6360	6361	6361
+B电压	V	12.28	12.07	11.89	11.46	11.46
加速踏板位置1#	%	16.6	16.6	16.6	16.6	16.6
加速踏板位置2#	%	31.7	31.7	31.7	31.7	31.7
环境温度	℃	29	29	29	29	29
进气温度	℃	85	85	85	85	85
故障码清除预热		11	11	11	11	11
清除故障码时的行驶里程	km	562	562	562	562	562
故障码存在的时间	min	739	739	739	739	739
进气压力MAP	kPa	42	42	42	43	43
大气压力	kPa	99	99	99	99	99
准备信号		ON	ON	ON	ON	ON
MG2转速	r/min	0	1	8	-3	-7
MG2转矩	N·m	-8.88	-13.25	-10.50	-13.13	-12.10
MG2执行阀转矩	N·m	-8.00	-15.25	-10.00	-12.00	-12.50
MG1发电机转速	r/min	4870	4626	4381	4222	4164
MG1发电机转矩	N·m	-11.75	-12.63	-12.5	-12.5	-12
MG1执行阀转矩	N·m	-10.88	-11.88	-10.13	-11.75	-11.25

图3-84 故障码P0A08-264定格数据流

图3-85 故障车上的逆变器总成

第五节 雷克萨斯CT200h混合动力维修技能与技巧

一、雷克萨斯CT200h汽车收音机及导航无法工作

故障现象 一辆雷克萨斯CT200h汽车,驾驶人反映,该车收音机及导航均无法工作。

故障诊断 接车后试车，将电源模式切换至 IG ON 状态，多功能显示屏可以正常点亮；按下收音机打开按钮，收音机无反应，尝试按下收音机控制面板上的其他按钮，也没有反应；操作遥控触摸装置（图 3-86），发现多功能显示屏上的光标无法移动，且无法选择菜单按钮，多功能显示屏一直卡在导航界面。

图 3-86 遥控触摸装置

雷克萨斯 CT200h 汽车遥控触摸系统采用类似于鼠标操作方式遥控操作信息娱乐系统的各项功能，与触摸屏功能相比，这样提高了多功能显示屏的可视性（图 3-87）。

如图 3-88 所示，通过遥控触摸装置中间的按钮开关移动指针，可选择多功能显示屏上的项目。在选中某个图标时，按钮开关会有明显的反馈力以提醒操作者，同时其左右两侧都有一个确认按钮，使驾驶人及副驾驶人都方便对其进行操作。

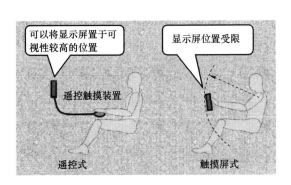

图 3-87 遥控式与触摸屏式多功能显示器的可视性对比

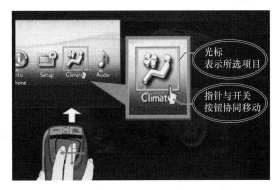

图 3-88 遥控触摸装置的操作界面

将电源模式切换至 IG ON 状态，按住遥控触摸装置上的"MENU"键，按"OFF→TAIL→OFF→TAIL→OFF→TAIL→OFF"顺序操作灯光控制开关，发现多功能显示屏无法进入导航系统自诊断界面。用故障检测仪检测，发现导航系统中存储了 3 个故障码（图 3-89），且此时多功能显示屏自动进入了导航系统自诊断界面（图 3-90），且多功能显示屏和导航模块

故障码	说明	当前	待定	历史记录
B156E	USB-BOX 无响应			×
B15CB	Telematics 收发器天线已断开	×		×
B15D0	MOST 通信故障	×		

图 3-89 导航系统中存储的故障码

（EMV-M）左侧显示"MOST"（正常应显示"OK"），这说明 MOST 通信有故障；按下转向盘装饰盖总成上的 MOOD 键，进入 MOST Line Check 界面（如果 MOST 通信正常，则无法进入该界面），发现 EMV-M 的状态为"NCON"，收音机总成（AUDIO）、立体声部件放大器总成（AMP）及遥控触摸装置（R-TOUCH）的状态均为"OK"，由此推断 EMV-M 损坏或其线路故障。

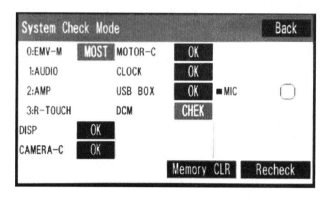

图 3-90 导航系统自诊断界面

故障排除 仔细检查 EMV-M 的供电、搭铁及唤醒线路，均正常，推断 EMV-M 损坏。更换 EMV-M 后试车，收音机及导航工作正常，故障排除。

> **技巧点拨** 诊断 MOST 通信故障的关键点，在于进入 MOST Line Check 诊断界面查看 MOST 总线上各设备的状态。MOST 总线上各设备的状态除了本案例中出现的状态以外，还有设备状态均显示"OK"和几个设备均显示为"NCON"2 种可能性。

二、雷克萨斯 CT200h 汽车混合动力系统报警

故障现象 一辆雷克萨斯 CT200h 汽车，搭载 5ZR-FXE 发动机和 ECVT 变速器，行驶里程 13 万 km，据驾驶人反映，车辆在市区内正常行驶过程中，组合仪表突然报警，出现"检查混合动力系统"的提示信息，随后车辆熄火，无法正常起动，只得电话求援。

故障诊断 接车后试车验证故障现象，故障现象确实如驾驶人所述（图 3-91）。连接故障检测仪读取故障码，在混合动力系统中读取到当前故障码"P0A08-264——DC/DC 变换器状态电路"，可能的故障原因有熔丝熔断、动力管理控制 ECU 故障、DC/DC 变换器故障、动力电池组冷却液不足、散热风扇工作不良及相关线路故障等。

维修人员还留意到，空调系统

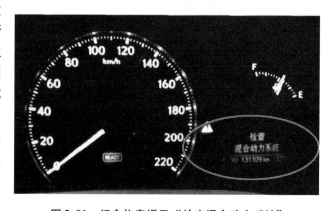

图 3-91 组合仪表提示"检查混合动力系统"

内存储了故障码：B1476——A/C 转换器负荷系统。查阅维修手册得知，该故障码可能是由空调压缩机工作时电动机转换器负载过大或过小引起。据此，推断此故障点可能是制冷剂量、空调压缩机总成、散热风扇、CAN 通信系统等。

根据上述检查结果，本着由简到繁的诊断原则对故障原因进行逐一排查。首先检查动力蓄电池冷却液量，充足；检查动力蓄电池冷却液软管，无扭曲和阻塞；使用故障检测仪对散热风扇进行主动测试，散热风扇能正常运转；从发动机舱接线盒总成内拆下 DC/DC 变换器的熔丝检查，未见异常；拆下前排乘员侧储物箱，检查动力管理 ECU 的连接情况，导线连接器插接牢固，且无接触不良等情况。

最后发现故障检测仪检测到的 2 个故障码之间存在共同点，这 2 个故障码的产生原因中有一项都是和冷却系统有关。于是查看故障出现时的定格数据（图 3-92），发现冷却液温度为 121℃，这说明冷却系统散热不良。

P0A08-264 DC/DC 变换器状态电路						
数据	单位	-3	-2	-1	0	1
Engine Coolant Temp	℃	121	121	121	121	121
Engine Revolution	r/min	1024	1056	1024	1024	1024
Vehicle Spd	km/h	0	0	0	0	0
Engine Run Time	s	11847	11847	11848	11848	11848
+B	V	11.71	11.58	11.48	11.38	11.36
Accel Pedal Pos #1	%	16.0	16.0	16.0	16.0	16.0
Accel Pedal Pos #2	%	31.7	31.7	31.7	31.7	31.7
Ambient Temperature	℃	35	35	35	35	35
Intake Air Temperature	℃	101	101	101	101	101
DTC Clear Warm Up		255	255	255	255	255
DTC Clear Run Distance	km	52085	52085	52085	52085	52085
DTC Clear Min	min	65535	65535	65535	65535	65535
MAP	kPa(abs)	65	65	65	65	65
Atmosphere Pressure	kPa(abs)	99	99	99	99	99
Ready Signal		ON	ON	ON	ON	ON
Motor(MG2) Revolution	r/min	0	-1	0	1	0

图 3-92 DTC 定格数据

故障排除 拆下散热器并清洁干净，装复试车，故障排除。

> **技巧点拨** 对散热风扇进行主动测试的结果表明，散热风扇工作正常，因此重点对其他可能造成散热不良的原因进行排查。举升车辆，拆下发动机底盘护板，用工作灯检查散热器，发现散热器表面布满毛絮。怀疑散热不良的故障由此产生。

三、雷克萨斯 CT200h 汽车行驶抖动

故障现象 一辆雷克萨斯 CT200h 汽车，搭载油电混合动力系统，因车辆在行驶过程中发动机突然剧烈抖动而拖车进厂检修。

故障诊断 接车后试车验证故障，发现车辆可以进入 READY 状态。按下起动开关，车辆能正常起动，在车速 40km/h 以下前后移动车辆，未见异常现象，相关数据流也正常，此时发动机并没有介入（对于搭载油电混合动力系统的车辆。在车辆起动后，发动机不一定

能起动，在倒车或车速低于40km/h时可以纯电动模式工作）。通过上述检查结果，基本可以确认电动机驱动系统工作正常。

连接故障检测仪，调取故障码，无故障码存储（由于在拖车过程中拆除了蓄电池负极电缆，ECU内储存的故障码信息已全部清除，所以检查时没有读取到故障码）。经询问驾驶人得知，故障发生时，车辆剧烈抖动，同时仪表板上主警告灯点亮，仪表信息中心显示"检查混合动力系统"，由于车辆无法继续正常行驶，只好电话求援。

缓慢踩下加速踏板，提高车速，当车速超过40km/h时，发动机开始起动，且能明显感觉到发动机起动时伴有严重的抖动，然而4~5s后，抖动现象消失，发动机开始工作；减速停车后，发动机能够自动停止运转。由此可知，当车速超过40km/h后，发动机可以起动；减速停车时，发动机也可以停止，说明发动机起停控制部分是正常的，只是发动机起动时存在异常，且发动机起动时间较长。

将油电混合动力系统设定为"维护模式"（对于搭载油电混合动力系统的车辆，在进入起动状态后，动力管理控制ECU可根据需要自动起停发动机。为了便于维修和检测，系统设置了"维护模式"，通过进入"维护模式"，可使发动机持续运转），让发动机一直工作，随着发动机温度的升高，发动机抖动的故障现象逐渐明显。查看数据流发现，发动机温度达到95℃时，散热风扇开始高速旋转，但发动机温度仍持续上升，与此同时，发动机抖动更为严重，只得将发动机熄火。此时，冷却液补偿罐的排气口已打开，并向外高速排气，数据流显示发动机温度已达到100℃，从症状上看，显然是发动机温度过高了（正常状态下，当发动机温度达到95℃后，散热风扇开始高速运转，冷却液温度应该开始下降，当降低到90℃时，散热风扇低速运转。也就是说，发动机温度不应超过95℃）。

首先检查冷却系统，发现散热器的出液管和进液管有明显的温差，进液管的温度明显高于出液管，怀疑节温器有问题（正常情况下，冷却液温度低于86℃时节温器关闭，发动机冷却系统处于小循环；当冷却液温度高于86℃时，节温器打开，发动机冷却系统进入大循环。进入大循环后散热器的进、出液管的温差应不大）。拆下节温器，用加热法检查，发现当温度达到100℃时，节温器的开度只有3mm，节温器无法完全打开，说明节温器已经损坏。于是更换新的节温器后试车，冷却液温度恢复正常了。

然而，随着发动机的运转，维修人员又发现了另一个异常现象：发动机工作一段时间冷却液补偿罐的排气口就会排一次气，感觉冷却液补偿罐内的压力一直在增加，发动机抖动现象仍没有彻底改善。

关闭发动机，等待一段时间后，将冷却液补偿罐的盖子打开，然后起动发动机，随着发动机的运转，冷却液补偿罐的补液口朝外喷冷却液。通过这一现象判断气缸和冷却液道之间存在导通的情况。关闭发动机，打开冷却液补偿罐盖，同时拆掉各缸的火花塞，依次从每缸的火花塞口加注空气，发现1缸和2缸加注压缩空气时，有空气从冷却液补偿罐中排出；而3缸和4缸加注空气时，冷却液补偿罐则没有出气现象。

根据上述现象，判断1缸和2缸与发动机冷却液道导通，必须拆解发动机进一步检查。拆解发动机后，检查发现1缸和2缸之间气缸垫存在烧损（图3-93），烧损处与冷却液道导通。这应该就是发动机运行过程中冷却液补偿罐内压力很高的原因。

故障排除 更换节温器和气缸垫后试车，故障排除。

图 3-93 气缸垫烧损位置

技巧点拨 根据该车的故障现象,判断故障是由单纯的节温器损坏发展而来的。当节温器损坏后,发动机散热系统的工作效率大大降低,发动机长时间处于高温状态,最终导致气缸垫损坏。气缸垫损坏后,1 缸和 2 缸的气缸压力显著降低,使发动机起动时间变长,并且出现了发动机抖动,造成发动机和混合动力传动桥连接处发出异常的噪声。

对于配有油电混合动力系统的车辆,且经常在市区或短距离行驶的车辆,由于发动机间歇性工作,由节温器损坏导致的发动机温度过高的故障现象不明显。此外,部分车型没有配备冷却液温度表,只用通过仪表板显示屏背景灯光的颜色指示发动机高温,所以轻度的高温故障很难被驾驶人发现。发动机经常在高温下工作,久而久之就会造成严重后果。

四、雷克萨斯 CT200h 汽车环境温度显示异常

故障现象 一辆雷克萨斯 CT200h 汽车,搭载 2ZR-FXE 发动机和混合动力系统,行驶里程 87237km。该车组合仪表上的环境温度显示异常,要求给予检查。

故障诊断 接车后试车,起动车辆,发现组合仪表上的环境温度显示为 -32℃(图 3-94),异常。连接故障检测仪,进入组合仪表,查看故障码,无故障码存储;读取数据流,发现环境温度(Ambient Temperature)显示为 -32℃(图 3-95),异常。

图 3-94 环境温度显示异常　　　　图 3-95 故障车组合仪表数据流

由于组合仪表中的环境温度信号是通过 CAN 总线通信从空调放大器中获取的，于是进入空调系统检查，结果发现空调系统中存储了 1 个故障码：B1412——环境温度传感器电路（图 3-96）；试着清除故障码，可以清除故障码；读取数据流，如图 3-97 所示，环境温度传感器（Ambient Temp Sensor）的数值为 18.35℃，调整后的环境温度（Adjusted Ambient Temp）为 -30.48℃。由于存在历史故障码，决定先检查环境温度传感器及其线路。

故障码	说明	当前	待定	历史记录	概要
B1412	环境温度传感器电路			X	

图 3-96　空调系统中存储的故障码

组合仪表 实况　空调 实况

参数	值	单位
Room Temperature Sensor	31.25	C
Ambient Temp Sensor	18.35	C
Adjusted Ambient Temp	-30.48	C
Evaporator Fin Thermistor	5.65	C
Evaporator Target Temp	2.00	C
Solar Sensor (D Side)	0	
Solar Sensor (P Side)	0	
Engine Coolant Temp	73.75	C
Set Temperature (D Side)	MAX COLD	
Set Temperature (P Side)	MAX COLD	
Blower Motor Speed Level	18	
Regulator Pressure Sensor	1.4409	MPaG
Air Mix Servo Targ Pulse(D)	92	
Air Mix Servo Actual Pulse(D)	92	
Air Mix Servo Targ Pulse(P)	6	
Air Mix Servo Actual Pulse(P)	6	
Air Outlet Servo Pulse (D)	47	
Air Outlet Servo Actu Pulse(D)	47	
Air Inlet Damper Targ Pulse	19	

图 3-97　故障车空调系统数据流

如图 3-98 所示，环境温度传感器信号直接传递至空调放大器。断开环境温度传感器导线连接器 A4，将电源模式切换至 IG ON，用万用表测量导线连接器 A4 的 1 号端子与 2 号端子间的电压，为 3.3V，正常；测量环境温度传感器与空调放大器间的线路，导通正常，且无短路故障。更换环境温度传感器后试车，故障依旧。

进一步分析相关数据流，环境温度传感器检测的环境温度为 18.35℃，而该温度经空调放大器调整后变为 -30.48℃，异常，且组合仪表显示的环境温度为空调放大器调整后的温度。既然环境温度传感器及其线路正常，且检测的温度也正常，怀疑空调放大器损坏，导致调整后的环境温度失准。

故障排除　更换空调放大器后试车，组合仪表上的环境温度显示正常，读取空调数据流，环境温度传感器（Ambient Temp Sensor）的数值和调整后的环境温度（Adjusted Ambient Temp）均约为 34℃（图 3-99），故障排除。

技巧点拨 环境温度传感器安装在冷凝器之前，用于控制空调系统 AUTO 模式。

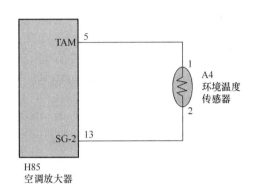

图 3-98 环境温度传感器电路

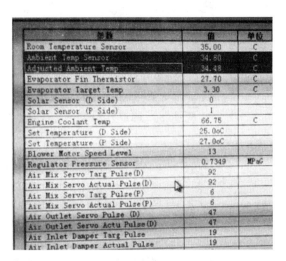

图 3-99 维修后空调系统数据流

第四章

普锐斯实用维修技能与技巧

第一节 第二代普锐斯实用维修技能与技巧

一、丰田普锐斯发动机不能正常熄火

丰田公司是汽车混合动力技术的鼻祖，其名下的普锐斯是最早采用混合动力技术方案的车型之一。普锐斯混合动力系统主要由发动机、电机和动力电池组成（图4-1）。其中电机扮演了车辆牵引、车辆制动、无级变速、能量回收、发电机和起动机等多种角色。动力电池为高压蓄电池，电压高达300V，其电能转换成机械能后，可使车辆在一定条件下以纯电动方式行驶。

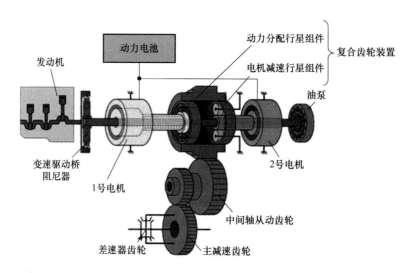

图4-1 混合动力系统组成示意图

混合动力系统中，发动机与电机的动力切换、动力混合、传动比和动力电池的充放电等

控制均由动力管理控制单元完成。当动力电池的电量充足，且车辆低速行驶时，车辆会在动力管理控制单元的控制下以纯电动方式驱动，以降低排放。发动机在行驶中的起动/停止控制过程，驾驶人不必干预。

对于混合动力系统，发动机在整个系统中仅以部件的形式存在，因此就重要性而言，动力管理控制单元的地位取代了传统的发动机控制单元的地位。因此维修人员在混合动力车型的故障诊断中，有必要了解动力管理控制单元的各种工作条件和控制指令的特点。此外，由于车辆增加了电力部分，因此还有必要对动力电的传送与控制及相关电路的结构特点有所了解。以实际故障案例说明混合动力车型的故障诊断特点。

故障现象 一辆2006款丰田普锐斯，搭载混合动力系统，行驶里程8万km。驾驶人反映该车在低速行驶时，发动机一直运转，不能以纯电动方式行驶。

故障诊断 起动发动机试车，低速行驶了几分钟后，发动机自行熄火，车辆转入纯电动方式驱动。试车发现车辆暂时行驶正常，可见驾驶人反映的故障应为偶发性故障。为使故障重现，与驾驶人协商后，将车留厂检查。

充分试车后，故障重现。停车，让发动机怠速运转。观察发现，车辆在各种用电设备均关闭的情况下，发动机怠速运转近1h，仍不能自动熄火。而在正常情况下，发动机应早已熄火。观察仪表板右侧的电量指示，发现动力电池的电量不但没有上升，反而有逐渐下降的趋势。发动机自动停机的条件之一便是动力电池的电量要充足，而现在电池的电量不足，发动机就不会熄火。检测动力管理控制单元、电源管理控制单元和发动机控制单元，均未发现任何故障码。

反复试车，逐渐掌握了故障出现的规律。当故障出现时，动力电池的电量停止升高。在这种情况下，将发动机熄火后再起动，故障往往会自行消失。故障消失后，在发动机怠速运转时，可以观察到动力电池的电量在不断上升。约10min后电量充满，发动机自动熄火。为进一步分析故障，分别将故障状态与正常状态下，动力管理控制单元的数据进行采集并保存。

比较故障状态与正常状态下的数据（图4-2）。在故障状态下，1号电机的输出转矩为0N·m，而正常状态为－8N·m。根据动力系统的转矩特性曲线（图4-3），当1号电机的输出转矩为负值时，表示电机正在由发动机带动而发电。故障出现时，1号电机的输出转矩为0N·m，说明1号电机处于空载状态，并未发电。从动力电池的充电状态上看，出现故障时，发动机怠速运转近1h，电量仍维持在约50%。而车辆恢复正常后，发动机怠速运转仅1.5min，动力电池的电量已经上升了约5%。从动力电池的电流输出看，出现故障时，电流为正值，表明电池正在输出电能，且电流值约等于发动机燃油泵的工作电流，说明发动机要靠消耗动力电池的电量来维持自身的运转。在正常状态下，动力电池的输出电流为－10A，表明其正处于充电状态。再看发动机怠速负荷率，故障时比正常时约低22%，表明故障状态下发动机确实没有带动1号电机发电。

发动机之所以不能正常熄火，是由于动力电池没有获得充电。查看电源管理系统的电路图（图4-4），电流传感器能够监测到动力电池的输出电流，说明电池与用电系统是接通的。问题应该出在动力电池与电机的连接上。查阅变频器总成的电路图（图4-5），在发动机怠速运转时，1号电机作为发电机为动力电池充电。1号电机的输出电流经过整流器变成直流后，必须经过升压变换器中的场效应晶体管才能到达动力电池。现在充电电流为0A，这有两种可能性，一是电机或整流器有故障，二是场效应晶体管未导通。但电机及整流器都是三相结构，3套系统同时失效的可能性不大，因此问题可能出在场效应晶体管。

图 4-2 动力管理的数据对比

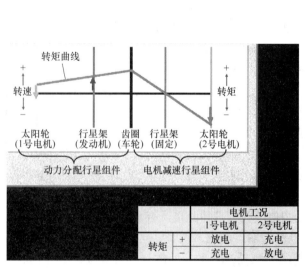

图 4-3 转矩特性曲线

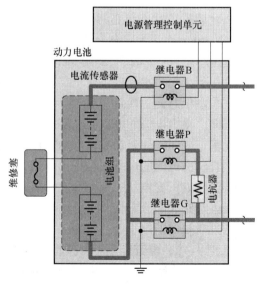

图 4-4 动力电池结构示意图

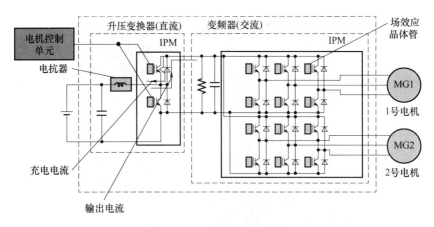

图 4-5　变频器总成示意图

场效应晶体管受变频器总成内部的电机控制单元控制，动力管理控制单元通过本地互联网数据总线向电机控制单元传送控制指令，电机控制单元根据指令来控制场效应晶体管的导通。当下首先要确定的便是控制指令是否实际送到了电机控制单元（图 4-6）。根据偶发故障的排除经验，维修人员立刻想到了线路接触不良的问题。于是当故障出现时，在观察数据流时，晃动变频器总成的控制线束，很快发现动力电池的输出电流由正变负，说明充电恢复了。而晃动线束的部位正好靠近插接器（图 4-7），说明故障点就在控制线束的插接器内部。

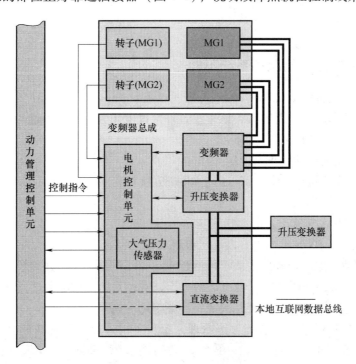

图 4-6　控制指令的传递路径

故障排除　用专用工具缩紧插接器中的所有插孔，装好插接器后反复试车，确认故障彻底排除。

图4-7 故障点位置

技巧点拨 对于偶发性故障,电路接触不良是很常见的故障原因之一。该车故障时隐时现,正是由于电路接触不良造成的。当发动机熄火时,其机械振动既会诱发故障出现,又会使故障消失,这便是这类故障的表现特征。由此可见,电路接触不良是故障出现的内因,冲击振动是故障出现的外因。在故障诊断过程中,可通过人为制造故障外因的方法使故障重现。

二、丰田普锐斯智能起动系统不能起动

故障现象 一辆普锐斯(ZVW30),早上无法起动。

故障诊断 接车后询问驾驶人,该车没有外接过电源,也没有拆过任何零件;对车辆进行检查发现以下5点现象。

1)智能上车及遥控功能正常。
2)电源开关无法进入ACC、IG ON、READY状态。
3)仪表板不能点亮。
4)踩制动踏板时电源开关指示灯不变绿。
5)安全指示灯闪烁,不熄灭,发动机停机系统工作。

根据上述故障现象,初步确定该车可能是电源出了问题,用万用表测量辅助蓄电池的电压,为12.9V,正常,说明车辆起动所需的电压正常;对所有的电源熔丝都进行排查,发现电压都正常,熔丝无断路情况。于是决定将车辆拖回公司。

根据故障现象及智能起动系统工作原理,初步分析造成该车无法起动的可能故障原因有:钥匙故障;智能上车功能故障;智能起动功能故障;AM2熔丝损坏;动力管理控制ECU故障;电源开关故障;IG1继电器故障;IG2继电器故障;ACC继电器故障;发动机停机系统故障;制动灯开关故障;混合动力控制系统故障;发动机舱接线盒故障;仪表板接线盒总成故障;线束或导线连接器故障。

该车智能起动系统设有故障自诊断功能,当系统运行中出现异常时,位于仪表板上的故

障指示灯点亮，以警告驾驶人，并存储相关故障码。由于故障车不能接通电源开关，仪表板不能点亮，因此无法判断出故障指示灯是否点亮。由于此车无法接通电源，无法连接故障检测仪（IT2），这给故障诊断带来了很大麻烦。如果故障检测仪因车辆电源开关不能打开而不能进行诊断，那么可以先用故障检测仪进入同车型进行诊断，再进入故障车辆进行诊断，就可对车辆进行相关检测。

先用故障检测仪进入同车型的总线进行检查，再进入故障车进行总线诊断，读得故障码为B2785——通过LIN连接的ECU之间的通信故障。LIN通信系统用于如图4-8所示零部件之间的通信。认证ECU监视与认证总线连接的所有ECU之间的通信，认证ECU以规定的时间间隔连续3次检测到与认证总线连接的所有ECU之间的通信存在故障时，便存储故障码B2785。故障原因可能有：认证ECU故障；动力管理控制ECU故障；变速器控制ECU总成故障；识别码盒故障；相关线束或导线连接器故障。

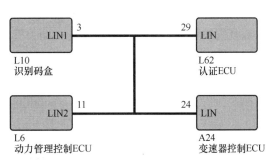

图4-8 LIN通信电路

根据图4-8，对车辆进行了如下检测。

1）检查认证ECU和各ECU之间线束和导线连接器。断开导线连接器L62、L6、L10和A24，根据表4-1对相关电阻和电压进行逐一检测，检测结果说明相关线束及导线连接器均无异常。

表4-1 线束和导线连接器的检测方法及结果

检测项目	检测仪连接	条件	规定状态	实测结果
电阻	L62-29（LIN）与A24-24（LIN）	始终	小于1Ω	0.5Ω
	L62-29（LIN）与L6-11（LIN2）	始终	小于1Ω	0.5Ω
	L62-29（LIN）与L10-3（LIN1）	始终	小于1Ω	0.5Ω
	L62-29（LIN）与车身搭铁	始终	10kΩ或更大	∞
电压	L62-29（LIN）与车身搭铁	始终	低于1V	测量为0.02V

2）检查故障码存储情况。重新连接导线连接器L62、L6和L10，清除故障码，再重新读取故障码，发现未存储故障码B2785，并且在维修过程中发现，断开导线连接器A24后，可以接通电源开关，因此确认需更换变速器控制ECU总成。经测量发现，在变速器控制ECU总成内部，LIN线有短路情况存在。按照智能进入与起动系统的工作原理，结合电源不能打开的故障现象，确认为动力管理控制ECU不工作而不能接通电源开关，因为各ECU之间通过LIN线连接，由于变速器控制ECU总成内部的LIN线短路，从而导致了动力管理控制ECU也不能工作，至此该车的故障原因真相大白。

但是该车在更换了变速器控制ECU总成并匹配后试车，发现该车仍然无法起动，用故障检测仪检查，无故障码，但是发现安全指示灯在闪烁且一直不熄灭，故障检测诊断又回到了原点。

重新分析该车当前的故障现象，安全指示灯不熄灭说明防盗仍然不能解除，说明故障应该出在发动机停机系统上，因此需重新检查发动机停机系统。

1)根据故障现象分析,该车智能上车功能和遥控功能正常,说明认证ECU已经完成了对钥匙的认证,认证ECU的电源及搭铁也都正常。为了验证上述分析,对认证ECU的电源及搭铁线路进行测量,断开电源开关,断开认证ECU的导线连接器L62,测量L62(+B)和L62-15(E)之间的电压(蓄电池电源),为12.9V,正常;测量L62-15(E)与车身搭铁之间的电阻,为0.5Ω,正常。

2)由于在更换变速器控制ECU总成后,可以接通电源开关,说明动力管理控制ECU的电源及搭铁正常,实测结果也验证了动力管理控制ECU的电源及搭铁的确正常。

3)检查认证ECU的LIN通信线路波形,电源开关置于ON位时的波形如图4-9所示,正常,由此可以确认认证ECU正常。

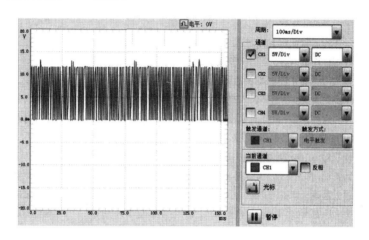

图4-9 认证ECU的LIN通信线路波形

4)电源开关置于ON位时,检查动力管理控制ECU的LIN通信线路波形,正常,确认动力管理控制ECU正常。

5)根据上述检测结果可以排除变速器控制ECU总成、认证ECU和动力管理控制ECU有故障的可能,那么影响停机系统解除的就只有识别码盒了。检查识别码盒的电源及搭铁,正常;电源开关置于ON位时,用示波器检查识别码盒的LIN通信线路波形,正常;电源开关置于ON位后3s内用示波器检查识别码盒L10-5(EFII)的波形,正常;电源开关置于ON位时,用示波器检查识别码盒L10-6(EFIO)的波形,发现无波形输出(图4-10),正常状态下波形应如图4-11所示。根据上述检测结果可以判定,该车的识别码盒有故障。

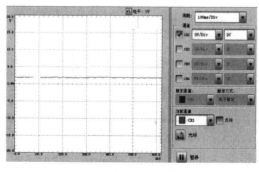

图4-10 故障波形

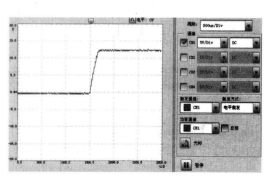

图4-11 正常波形

故障排除 更换变速器控制 ECU 总成和识别码盒并进行匹配后试车,车辆起动正常,故障彻底排除。

> **技巧点拨** 普锐斯为混合动力车型,只要仪表板上的 READY 灯点亮,就可认为车辆已经起动,此车起动不代表发动机一定运转。

三、丰田普锐斯亏电导致车辆无法起动

故障现象 一辆丰田普锐斯由于铅酸蓄电池亏电,在插入车钥匙后,仪表板无信号显示,车辆无法起动。

故障诊断 该车铅酸蓄电池亏电是由于长时间停放造成的,需要从外部对其充电。由于铅酸蓄电池位于汽车右后部,靠近行李舱盖,而行李舱盖由电控开关控制开启,车身外部无机械钥匙孔,在铅酸蓄电池亏电时无法打开,因此如何对铅酸蓄电池充电成为难题。如果从汽车前部进入,不但要拆卸很多附件,而且铅酸蓄电池放置的位置空间狭小,光线较暗,不便于充电作业。

故障排除 经过分析与实践,发现按照以下步骤可以方便地完成铅酸蓄电池的充电作业。打开发动机舱盖,在发动机舱左侧可看到一个熔丝盒,然后打开熔丝盒盖,会看到一个红色的盖子。打开红色的盖子,可发现一个螺杆(图 4-12),然后将一个 12V 铅酸蓄电池的正极与该螺杆连接,负极搭铁,如图 4-13 所示。插入汽车钥匙,打开"POWER"开关,仪表板正常显示,然后打开行李舱盖。对行李舱内的铅酸蓄电池进行充电作业,如图 4-14 所示。充电作业完成后试车,仪表板正常显示,车辆起动正常。

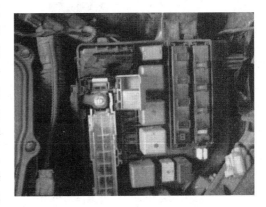

图 4-12 熔丝盒内红色盖子下的螺杆

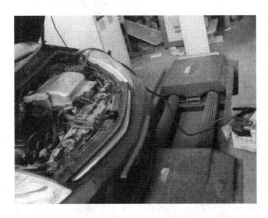

图 4-13 从外部并联的 12V 铅酸蓄电池

图 4-14 正在充电的铅酸蓄电池

技巧点拨 由于该车采用混合动力,车辆的起动及动力的转换均由电控系统控制,无专用起动开关,因此当为电控系统及仪表供电的铅酸蓄电池的电量不足时,车辆将无法起动。本案例重点是介绍一种给丰田普锐斯铅酸蓄电池充电的方法,有助于维修人员提高维修效率。

四、2006款丰田普锐斯无法起步

故障现象 一辆2006款丰田普锐斯事故车,车型为NHW20L—AHEEBC,经修理后无法起步,复式显示屏上显示P位锁止装置情况异常,且P位指示灯缓慢闪烁。

故障诊断 经检查,按下"POWER"键,车辆自检后,复式显示屏上显示P位锁止装置情况异常(图4-15);踩下制动踏板,再次按下"POWER"键,复式显示屏左上角位置显示有系统故障发生(图4-16),同时组合仪表上的"READY"指示灯不亮,即车辆无法起步。

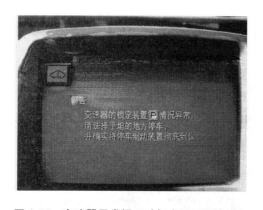

图4-15 变速器异常提示时复式显示屏的显示

图4-16 无法起步时复式显示屏的显示

将车辆与IT2连接,检查混合动力控制系统,调取的故障码为P3102——变速器控制单元故障。检查变速器控制系统,调得的故障码为C2300——换档控制执行器总成故障和C2318——变速器控制单元端子+B的低电压故障。读取故障发生时的数据流(图4-17),发现IG(+B)电压为5.15V和6.64V,而正常值应为9~14V,这说明变速器控制单元端子+B的电压过低。考虑到换档控制执行器总成受变速器控制单元直接控制,推断问题出在变速器控制单元上。查阅该车维修手册,找到故障码C2318的记录,为接通点火开关,变速器控制单元检测到IG(+B)电压在1s或更长时间内小于9.3V;同时,给出4个可能的故障原因,为HEV熔丝故障、IGCT继电器故障、线束或连接器故障或备用蓄电池故障。于是参照维修手册,首先对发动机舱接线盒内的HEV熔丝进行检查,结果发现该熔丝安装不到位。

故障排除 将HEV熔丝重新安装后试车,复式显示屏显示正常(图4-18),组合仪表上的"READY"指示灯也正常点亮(图4-19)。查看此时的数据流,IG(+B)电压为13.98V,恢复到正常值。清除故障码后试车,故障彻底排除。

FreezeFrameData

Item	Data	Unit	Item	Data	Unit
Shift Pos Display (P)	OFF		Shift Pos Display (Not P)	OFF	
Master Caution Display	Disp		PSW Indicator Mode	Slow	
U Phase Voltage Value	0.00	V	V Phase Voltage Value	0.00	V
W Phase Voltage Value	0.00	V	Battery Voltage Value	5.23	V
IG(+B) Voltage Value	5.15	V	P Sply OFF Prepare Rqst Sig	OFF	
Cmplte of Learn Lck Pos	NG		Cmplte of Learn Unlck Pos	NG	
# of Trip Cuntr after Learn	4		Main Relay for Motor Drive	ON	
Sig of Electric Key Cond	ON		U Phase Crnt-Carry Status	OFF	
V Phase Crnt-Carry Status	OFF		W Phase Crnt-Carry Status	OFF	
U Phase Voltage Status	OFF		V Phase Voltage Status	OFF	
W Phase Voltage Status	OFF		Battery Voltage Status	OFF	
IG(+B) Phase Vol Status	OFF		ACC Condition Signal	ON	
Init Drv Cntrl Completed	OK		Cmplte of Detct Lck Pos	NG	
Cmplte of Detct Unlck Pos	NG		P/Not P Move Shft Range	Unset	
Main Relay	正常		Vehicle Condition	Move	
Fail Rank	5		Type of ECU	2	
Detail Information1	0A		Detail Information2	10	
Detail Information3	00				

C2318 低电压故障（电源故障）

FreezeFrameData

Item	Data	Unit	Item	Data	Unit
Shift Pos Display (P)	ON		Shift Pos Display (Not P)	OFF	
Master Caution Display	Disp		PSW Indicator Mode	ON	
U Phase Voltage Value	6.71	V	V Phase Voltage Value	6.87	V
W Phase Voltage Value	6.87	V	Battery Voltage Value	6.71	V
IG(+B) Voltage Value	6.64	V	P Sply OFF Prepare Rqst Sig	OFF	
Cmplte of Learn Lck Pos	OK		Cmplte of Learn Unlck Pos	NG	
# of Trip Cuntr after Learn	1		Main Relay for Motor Drive	ON	
Sig of Electric Key Cond	ON		U Phase Crnt-Carry Status	OFF	
V Phase Crnt-Carry Status	OFF		W Phase Crnt-Carry Status	OFF	
U Phase Voltage Status	ON		V Phase Voltage Status	ON	
W Phase Voltage Status	ON		Battery Voltage Status	OFF	
IG(+B) Phase Vol Status	OFF		ACC Condition Signal	ON	
Init Drv Cntrl Completed	OK		Cmplte of Detct Lck Pos	OK	
Cmplte of Detct Unlck Pos	NG		P/Not P Move Shft Range	Unset	
Main Relay	正常		Vehicle Condition	Stop	
Fail Rank	1		Type of ECU	2	
Detail Information1	00		Detail Information2	00	
Detail Information3	20				

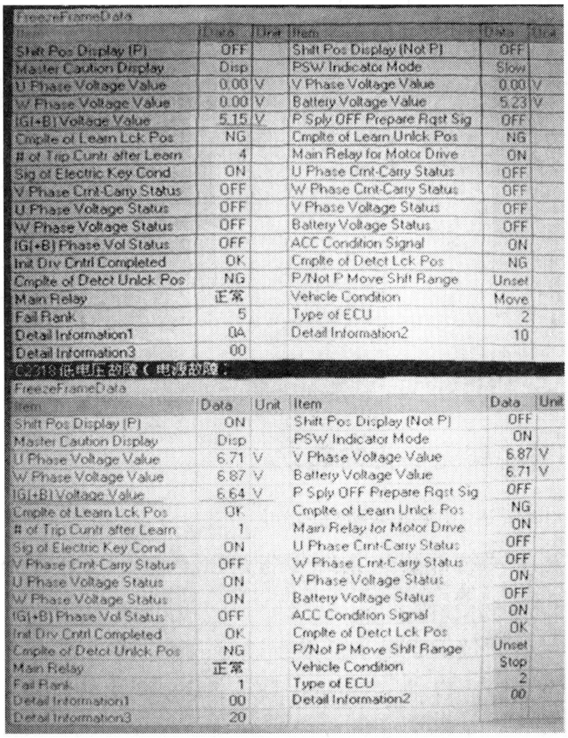

图 4-17 故障发生时的数据流

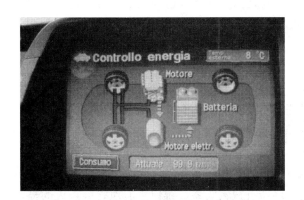

图 4-18 起步正常时复式显示屏显示

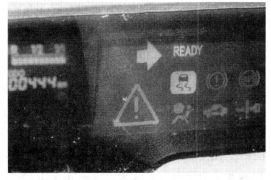

图 4-19 正常点亮的“READY”指示灯

技巧点拨 混合动力车辆控制单元将变速杆或 P 位开关的 P 位解锁信号或 P 位锁止信号发送至变速器控制单元，然后由变速器控制单元来激活换档控制执行器总成，最后换档控制执行器总成的工作状况再反馈至混合动力车辆控制单元（图 4-20）。该车故障的原因为 HEV 熔丝安装不到位，导致变速器控制单元的电源电压过低，而当变速器控制单元工作不良时，混合动力车辆控制单元就无法确认换档控制执行器总成的工作状况，于是车辆就不能进入“READY”状态，无法起步。

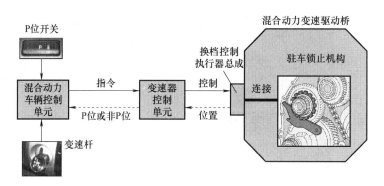

图 4-20 档位信号的控制过程

五、2009 款丰田普锐斯无法正常起动

故障现象 一辆 2009 款丰田普锐斯混合动力汽车，行驶里程 2000km。使用智能钥匙无法起动车辆，同时仪表板上"智能进入系统警告灯"点亮。只有将智能钥匙插入钥匙槽内时，车辆才可以起动。

故障诊断 首先使用诊断仪 IT2 对车辆系统进行故障扫描，各系统未见故障码。对总线系统进行检查，同样没有故障码存在。确认钥匙时，发现两把钥匙都不能起动车辆，钥匙只有插在钥匙槽内才能正常起动车辆。通过读取数据流，检查脚踏板处的智能取消开关状态，确认智能系统在工作状态，说明并不是由此开关关闭造成。

使用 IT2 的工具功能，重新匹配钥匙无线码，发现钥匙的无线遥控系统正常，可以正常地开门和锁门，而钥匙的智能钥匙码和无线码是同时注册的，所以智能不起作用并不是因钥匙的注册码丢失或信号干扰造成的。

使用 IT2 主动测试项目中的振荡器测试，检查发现钥匙在左前门和右前门附近时，蜂鸣器鸣叫，智能钥匙上的指示灯点亮，说明左前门和右前门的振荡器工作正常。测试车辆中央测试室内振荡器时，蜂鸣器不响，怀疑室内振荡器未发送智能钥匙检测信号或智能钥匙未将 ID 代码信号通过无线门锁接收器发送给智能 ECU，致使智能系统无法正常起动车辆。

使用智能钥匙通过触摸传感器开门或锁车，可以正常地操作，说明智能进入系统不存在故障，无线门锁接收器也可以把智能钥匙的 ID 代码信号发送给智能 ECU。现在唯一不起作用的就是智能点火。智能点火不起作用与室内振荡器有很大关系。维修手册对智能点火的描述如下：

1）踩下制动踏板后，如果驾驶人按下电源开关一次，则室内振荡器根据来自智能 ECU 的请求信号，通过发送智能钥匙检测信号在车内形成一个智能钥匙检测区域，智能钥匙通过无线门锁接收器将 ID 代码信号发送给智能 ECU。

2）智能 ECU 检查智能钥匙的 ID 代码，并把检查结果传送给收发器钥匙 ECU。

3）收发器钥匙 ECU 把检查结果传送给电源控制 ECU。如果检查结果说明 ID 代码合法，则电源控制 ECU 将打开 ACC、IG1 和 IG2 继电器并起动 ACC 和 IG 电源。

4）这时，电源控制 ECU 点亮电源开关上的黄色指示灯，来通知驾驶人电源模式为 ON。

5）指示灯点亮后，电源控制 ECU 给混合动力车辆控制 ECU 发送动力系统起动请求信号。

6）根据接收到的信号，混合动力车辆控制 ECU 验证收发器钥匙 ECU 的智能钥匙 ID 代码的检查结果。

7）如果检查结果显示 ID 代码合法，则混合动力车辆控制 ECU 起动混合动力系统。

8）这时，电源控制 ECU 关闭电源开关指示灯，来通知驾驶人模式为 ON（READY）。

智能起动原理如图 4-21 所示。此车行驶不到 2000km，故障是车辆购买后，在装饰店做完装饰后出现的。据驾驶人介绍，装饰时装饰店为此车铺了地胶，而铺地胶需要拆装中央扶手箱，该车室内振荡器恰恰就固定在中央扶手箱的背面，如图 4-22 所示。

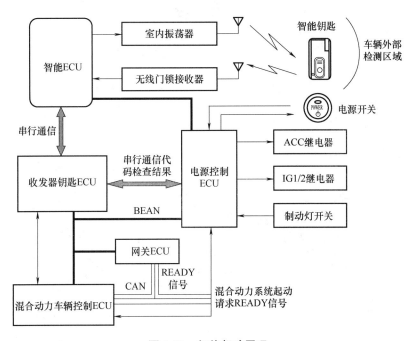

图 4-21　智能起动原理

经过以上分析，重点检查室内振荡器。发现振荡器的线束没有固定到卡扣中，已被中央扶手箱的紧固螺栓压坏，造成短路，如图 4-23 所示，无法发送检测信号到智能钥匙，从而使智能点火不能正常工作。

故障排除　使用绝缘胶带对裸露的线束进行包扎，并对线束固定，安装完后，再次使用智能钥匙，故障排除。

> **技巧点拨**　裸露的导线受到外界信号的干扰后出现误动作或没有反应，因此对于导线方面的维护也是非常重要的一方面。

六、2009 款丰田普锐斯无法起动

故障现象　一辆 2009 款一汽丰田普锐斯混合动力汽车，行驶里程 117203km。该车在地下车库停放 20 余天未正常使用。进入车辆后按下一键起动电源开关，READY 灯不点亮，混合动力系统故障灯点亮，档位指示灯连续闪烁，车辆无法起动。

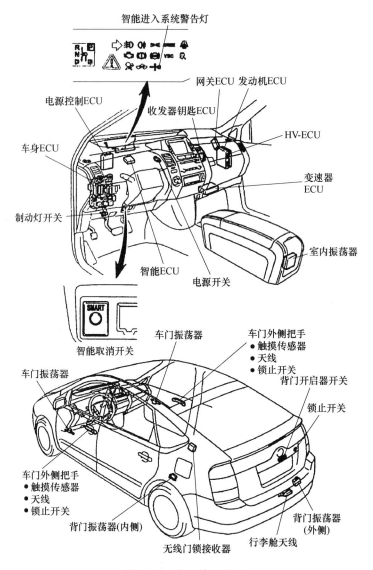

图 4-22 主组件位置图

故障诊断 丰田普锐斯采用了 THS-Ⅱ系统,将 VVT-i 发动机与两台电动机结合在一起,主要由变速驱动桥总成、MG1 和 MG2 电机总成、HV 蓄电池、变频器总成、HV-ECU 以及阿特金森循环发动机等组成。电动机向整车提供动力,发动机在不同工况下(加速或中高速)切入提供辅助动力,其结构如图 4-24 所示。

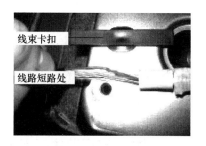

图 4-23 室内振荡器损坏的线束

驱动桥总成主要负责起动发动机后根据实际工况以适当的比例分配发动机和电动机的驱动力,直接驱动车辆;MG1 和 MG2 电机总成提供车辆所需的驱动力及实现能量转化;在 HV 蓄电池能量不足(≤30%)时起动发动机利用电机旋转发电进行充电,并在减速或制动过程中把制动能量转变成电能输送到 HV 蓄电池储存起来，即制动能量回收。HV 蓄电池根据车辆实际工况对外输出能量或在能量回收时储存电能。变频器总成由增压转换器、DC/DC 变换器和空调变频器组成。它主要将 HV 蓄电池的高压 DC 转换为高压 AC 驱动 MG1 和 MG2 工作，并能将 DC201.6V 的电压降至 DC12V 为车身电器组件供电及辅助蓄电池再次充电，还能将 HV 蓄电池的额定电压 DC201.6V 转换为 AC201.6V 驱动空调

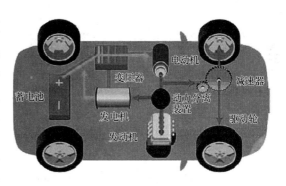

图 4-24　THS-Ⅱ系统

系统的电动变频压缩机工作。HV-ECU 接收传感器及车上其他 ECU（发动机 ECU、蓄电池 ECU、制动防滑控制 ECU 和 EPS-ECU 等）发送的信息，分析运算所需要的转矩和功率，并将计算结果发送给车上其他 ECU 控制执行器工作。

根据驾驶人反映的情况，决定先对车辆进行起动，发现无法起动车辆；尝试利用丰田 Intelligent Tester Ⅱ 故障诊断仪连接诊断接口，发现故障诊断仪无法进入系统读取故障信息。

首先，排查诊断仪无法进入系统的原因。用汽车专用数字万用表的正极表笔测量 DLC3 诊断口的 +B 端电压为 12.64V，正常；测量 TC 端的电压为 11.84V，正常；SIL 端电压为 12.23V，正常；CAN-H 端电压为 1.8V，不正常（正常值为 2.5~2.6V）；CAN-L 端电压为 1.7V，不正常（正常值为 2.3~2.4V）。从以上检测结果分析，车载网络信号也存在故障。排除由诊断口引起的故障原因。

其次，根据检测到车载网络信号不正常，结合档位指示灯连续闪烁的故障现象，分析可能是自动变速器控制单元（ECU）存在故障，发送错误信号致使车载网络电压不正常，引起混合动力系统控制单元（HV-ECU）无法正常工作，导致车辆无法起动。为了验证这一故障设想，排除故障遵循由简到繁的原则，先断开自动变速器控制单元的线束接头，分别对其针脚进行电压测量，以判断故障点是存在于 ECU 的硬件还是线路中。当测量自动变速器控制单元的 +B 端线时，电压为 0.83V（正常值为 12V 左右），由此可以得出自动变速器控制单元没有电源电压输入，无法正常工作，导致换档控制执行器不工作。查阅普锐斯维修手册，自动变速器控制单元的 +B 端是由一个 20A 的 HEV 熔丝供电的；断开蓄电池的负极，从发动机舱的熔丝盒取下 HEV 的熔丝，用万用表检测其电阻值，为∞。由此断定 HEV 的熔丝已熔断，更换一个同等规格的熔丝，接上蓄电池的负极。重新按下一键起动开关，READY 灯不点亮，混合动力系统故障灯仍然点亮，车辆还是无法起动。但档位指示灯不再闪烁，再次检测 DLC3 诊断口的 CAN-H 端电压为 2.5V，正常；CAN-L 端电压为 2.4V，正常；由此判定故障设想是正确的。

最后，把丰田 Intelligent Tester Ⅱ 故障诊断仪连接上诊断接口，诊断仪能正常进入系统读取车辆信息，分别对车辆各系统进行故障码的读取：

1）发动机控制系统（Engine and ECT），无故障码，正常。

2）蓄电池控制系统（HV Battery），无故障码，正常。

3）混合动力控制系统（Hybrid Control），有 P0AA1 和 P0AA4 两个故障码，读取故障码的定格数据流，如图 4-25、图 4-26 所示。

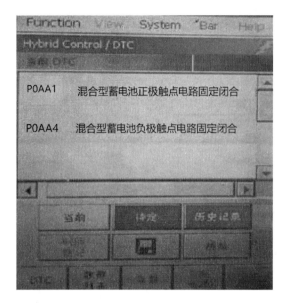

图 4-25 故障码

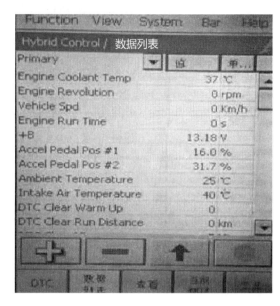

图 4-26 定格数据流

查阅普锐斯维修手册,故障码的含义见表 4-2。

表 4-2 普锐斯维修手册中所列故障码的含义

DTC 编号	INF 代码	DTC 检测条件	故 障 部 位
P0AA1	231	HV 蓄电池正极侧的 SMRG 卡在关闭位置	混合动力蓄电池接线盒总成带转换器的逆变器总成
P0AA4	232	HV 蓄电池负极侧的 SMRB 卡在关闭位置	混合动力蓄电池接线盒总成带转换器的逆变器总成

断开高压蓄电池维修开关和辅助蓄电池的负极,等待 10min 后,戴上安全绝缘手套,穿上绝缘保护靴,从高压蓄电池包体内拆下故障继电器,发现继电器的铜片触点有烧蚀熔块,发生卡滞后接触不良(图 4-27)。

更换同型号的继电器后,安装好高压线束,装上维修开关,接上辅助蓄电池的负极,利用 Intelligent Tester II 故障诊断仪

图 4-27 故障继电器

清除故障码后,重新开启诊断仪和起动车辆,并将点火开关打到 IG-ON 档读取车辆各系统的信息,系统没有故障码。再次起动车辆,仍旧无法起动,但混合动力系统故障灯不亮,READY 灯闪一下即熄灭且 SMRP 继电器断开。

查阅普锐斯电路图,SMR(系统主继电器)根据来自动力管理控制单元(HV-ECU)的指令闭合或断开高压动力系统的继电器(包括 3 个 SMR 和 1 个预充电电阻器),如图 4-28 所示。车辆起动时由动力管理控制单元(HV-ECU)接收启动信号,首先闭合 SMRP 和

SMRG，通过系统主电阻器对车辆变频器总成充电，以连接高压动力系统，然后闭合 SMRB 后断开 SMRP。

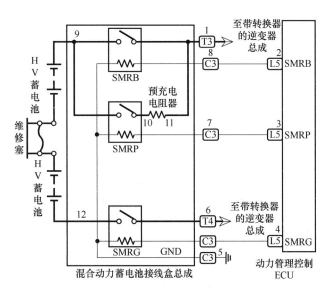

图 4-28　SMR 继电器控制电路图

根据起动电路控制原理，车辆在没有故障码的情况下无法起动，结合继电器触点有烧蚀现象，原因可能是高压电路发生断路故障无法供给高压电。运用万用表 DC750V 电压档，负极表笔搭在 5 号端子。正极表笔分别测量 SMRG 的 12 号端子和 6 号端子，SMRB 的 9 号端子和 1 号端子，SMRP 的 9 号端子和 10 号端子，测得的电压对应为 14.6V 和 0.16V，204.9V 和 0.15V，204.9V 和 0.16V。正极表笔分别测量 HV-ECU 的 2 号、3 号及 4 号端子，测得的电压对应为 0.2V、0.3V 及 0.3V。

参考维修手册关于 HV 蓄电池接线盒电压值的规定，以上测量的数据均符合技术要求，不存在电压不足的故障。再次起动车辆，发现 SMRP 继电器闭合后断开，SMRB 继电器不闭合，由此可判断出故障点应该在 10 号端子和 1 号端子之间。测量 SMRP 继电器 9 号端子和 10 号端子的阻值为∞，正常；测量 SMRP 电阻器 10 号端子和 11 号端子的阻值为∞，而正常值为 28.5~36.5Ω，可能存在接触不良故障。仔细检查预充电电阻器两端，发现 11 号端子接线处表面堆积一团白色固体发生严重盐化（高压电池包采用镍氢材料，电解液为氢氧化钾溶液，长期充放电会挥发出腐蚀性气体）导致接触不良。清洁干净白色固体后重新焊接 11 号端接头，重新测量 10 号端子和 11 号端子的阻值为 32.3Ω，符合技术要求。

故障排除　踩下制动踏板，重新按下一键起动开关，READY 灯点亮，车辆能正常起动，测量 1 号端子和 6 号端子之间的工作电压为 218.2V，属于正常电压。利用诊断仪重新读取故障码，不显示故障码，故障彻底排除。

> **技巧点拨**　丰田 THS 是典型的混联式混合动力系统，至今已发展到第二代。THS 是"Toyota Hybrid System"的缩写，最早被用于 1997 年 10 月发布的第一代普锐斯（Prius）上。

七、普锐斯混合动力系统诊断技巧

普锐斯混合动力系统和元件功能以及故障码诊断信息补充如下：

1）普锐斯驱动桥是一台电动变速器（Electrical Variable Transmission，EVT），自动变速器控制单元，它的功能不是用于控制变速器升降档，而是根据 HV ECU 和电源 ECU 的指令，激活换档控制执行器总成，将档位锁在 P 位或解除的作用。换档执行器总成由驻车锁止电机（磁阻式电机）、摆线减速器和电机旋转角度传感器组成，普锐斯电子换档系统原理图如图 4-29 所示。

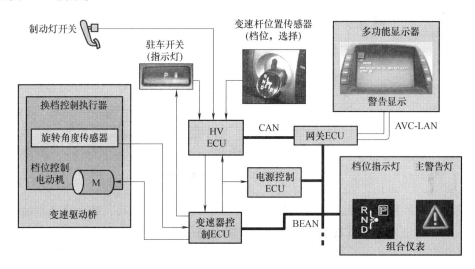

图 4-29　普锐斯电子换档系统原理图

2）关于 SMR（混合动力系统主继电器）控制，SMR 是在收到 HV ECU 发出的指令后，接通或断开高压电路电源的继电器。共有 3 个继电器，负极侧有 1 个，正极侧有 2 个，共同确保系统工作正常。电路接通时 SMRP 和 SMRG 工作，然后 SMRB 工作，而 SMRP 关闭。这样通过与 SMRP 触点串联的预充电电阻器的限流作用，电路中的触点受到保护，避免强电流冲击造成损害。电路断开时，SMRB 和 SMRG 相继关闭，然后 HV ECU 确认各个继电器是否已经关闭，有无卡住现象。如果 SMR 触点卡住，继电器不能断开，HV ECU 会进入失效保护程序，主警告灯点亮，车辆不能起动（图 4-30）。

3）丰田混合动力系统的故障码有别于其他电控系统，它是由 5 位 DTC（故障主代码）和 3 位 INF 代码（信息代码）组成，INF 代码能够在 DTC 定格数据中找到（图 4-31）。DTC 指示了故障系统，而 INF 代码指示问题或故障部位，没有 INF 代码，不能进行故障排除。在 DTC 定格数据中检查所有的 DTC，应从顺序数字最小的 DTC 开始检查（图 4-32）。

DTC 定格数据中还记录 DTC 储存时的详细信息（图 4-33），能帮助分析混合动力系统故障发生的时间、里程和运行状态信息。

技巧点拨　普锐斯是丰田公司自行研发并注册专利的一款混联式混合动力汽车。车辆混合动力系统可靠性好，故障率低。

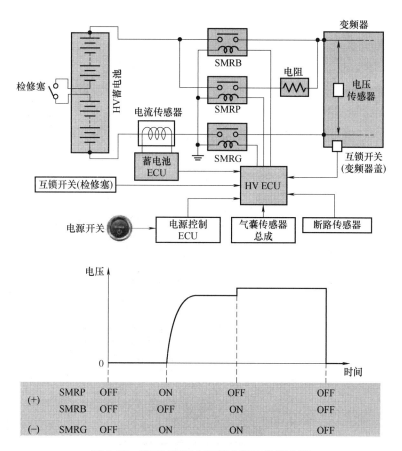

图 4-30 SMR 高压电源继电器工作顺序图

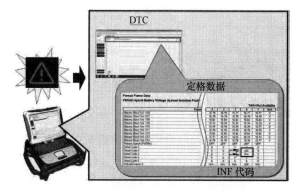

图 4-31 丰田混合动力系统故障码组成

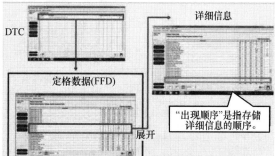

图 4-32 丰田混合动力系统故障码出现顺序

八、丰田普锐斯行驶时有异响且动力不足

故障现象 一辆丰田普锐斯油电混合动力汽车，采用 1NZ-FE 发动机，行驶里程 8 万 km，当以 HV 电池单路驱动行驶时行驶正常，但当发动机参与工作时，在混合动力变速驱动桥接合处有明显的"咔嚓"声，并且车身轻微抖动，动力不足。

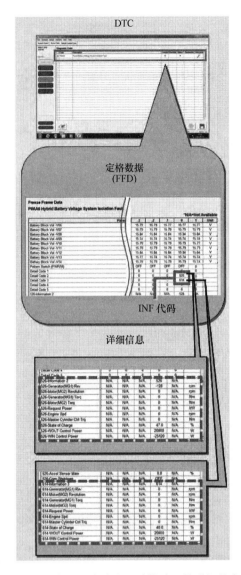

图4-33 丰田混合动力系统故障码的详细信息

故障诊断 询问驾驶人得知,该车已反复诊断、维修过,各部分基础检测包括油路、电路等,都进行了查找,故障未解决。

接车后检查发现,"咔嚓"声确实是出自发动机与混合动力变速驱动桥处,发动机动力也感觉轻微不足。连接丰田专用故障检测仪IT2读取故障码,各个系统正常,无故障码。按照先简后繁的原则,决定从发动机起动并参与工作时的车身轻微抖动入手,先查找发动机参与工作车身轻微抖动和动力不足的故障原因,然后再查找出现"咔嚓"异响的原因。用IT2激活此车的发动机检查模式(当发动机处于检查模式时,汽车严禁行驶),让发动机连续运行,发现发动机轻微抖动。此时读取数据流,发现:发动机转速为1200r/min左右(检查模式时应为1000r/min),氧传感器1的信号电压为6.0V(检查模式时应为2.8~3.8V),氧传感器2的信号电压固定为0.87V(正常应为0.1~0.9V变化),空气流量传感器的信号数值为 4g/s（应为 3~7g/s）。

根据上述数据流分析，初步判断发动机抖动、加速无力的原因应是混合气过浓造成的，选择 IT2 的动态测试功能，对发动机各缸进行燃油切断测试，发现第 4 缸工作不良。于是重点对第 4 缸的相关部件进行排查，检测了气缸压力，替换了第 4 缸火花塞、点火线圈，但故障依旧。

故障排除 检查相关电路无异常后，将 1~4 缸的喷油器拆下（维修人员虽对其进行了免拆清洗，但清洗后未对喷油器的喷油量和雾化情况进行检测），用喷油器检测仪对各缸喷油器的喷油量及雾化情况进行检测，发现第 4 缸的喷油器雾化不理想，怀疑该喷油器在免拆清洗过程中没有清洗彻底。再次对 4 个喷油器进行超声波清洗，检测正常后装复喷油器并试车，用 IT2 读取发动机数据流，都趋于正常，发动机轻微抖动故障消失。这说明维修思路和方案正确。取消发动机检查模式，准备对该车进行路试来排查异响故障时，却发现异响也消失了。经反复试车，汽车行驶正常。一周后跟踪回访，故障得到了解决。

> **技巧点拨** 该车为丰田公司的第一款油电混合车，技术比较先进，维修此车时须掌握其工作原理，需要仔细分析维修资料。该车的故障原因为发动机 4 缸喷油器堵塞，正常的喷油脉冲已经无法与 4 缸的进气量匹配，发动机 ECU 便根据各个工况发出指令增大 1~4 缸的喷油脉宽，以提高喷油量。但这样会造成氧传感器的信号电压偏高，混合气过浓，当发动机投入工作时，混合动力变速驱动桥的动力不足，但又可以勉强工作，两者的粗暴结合，"咔嚓"声便随之出现了。

九、丰田普锐斯空调压缩机异常烧蚀

故障现象 一辆丰田普锐斯，车型为 NHW20L，装配 1.5L 排量 1NZ-FE 发动机，行驶里程 132805km。空调不制冷，起动发动机，开启空调后，空调压缩机发出异常声响。

故障诊断 当起动发动机并开启空调时，空调压缩机发出异常声响，说明空调压缩机内部出现了问题。此车在一个月前因为空调不制冷，换过空调压缩机、膨胀阀、蒸发器，并清洗了空调管路。为什么在一个月后又出现空调不制冷且空调压缩机发出异常声响？带着疑问，拆下了空调压缩机，发现内部已经严重烧蚀，如图 4-34 所示。与正常的空调压缩机相比，形成强烈的反差如图 4-35 所示。为什么在更换新的空调压缩机后，短短的一个月内烧得如此严重？

图 4-34 严重烧蚀的空调压缩机

图 4-35　正常的空调压缩机

传统的空调压缩机由传动带驱动，普锐斯的空调系统采用的是 ES18 电动变频压缩机，由内置电机驱动，空调变频器提供的交流电（201.6V）驱动电机，变频器集成在混合动力系统的变频器上。即使发动机不工作，空调控制系统也能工作。这样，就能达到良好的空气状况，也减少了油耗。压缩机转速可以被控制在空调 ECU 计算的所需转速内。

电动变频压缩机包含一对螺旋线缠绕的固定蜗形管和可变蜗形管、无刷电机、油挡板和电机轴，如图 4-36 所示。固定蜗形管安装在壳体上，轴的旋转引起可变蜗形管在保持原位置不变时发生转动。这时，由这对蜗形管隔开的空间大小发生变化，实现冷气的吸入、压缩和排出等功能。

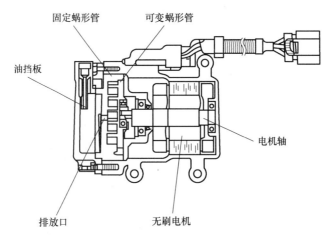

图 4-36　压缩机结构

电动变频压缩机的工作原理如图 4-37 所示：

1）吸入。在固定蜗形管和可变蜗形管间产生的压缩室的容量随着可变蜗形管的旋转而增大，这时气态制冷剂从进风口吸入。

2）压缩。吸入步骤完成后，随着可变蜗形管继续转动，压缩室的容量逐渐减小。这样，吸入的气态制冷剂逐渐压缩并被排到固定蜗形管的中心了。当可变蜗形管旋转约 2 圈后，制冷剂的压缩完成。

3）排放。气态制冷剂压缩完成而压力较高时，通过按压排放阀，气态制冷剂通过固定蜗形管中心排放口排出。

再次询问维修班组，此车无法起动，是拖过来的，而且有警告灯点亮。故障码为

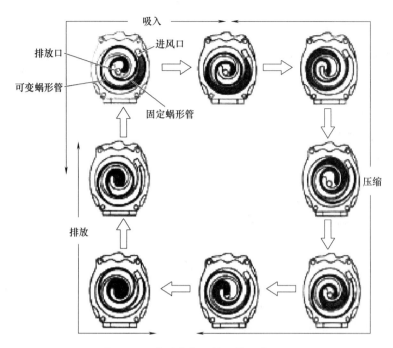

图 4-37 电动变频压缩机的工作原理

P0AA6——混合动力蓄电池电压系统绝缘故障。清除该故障码后,车辆可以正常起动,但是打开空调后,发现空调不制冷,且空调压缩机发出异常声响。根据这条线索,查看维修手册,对于这个故障码,产生的原因为空调压缩机电机或空调变频器的绝缘电阻小,故障发生部位是带电机的压缩机总成或带转换器的变频器总成。

现在空调压缩机又出现了异常烧蚀,加上故障码所指的可能发生部位,结合两者推测,空调压缩机内部可能出现了绝缘电阻小的情况,但是又是什么让新的空调压缩机在短短一个月内出现了绝缘电阻小且严重烧蚀的故障呢?再次查看维修手册,在空调系统内发现了下列注意事项,具体内容如下:

1)电动变频压缩机使用 ND-OIL11。

2)制冷循环中,如果使用(或加入)少量 ND-OIL11 以外的油,则电绝缘性能大大下降,从而导致 DTC(故障码)输出。

3)如果意外地使用了其他油而输出 DTC,则收集压缩机中的压缩机油,更换为 ND-OIL11,增加 ND-OIL11 的比率。

4)如果大量 ND-OIL11 以外的油进入系统,则要更换主要组件(蒸发器、冷凝器和压缩机),否则,电绝缘性能会下降,从而导致 DTC 输出。

询问当时的维修人员在更换新的空调压缩机时,大量使用了 ND-OIL8 的油,从而解释了 P0AA6 故障码的产生。再次观察烧蚀的空调压缩机,发现此空调压缩机上确实写有加注制冷剂型号和压缩机油的型号,如图 4-38 所示。

现在只能再次更换新的空调压缩机并订购两瓶 ND-OIL11 油,跟 ND-OIL8 相比,从油的颜色来看,二者几乎没有区别,但是用手触摸感觉 ND-OIL11 黏稠度比 ND-OIL8 要大一些。当清洗完空调管、蒸发器、冷凝器,并换上新的空调压缩机,加注了制冷剂和

ND-OIL11 油，开启空调后，异响是没有了，但是空调制冷效果不是太好。用 IT2 读取故障码，没有故障码。读取空调系统数据流，发现压缩机转速为 5499r/min，压缩机目标转速为 5500r/min，如图 4-39 所示，感觉空调压缩机转速有点偏高，而且空调压缩机一直工作，无法像正常车那样在一定温度后能停止工作，然后再次工作。说明空调 ECU 通过相应的传感器检测到了制冷的实际温度跟设定温度的差距，从而提高了压缩机的转速且让它一直工作，来达到相应的制冷温度，显然此空调压缩机工作异常。

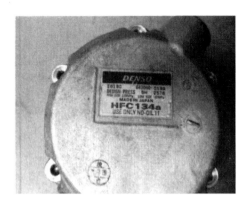

图 4-38　空调压缩机上的标注

故障排除　怀疑空调压缩机烧蚀时可能导致膨胀阀内有些堵塞，导致阀门开启困难。于是，更换了膨胀阀，重新加注制冷剂后，感觉空调明显变冷，恢复了正常，再次读出数据流，如图 4-40 所示，压缩机转速为 3000r/min，压缩机目标转速为 3116r/min，且能正常停止、工作，转速也在正常范围，故障排除。

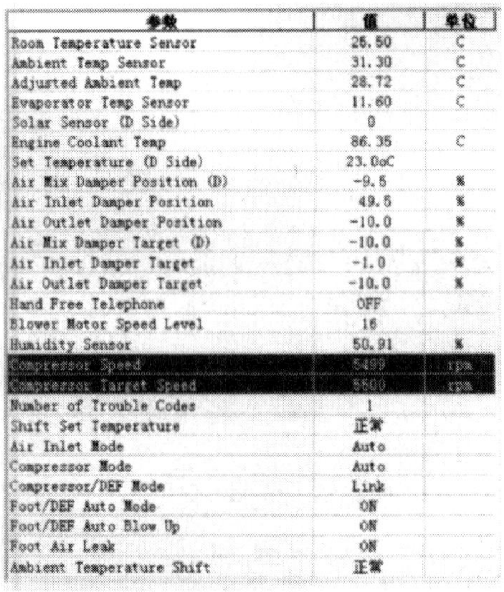

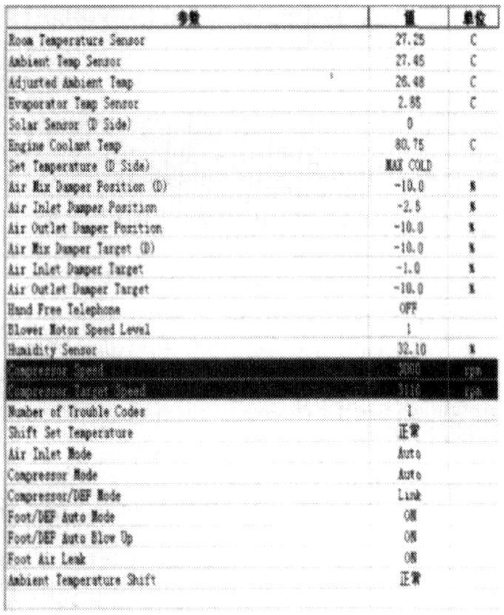

参数	值	单位
Room Temperature Sensor	25.50	C
Ambient Temp Sensor	31.30	C
Adjusted Ambient Temp	28.72	C
Evaporator Temp Sensor	11.60	C
Solar Sensor (D Side)	0	
Engine Coolant Temp	86.35	C
Set Temperature (D Side)	23.0oC	
Air Mix Damper Position (D)	-9.5	%
Air Inlet Damper Position	49.5	%
Air Outlet Damper Position	-10.0	%
Air Mix Damper Target (D)	-10.0	%
Air Inlet Damper Target	-1.0	%
Air Outlet Damper Target	-10.0	%
Hand Free Telephone	OFF	
Blower Motor Speed Level	16	
Humidity Sensor	50.91	%
Compressor Speed	5499	rpm
Compressor Target Speed	5500	rpm
Number of Trouble Codes	1	
Shift Set Temperature	正常	
Air Inlet Mode	Auto	
Compressor Mode	Auto	
Compressor/DEF Mode	Link	
Foot/DEF Auto Mode	ON	
Foot/DEF Auto Blow Up	ON	
Foot Air Leak	ON	
Ambient Temperature Shift	正常	

图 4-39　数据流 1

参数	值	单位
Room Temperature Sensor	27.25	C
Ambient Temp Sensor	27.45	C
Adjusted Ambient Temp	26.48	C
Evaporator Temp Sensor	2.85	C
Solar Sensor (D Side)	0	
Engine Coolant Temp	80.75	C
Set Temperature (D Side)	MAX COLD	
Air Mix Damper Position (D)	-10.0	%
Air Inlet Damper Position	-2.5	%
Air Outlet Damper Position	-10.0	%
Air Mix Damper Target (D)	-10.0	%
Air Inlet Damper Target	-1.0	%
Air Outlet Damper Target	-10.0	%
Hand Free Telephone	OFF	
Blower Motor Speed Level	1	
Humidity Sensor	32.10	%
Compressor Speed	3000	rpm
Compressor Target Speed	3116	rpm
Number of Trouble Codes	1	
Shift Set Temperature	正常	
Air Inlet Mode	Auto	
Compressor Mode	Auto	
Compressor/DEF Mode	Link	
Foot/DEF Auto Mode	ON	
Foot/DEF Auto Blow Up	ON	
Foot Air Leak	ON	
Ambient Temperature Shift	正常	

图 4-40　数据流 2

技巧点拨　对于混合动力车型，最好先了解其工作原理及查看相关维修手册，再对其进行维修，不要想当然，以避免维修错误。

十、2008 款丰田普锐斯仪表系统主警告灯点亮

故障现象　一辆 2008 款丰田普锐斯混合动力汽车，行驶里程 10 万 km，驾驶人反映通过一键起动系统起动车辆后，组合仪表混合动力系统主警告灯点亮，同时多信息显示器显示

HV 蓄电池警告标识。多次重新起动 HV 控制系统，该现象始终存在。

故障诊断 由于组合仪表系统主警告灯点亮，表明这辆丰田普锐斯的 HV 系统存在故障，自检没有通过；同时多信息显示器显示 HV 蓄电池警告标识，这说明混合动力系统的 HV 蓄电池也存在故障，自检没有通过。这类故障有故障码可以读取，通过读取故障码对于诊断丰田普锐斯复杂的 HV 系统是十分必要的。接通检测仪器，读取故障码为 P0ACD——混合动力蓄电池温度传感器 "C" 电路高电位。

丰田普锐斯的电池管理系统（BMS）对 HV 蓄电池的充放电电压、充放电电流、进气温度、电池组温度、风冷系统控制都要进行监测。丰田普锐斯 BMS 控制原理如图 4-41 所示。

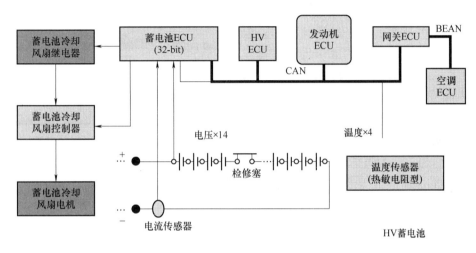

图 4-41 丰田普锐斯 BMS 控制原理图

丰田普锐斯 HV 蓄电池由 28 块镍氢电池模块组成，蓄电池 ECU 电压监测系统采用每 2 个模块为 1 组的方式进行电压监测，共有 14 根电压监测线，如图 4-42 所示。蓄电池 ECU 通过 1 个安装在电池顶部的进气温度传感器和 3 个安装在电池底部的电池温度传感器监测电池组工作温度，以控制风冷系统对其强制通风冷却。蓄电池 ECU 通过安装在电池组负极输出端的感应式电流传感器监测 HV 蓄电池输出电流。

图 4-42 BMS 电压监测实物图

由于故障码将 HV 系统的故障指向 HV 蓄电池内部的电池温度传感器,所以只有分解 HV 蓄电池才能找到故障。将 HV 蓄电池从该车拆下并分解,发现有 1 个电池温度传感器的连接线焊点断开,如图 4-43 所示。这与诊断仪读取的故障码 P0ACD 相吻合,所以是该传感器连接线断路引起混合动力蓄电池温度传感器电路高电位的故障现象。

安装在 HV 蓄电池下部的电池温度传感器本身自带卡扣,正常时应该卡在电池下部相应位置。但是发现时,其已经从配合部位松脱掉在电池底板上,所以电池温度传感器焊点脱焊可能是焊接质量差或颠簸等外力引起

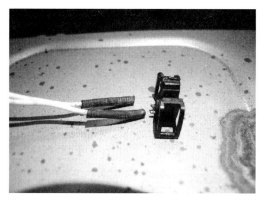

图 4-43　电池温度传感器故障实物图

的。BMS 通过蓄电池 ECU 对 HV 蓄电池进行温度监测,并控制风冷系统强制对其降温,保持电池组正常工作温度。由于电池温度传感器失效,蓄电池 ECU 监测到该状况后,通过 CAN 总线通知混合动力汽车 ECU(HV ECU)电池温度监测失效信息。由于 BMS 无法对电池组温度进行监测,为防止电池组过热损坏,保障车内人员安全(过热会引起电池膨胀发生爆炸),HV ECU 收到电池失效信息后,停止混合动力系统的工作,同时点亮组合仪表系统主警告灯,并在多信息显示器显示 HV 蓄电池警告标识。

故障排除　先测量发生故障的电池温度传感器本身电阻随温度变化情况,测量结果显示该温度传感器本体性能良好,再将脱焊部位重新焊接好。重新组装电池组并将其安装好,清除系统故障码,重新起动车辆,代表 HV 系统良好的 READY 灯点亮,故障警告灯未点亮,车辆能够正常运行,HV 系统运行正常。

技巧点拨　在针对混合动力汽车的维修中,修理人员要在传统汽车维修经验基础上,再掌握电工电子、开关电源、无刷电机、物理化学、高压电安全操作等方面的综合知识,运用解码器等先进仪器设备,配合维修资料进行诊断。本案例涉及丰田普锐斯 HV 蓄电池温度传感器失效引起的混合动力系统停止工作,是比较典型的混合动力汽车故障案例。

十一、2006 款丰田普锐斯起步抖动

故障现象　一辆 2006 款第二代油电混合动力丰田普锐斯,搭载 1.5L 排量 1NZ-FXE 发动机和 P112 电动无级变速器,行驶里程 62780km。该车之前行驶速度 20km/h 左右时车辆会有明显的抖动,检查更换过变频器、维修变速器后原先故障非但没有改善,反而车辆在起步时也出现抖动现象。

故障诊断　接车后,全车控制模块检查没有故障存储,随驾驶人试车时发现该车在起步加速时车身抖动明显,行驶至 20km/h 时,车身还会产生一次振动且冷车时较为严重,其他工况下均表现正常。该车采用的是丰田第二代混合动力系统 THS,如图 4-44 所示,它属于混联式混合动力。

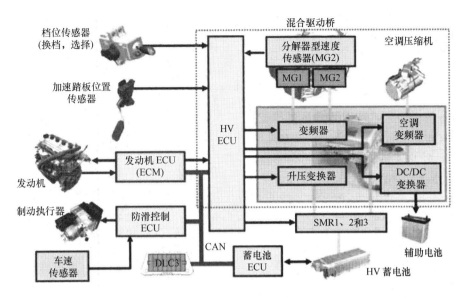

图 4-44 丰田第二代混合动力系统

该车搭载 1.5L 汽油机，热效率高，膨胀比大，通过减小燃烧室容积，提高压缩比，采用 VVT-i（智能可变气门正时）装置，可以根据工况准确调整进气门开启与关闭时刻，始终保持最大充气效率。发动机最高转速在 5000r/min。发动机转速提高会使发电机旋转更快，提高加速时的驱动力，改善了燃油效率。

HV 蓄电池（图 4-45）采用强化的镍金属氢化物电池（共有 28 块，168 个单体电池），额定电压为 201.6V，更加紧凑且性能更好。带换向器的变频器（图 4-46）主要功用是将 HV 蓄电池的高压直流电转换为三相交流电来驱动变速器驱动桥的 MG1 和 MG2。此外，变频器也可将 MG1 电机的交流电转换为直流电存储于 HV 蓄电池中。另外，变频器还能将 HV 蓄电池的高压电 DC 的 12V 为车身电器提供工作电压，也能将蓄电池的 201.6V 的直流高压电转换为 201.6V 的交流高压电供空调压缩机使用。

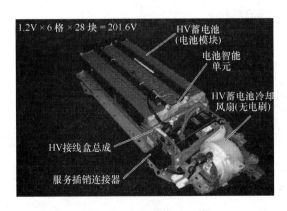

图 4-45 HV 蓄电池总成

图 4-46 变频器

混合动力驱动桥由 MG1、MG2 和行星齿轮组成，THS 控制系统根据工况灵活地控制发动机和 MG1、MG2，使车辆平稳前行实现无级变速。

THS 的核心是用行星齿轮机构组成的动力组合器（图4-47），用于协调发动机和电动机的运动和动力传递。

MG1、MG2 为三相交流永磁同步电机，为车辆提供驱动力。MG2 通过齿轮和链条传动机构与前轮连接，并在车辆减速时充当发电机给电池发电。MG1 与太阳轮连接，可为 MG2 供电并给蓄电池充电，同时也用作起动机起动发动机。发动机直接与行星架连接。

车辆起步时发动机并不工作，HV 蓄电池直接给 MG2 供电来驱动车辆，如图4-48所示。继续行驶时发动机由 MG1 起动，这时发动机会带动 MG1 发电供 MG2 电机使用，也可将剩余电量存储至 HV 蓄电池当中，如图4-49所示。在大负荷工况下发动机会与电动机双动力输出。MG1 和 HV 蓄电池都将会给 MG2 提供电流来补充发动机动力，如图4-50所示。减速时系统将停止供电，而 MG2 被车轮驱动作为发电机将电能存储在 HV 蓄电池中，如图4-51所示。

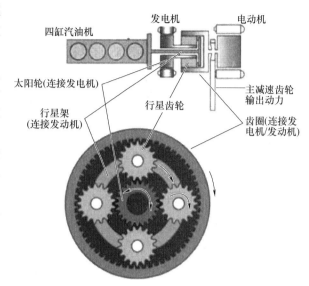

图 4-47　动力组合器

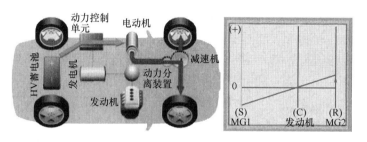

图 4-48　车辆起步

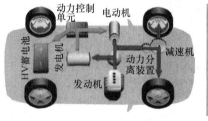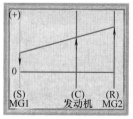

图 4-49　行驶中

结合故障现象与系统功能分析，该车起步抖动也许与 MG2 以及负责 MG2 电能输出的变频器有关，加之这个故障是由于维修变速器引起的，所以将故障点锁定在 MG2 电机上，而 20km/h 时的抖动正好是发动机工作的接入点，有可能是发动机本身的故障或与 MG2 电机以

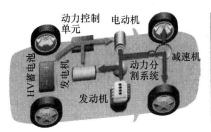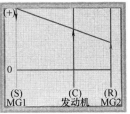

图4-50 大负荷工况

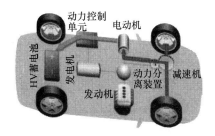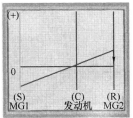

图4-51 减速行驶

及控制电机的变频器有关。由于之前已经更换过变频器,于是将故障锁定在发动机和变速器上,检查发动机时发现节气门、火花塞积炭严重,更换火花塞且清洗节气门后发现20km/h时抖动感消失,冷车试车正常,这时只剩起步抖动了。征得驾驶人同意后,将变速器拆下检查,内部的机械部件以及MG2线圈没有发现明显异常。为了验证推断,更换了一个同型号的旧的线圈组。

故障排除 更换了MG2电机、更换发动机火花塞且清洗喷油器及节气门后,故障排除。

> **技巧点拨** 车辆维护不及时引发的系列问题从小到大,形成恶性循环。而如今的汽车代表了民用的最高科技,技术日新月异,必须不断学习才能跟得上行业发展,只有这样处理问题才能得心应手、事半功倍,既节约了维修时间,又给驾驶人节省了维修成本。

十二、2008款丰田普锐斯行驶中动力突然中断

故障现象 一辆2008款丰田普锐斯混合电动汽车,搭载1.5L排量的1NZ型发动机和最大净功率为57kW的直流电机,行驶里程21万km,行驶途中动力突然消失。

故障诊断 车况一直比较稳定,4个多月前,车辆在行驶途中突然失去动力。这时,即使立即踩加速踏板,发动机也没有丝毫反应,车辆被迫停在路边。当时仪表板上闪现"高压绝缘不良"的提示信息。由于遇到高压电故障,驾驶人十分紧张,不知所措。停驶一段时间后,驾驶人试着再次起动,这时仪表板上又恢复了正常,车辆又可起步并正常行驶。驾驶人当时以为是车辆偶发故障,也就没有在意。

两个多月前,该车在行驶中又出现动力突然中断的故障,熄火后又能起动和行驶。前天这种情况又再次发生,驾驶人只得将车送修。

在检修和试车时，这种突然失去动力的故障没有再出现，这属于"软故障"。根据驾驶人描述的失去动力时会出现"高压绝缘不良"的提示信息，显然应查找与"高压电"相关的部件。此款混合电动汽车，"高压电"是指动力电池及其相关电路（图4-52）。

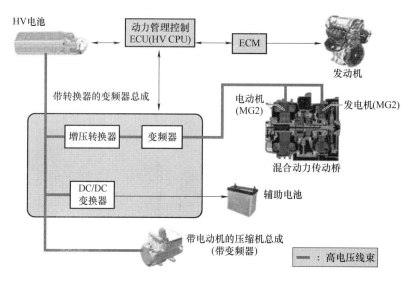

图4-52 普锐斯动力电池及其相关电路

与比亚迪电动汽车的电池不同，普锐斯的动力电池为镍氢电池（图4-53），正极板材料为NiOOH，负极板为"吸氢合金"，隔膜为多孔维纶无纺布。镍氢电池实质是储氢合金的一种应用，储氢合金相当于"吸氢海绵"，在释放氢离子的过程中，能控制化学反应并输出电能。它具有高能量、长寿命、无污染等特点，在丰田多款电动车型如雷克萨斯、皇冠及凯美瑞等混合电动汽车上都有应用。

依据"高压绝缘不良"的提示信息，应重点检查普锐斯动力电池的供电

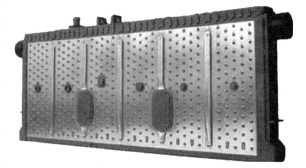

图4-53 普锐斯的动力电池

系统，包括的部件较多，涉及的电路也较复杂。有驱动行驶的MG2电机与发电机MG1等用的变频器、带动空调的三相逆变器、电动转向的控制器、给低压蓄电池充电的DC/DC变换器，还有动力电池本身及控制器等，均会涉及高压电池系统。

为查找出绝缘不良的故障，在检修时使用了专门用于测量电路绝缘的兆欧表。有两种不同的兆欧表可供使用，一种是传统手摇的兆欧表，即靠手摇发电机产生1000V的电压，利用高电压来检测电路的绝缘情况；另一种是VC60B型数字式兆欧表，利用电感储能的变换原理，来产生1000V的电压。它将9V直流电池的电压转换成多种高压电，如产生250V、500V、1000V等较高的直流电压，能直接显示绝缘电阻数值，使用较方便又直观。对电动汽车及动力电池的绝缘进行检测，这里建议采用数字式兆欧表500V电压档测量绝缘电阻。

为了查找绝缘不良究竟发生于何处，几乎找遍了整个车辆的橙色高压电源电路，涉及动力电池系统相关的不同子系统，拆除各电路端头仔细测量绝缘电阻（图4-54），均没有发现任何故障。

动力电池系统当然也应包括电池本身，出于安全考虑，动力电池的正极或负极均不接车壳搭铁。资料中所指的高压绝缘通常就是指正极或负极及电缆对车壳绝缘电阻的要求。实际上动力电池由多节单体电池组合而成（图4-55）。普锐斯的单体电池共有34节，每节电压为7.2V，总电压为244.8V。

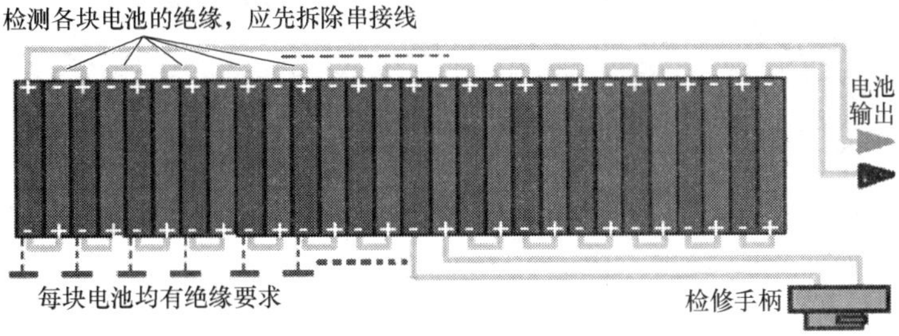

图4-54 检测每节电池的绝缘电阻

图4-55 普锐斯动力电池结构

每节镍氢电池均直接安装在底盘车壳上，其外壳均与车身搭铁，每节电池可能存在绝缘漏电问题，因此对每节电池都有绝缘性要求。如果单节电池漏电或绝缘不良，同样会出现"高压绝缘不良"。当某节电池因绝缘性不好而出现漏电现象，严重时会形成电池的局部短路，甚至会造成火灾或触电等恶性安全事故。一旦发现电池绝缘性不好，从安全行车的角度考虑，ECU会立即中断汽车动力。

一旦发现有"高压绝缘不良"的故障，应首先拆解电池的串接线，用兆欧表对每节电池进行绝缘检测。通过详细检测，最后发现故障车动力电池中有两块单体电池的绝缘电阻降到了1.2MΩ左右（图4-56）。对绝缘电阻阻值的要求与存放环境的温度和湿度有关，理论上一般要求绝缘电阻不应低于20MΩ，但实际检测证明，正常状态下每节电池的绝缘电阻值均高于数百兆欧。

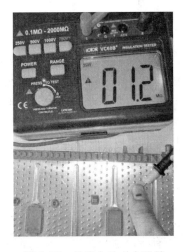

图4-56 故障车动力电池某单节电池绝缘电阻只有1.2MΩ

普锐斯可在-28~80℃的环境温度下正常工作，动力电池的循环寿命一般可达8年。在行驶时，动力电池会因放电或充电而发热，即使正常工作电池温度也会升高。如果电池温度过高，一方面会导致动力电池的容量急剧下降，另一方面还会引起电池内部的绝缘电阻下降。如果电池使用年限较长、散热风扇工作不良或通道堵塞，当电池温度超限时，其内部绝缘电阻下降到低限值时，就会引发"绝缘不良"的警告信息，导致车辆动力中断。

动力电池出现这种"软故障"，是因为电池内部的绝缘不是物理损坏，而是绝缘电阻值会根据车况发生改变。电池处于冷态时，一般不易出现绝缘不良的故障，但在车辆行驶时间较长后，一旦电池温度升高到某一极限值后，绝缘电阻值变小就可能出现这种故障。为了使动力电池能很好地散热，在镍氢电池箱体中均装有专门的散热风扇和通风管道（图4-57），且每块电池的金属表面都有粗大的粒状凸起，以保证各块电池不紧密贴合，而留有一定的通风间隔通道。另外，为实时监控动力电池的温度，在散热通道和电池表面都装有温度传感器。

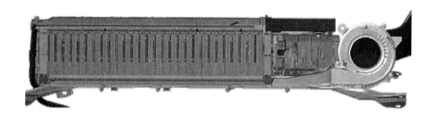

图4-57 普锐斯动力电池的散热系统

故障排除 在更换了绝缘电阻不合格的单节电池后，经过试车及4个多月的实车验证，故障被彻底排除了。

技巧点拨 维修普锐斯时，应特别注意清理动力电池的通风管道，检查风机的运转情况，保证良好的散热效果。许多维修人员一般都比较重视对动力电池各项性能指标的检查，如电压的平衡、输出与输入的电流、继电器的控制等，而常常忽视动力电池的散热能力，尤其容易疏忽对散热通道的检查。因为，经过近10年的运行，动力电池的散热通道极易积尘堵塞进而导致散热不良。另外，特斯拉纯电动汽车使用的是"三元锂"动力电池，由7000多块单体电池组合而成。为彻底解决动力电池组本身的绝缘问题，采取的绝缘措施是将全部的动力电池外壳用可靠的绝缘材料隔绝，不与车体的金属材料接触，这样就能妥善地解决动力电池本身的绝缘漏电问题。

十三、2008款普锐斯汽车电动空调系统工作不正常

故障现象 一辆2008款普锐斯汽车，行驶里程2万km，接通空调开关后，制冷系统工作正常，有冷风从出风口吹出，但工作一会儿后，冷风的温度比设置的要低；关闭空调开关，停一会儿再接通，制冷系统又可正常工作一段时间，接着又重复上述故障现象。

故障诊断 打开发动机舱盖，发现低压管路上有一层霜，关闭空调开关并停一会儿后，霜会消失。该故障现象主要由制冷量过大引起，其原因可能是电动变频压缩机、蒸发器表面温度传感器、室内温度传感器、室外温度传感器或空气混合风门等故障。用故

障检测仪读取故障码，故障码为B1413——蒸发器表面温度传感器电路故障。检查蒸发器表面温度传感器电路，没有问题；检测蒸发器表面温度传感器电阻，电阻值偏小，说明该传感器已损坏。

故障排除　更换蒸发器表面温度传感器后，故障排除。

> **技巧点拨**　全电动空调系统与传统的空调系统相比较，更加高效和节能，但在控制与维修方面变得更加复杂，需要全面深入地了解和掌握全电动空调系统的控制原理与故障诊断方法，充分利用全电动空调系统的故障自诊断功能，才能排除故障。

十四、2004款普锐斯汽车HV蓄电池频繁充放电

故障现象　一辆2004款丰田普锐斯汽车，搭载丰田THS-Ⅱ系统，该车在移入自家车库时，复式显示器中的充放电画面经常由蓝色变为红色，发动机频繁起动。

故障诊断　用故障检测仪检测，无故障码存储。根据驾驶人描述的故障现象进行试车确认：换入R位，踩住制动踏板的同时踩加速踏板，让HV蓄电池单纯进行放电（R位强制放电）；当HV蓄电池放电至39%SOC时，发动机起动，HV蓄电池开始转入充电状态。通过上述试验，确认从放电开始至充电开始的时间为5min（从60%SOC降至40%SOC的时间），正常，这说明该车的HV蓄电池充放电正常。

与驾驶人交流得知，驾驶时并未出现过HV蓄电池频繁充放电的现象，故障多在倒车入库时发生。由于是新手，倒车入库时间较长，且来回移动车辆次数较多。由于普锐斯汽车倒车驱动力的特殊性，维修人员根据车库地理位置分析判断，HV蓄电池频繁充放电是由于长时间使用R位，导致HV蓄电池处于放电状态，复式显示屏变化，致使驾驶人误认为HV蓄电池损坏。而根据HV蓄电池充放电时间及HV蓄电池的SOC控制数据分析，推断该车的HV蓄电池及其控制均正常。

故障处理　结合现场确认的结果，向驾驶人反复解释了HV蓄电池当时的工作状态与原理，驾驶人表示接受。

> **技巧点拨**　丰田普锐斯汽车THS-Ⅱ系统的动力分配器采用混联式行星齿轮结构，由齿圈、传动链轮、太阳轮、行星齿轮及行星架组成。动力分配器将发动机的动力分为两个部分（图4-58），通过机械途径与电气途径分别输出。动力分配器输出轴的一侧与电机MG2、车轮相连，另一侧与电机MG1相连。行星架的旋转轴与发动机相连，并通过行星齿轮将动力传递到外侧的齿圈与内侧的太阳轮，齿圈的旋转轴与电机MG2直接相连，由此将电机MG2驱动力传递到车轮。此外，太阳轮的旋转轴与电机MG1相连。车辆正常倒车时动力分配器的工作状态如图4-59所示，这时只是单纯利用电机MG2的驱动力来倒车，而在HV蓄电池SOC较低时，如图4-60所示，电机MG1驱动发动机起动，发动机运转后，再带动电机MG1发电，利用电机MG1所发出的电力作为MG2的驱动电力，由此可见倒车工况的动力流分配是串联模式，如果倒车时间过长或次数较多，便会造成HV蓄电池耗电过多，从而导致发动机频繁起动给HV蓄电池充电的现象。

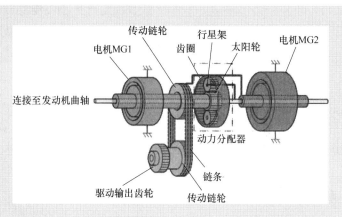

图 4-58　丰田普锐斯汽车 THS-Ⅱ系统动力分配器齿轮系统

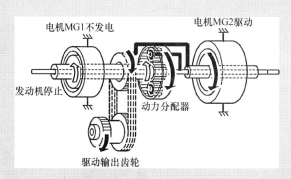

图 4-59　正常倒车工况传动示意

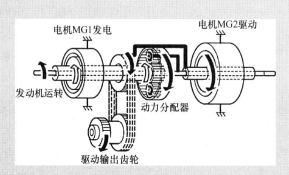

图 4-60　HV 蓄电池 SOC 较低时倒车工况传动示意

十五、2006 款丰田普瑞斯混合动力汽车无法行驶

故障现象　一辆 2006 款丰田普瑞斯混合动力汽车，搭载丰田 THS-Ⅱ混合动力系统和 1NZ-FXE 发动机。该车组合仪表上的 READY 指示灯有时无法点亮，车辆无法行驶；有时可以点亮，但混合动力系统故障灯点亮，车辆只能低速行驶；最近情况严重了，READY 指示灯彻底无法点亮，车辆无法行驶了。

故障诊断　用故障检测仪检测，发现混合动力控制系统中存储故障码 P3000——蓄电池控制系统，混合动力蓄电池系统中存储故障码 P3012——蓄电池块 2 电量变弱，ABS 中存储故障码 C1259——HV 系统再生故障；C1310——HV 系统故障。查看故障码 P3012 的停帧数据（图 4-61），可知故障发生时，蓄电池块 1 电压（Battery Block Vol-V01）为 17.03V，蓄电池块 2 电压（Battery Block Vol-V02）为 17.09V，其他蓄电池块的电压均在 16.80V 左右，蓄电池块 1 和蓄电池块 2 的电压偏高，但并没有超出正常范围，系统没有明显异常；接着查看故障码 P3000 的停帧数据，也未见异常。

P3012蓄电池块2电量变弱

FreezeFrameData

Item	Data	Unit	Item	Data	Unit
Engine Coolant Temp	60	℃	Engine Revolution	1248	r/min
Vehicle Spd	0	km/h	Engine Run Time	220	s
+B	14.360	V	DTC Clear Warm Up	1	
Battery State of Charge	40.5	%	Delta SOC	32.0	%
Batt Pack Current Val	-17.58	A	Inhaling Air Temp	29.6	℃
VMF Fan Motor Voltage	0.0	V	Auxiliary Battery Vol	14.2	V
Charge Control Val	-25.0	kW	Discharge Control Val	21.0	kW
Cooling Fan Mode	0		ECU Control Mode	0	
Charge Control Signal	ON		Equal Charg Out Rly Sig	OFF	
EQTR Charge Perm Sig	OFF		Standby Blower Request	OFF	
Temp of Batt TB1	30.1	℃	Temp of Batt TB2	28.7	℃
Temp of Batt TB3	28.8	℃	Battery Block Vol -V01	17.03	V
Battery Block Vol -V02	17.09	V	Battery Block Vol -V03	16.73	V
Battery Block Vol -V04	16.79	V	Battery Block Vol -V05	16.80	V
Battery Block Vol -V06	16.79	V	Battery Block Vol -V07	16.81	V
Battery Block Vol -V08	16.86	V	Battery Block Vol -V09	16.82	V
Battery Block Vol -V10	16.83	V	Battery Block Vol -V11	16.78	V
Battery Block Vol -V12	16.83	V	Battery Block Vol -V13	16.78	V
Battery Block Vol -V14	16.84	V	Calculate Load	99.9	
Throttle Position	19.6	%			

图 4-61　故障码 P3012 的停帧数据

清除故障码，重新起动车辆，READY 指示灯能点亮，接着混合动力系统故障灯也点亮；熄火后重新起动车辆，READY 指示灯再也无法点亮。此时再次读取动力蓄电池系统中的故障码，显示为 P0AC0——混合型电池组电流传感器电路；P0AFA——混合型蓄电池系统电压低。查看故障码 P0AFA 的停帧数据（图 4-62），发现蓄电池块 1 电压为 8.50V，蓄电池块 2 电压为 -8.26V，蓄电池块 3 电压为 25.11V，蓄电池块 4 电压为 -15.15V，蓄电池块 5 电压为 24.91V，蓄电池块 6 电压为 -17.21V，蓄电池块 7 电压为 -1.80V，这 7 个蓄电池块的电压明显不正常；其他蓄电池块的电压均约 15.20V，正常。用故障检测仪快照功能拍下数据流（图 4-63），然后在计算机上用丰田“Intelligent Viewer”软件回放，发现蓄电池块 1 ~7 的电压在不断变化，且变化数值很大。

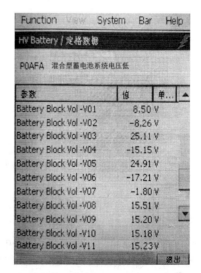

图 4-62　故障码 P0AFA 的停帧数据

分析动力蓄电池电压采样部分的相关电路（图 4-64），可知动力蓄电池 ECU 通过电压采样线监测 14 组蓄电池块的电压，数据流上显示的蓄电池块 1 电压为导线连接器 B12 端子 11 和端子 22 间的电压，蓄电池块 2 电压为导线连接器 B12 端子 21 和端子 11 间的电压……依次类推，蓄电池块 14 电压为导线连接器 B12 端子 15 和端子 5 间的电压。实际上，数据流显示的蓄电池块电压是 2 个电池模块串联后的电压，而每个电池模块的额定电压为 7.2V（每个电池模块由 6 个单格镍氢电池串联而成），视充电量不同，一般在 7.5V 左右，因此数

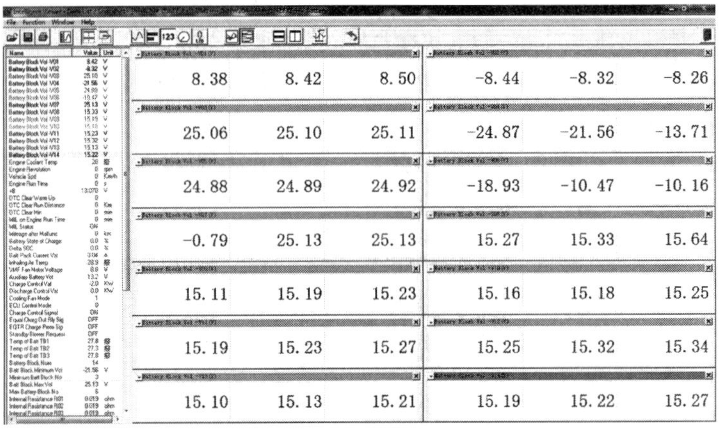

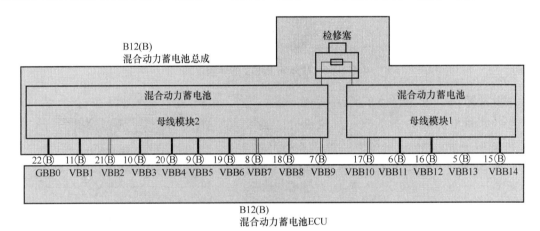

图4-63 故障车各蓄电池块的电压数据

据流中显示的蓄电池块电压一般在15V左右，电机MG1发电期间电压会高一些。

图4-64 动力蓄电池电压采样部分的相关电路

诊断至此，怀疑动力蓄电池电压采样电路存在故障。由于动力蓄电池电压采样电路位于动力蓄电池总成内，决定拆下动力蓄电池总成进行检查。关闭电源开关，断开低压辅助蓄电池负极，拔下检修塞，等待5~10min，然后拆下动力蓄电池总成（图4-65）。如图4-66所示，找到动力蓄电池ECU；断开动力蓄电池ECU导线连接器B12，发现有3个端子已腐蚀（图4-67），且动力蓄电池ECU侧的端子已断在导线连接器B12内部。查看导线连接器B12的端视图（图4-68），可知腐蚀的3个端子分别为端子19、端子20和端子21；结合图4-67可知，腐蚀的3个端子分别对应蓄电池块2、蓄电池块4和蓄电池块6的电压采样线。

拆检动力蓄电池ECU，在腐蚀端子连接的PCB位置可见腐蚀物（图4-69），这会导致短路，从而可能导致电池模块异常放电。于是决定测量各个电池模块的电压。经测量发现，第2块、第3块、第4块电池模块的电压基本为0V，其他电池模块的电压为7.5V左右。拆下这3块电池模块，再次确认电池模块的电压，仍为0V（图4-70），说明电池模块过度放电。

图 4-65 动力蓄电池总成

图 4-66 动力蓄电池 ECU 及高压配电盒部件位置

图 4-67 导线连接器 B12 腐蚀

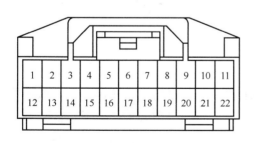

图 4-68 导线连接器 B12 端视图

图 4-69 动力蓄电池 ECU 端子在 PCB 位置堆积有腐蚀物

故障排除 用酒精清洁导线连接器 B12 和动力蓄电池 ECU 上腐蚀的端子，并用压缩空气吹干；由于动力蓄电池 ECU 端子19、端子20 和端子21 已完全腐蚀，从 PCB 贴片电阻处分别焊接导线，并与导线连接器 B12 上对应的导线连接，对此处线路进行绝缘处理后装复。为保证各个电池模块的电压一致（均在 7.6V±0.1V），使用可调直流电源对单个电池模块

171

进行充电（图4-71），对电压过低的，刚开始时使用低电压、低电流进行充电，然后逐渐提高充电电压至7.9V；对电压偏低的，以7.9V进行充电，直到充电电流接近0A。

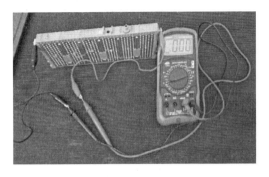

图4-70　拆下电池模块测量电压

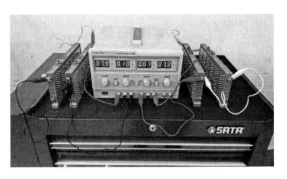

图4-71　使用可调直流电源对单个电池模块进行充电

将充好电的单个电池模块重新装到动力蓄电池上，然后将动力蓄电池总成装回车上。安装检修塞，连接辅助电池负极，起动车辆，READY指示灯正常点亮。用故障检测仪检测，无故障码存储；再次用故障检测仪快照功能拍下数据流（图4-72），并在计算机上用丰田"Intelligent Viewer"软件回放，发现各个蓄电池块的电压均为16.50V左右（电机MG1工作），正常，故障排除。

图4-72　故障排除后各蓄电池块的电压数据

技巧点拨　混合动力汽车的维修不同于传统汽车，一定要在了解混合动力汽车的结构的情况下对其相关部位进行有针对性的维修。

第二节　第三代普锐斯实用维修技能与技巧

一、2012款丰田普锐斯发动机无法自行起动

故障现象　一辆2012款第三代丰田普锐斯（ZVW30）混合动力汽车，发动机型号为5ZR-FXE，行驶里程69000km。该车发动机无法自行起动，发动机故障警告灯、VSC警告

灯、三角形警告灯同时点亮。

故障诊断 首先进行故障确认，踩住制动踏板，按下起动按钮，仪表上 READY 指示灯点亮，在 P 位踩下加速踏板，发动机不能起动。试图使发动机进入维修模式，经过多次尝试都未能成功。多功能显示屏上的能量显示器显示 HV 电池已经耗至极限，紫色的电池耗净指示灯在闪烁（图 4-73）。发动机确实无法自行起动，不存在人为操作问题。

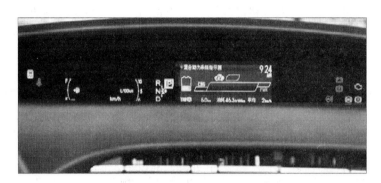

图 4-73　第三代丰田普锐斯仪表

遵循先易后难的原则，按照故障排查流程首先进行电路检查：使用故障诊断仪连接到 DLC3，读取故障码显示 P0A7A-324。混合动力系统 DTC 与其他系统（如发动机系统）使用的 5 位数代码不同。使用 5 位数代码和 INF 代码对故障部位进行分类，见表 4-3。没有详细信息（INF 代码）就无法进行故障排除。

表 4-3　故障部位进行分类

DTC（代码组）	详细信息（故障部位）	
	INF 代码	信　息
P0A7A（发电机逆变器性能）	122	发电机逆变器故障信号检测（由于系统故障导致的过电流）
	130	异常 MG1 电流值检测（系统故障）
	203	带转换器的逆变器总成内的发电机逆变器故障（短路）
	322	发电机逆变器故障信号检测（过热）
	324	发电机逆变器故障信号检测（电路故障）
	325	发电机逆变器故障信号检测（由于逆变器总成故障导致的过电流）
	810	异常 MG1 电流值检测（逆变器故障）
	344	MG1 转矩执行监视故障
	517	发电机逆变器故障信号检测（由于 MG ECU 故障导致的过电流）
	809	异常发电机电流值检测（MG ECU 故障）
	518	发电机逆变器故障信号检测（由于混合动力车辆变速器总成故障导致的过电流）
	811	异常发电机电流值检测（混合动力车辆变速器总成故障）
	522	发电机切断信号故障

根据 INF 代码，修理手册中有不同的故障排除步骤。如果发电机逆变器过热、存在电路

故障或内部短路，则逆变器通过发电机逆变器故障信号线路传输该信息至 MG ECU，并记录 DTC P0A7A-324。根据分析，故障可能发生部位包括：逆变器冷却系统；冷却风扇系统；逆变器水泵总成；带转换器的逆变器总成；混合动力车辆传动桥总成；发电机高压电缆；电动机高压电缆；线束或连接器；PCU 熔丝。

普锐斯采用水冷式逆变器，其冷却液的进口和出口很容易就能连接到散热器上以便于对冷却液降温。其冷却液通常与发动机冷却液类似或相同。水冷型逆变器的冷却系统在出现故障的情况下，可能会生成一个故障码，当然也可能不会生成故障码。因此，维修人员可以将手放在冷却液泵体上感觉是否有振动，通过这种方式来验证逆变器冷却液泵是否工作。然而即使该泵能正常工作，也不能保证冷却液能足量流动，这是因为气泡或其他堵塞也可能对冷却液的正常流动产生不良影响。维修人员可以拆下逆变器的膨胀箱的盖子并验证冷却液是否正常流动，在此基础上可以确定冷却液循环是否正常。如果逆变器出现过热，在冷却液流量充足的情况下，不妨检查一下冷却液质量。加错冷却液或冷却液未能与水进行适当的混合，这些都可能导致逆变器冷却问题。通过检查冷却液量正常、冷却液软管无泄漏，使用诊断仪进行主动测试"控制电动冷却风扇"正常（图 4-74），检查冷却液没有冻结，排除逆变器冷却系统、水泵总成和冷却风扇故障。

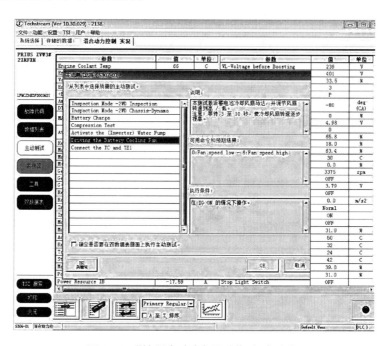

图 4-74 "控制电动冷却风扇"主动测试

在排除逆变器冷却系统及其组件后，需要进一步检查带变换器的逆变器总成。该总成由逆变器、增压变换器、DC/DC 变换器组成，安装在发动机舱内（图 4-75）。

在车辆处于断电（READY 指示灯关闭）状态时，逆变器中的电容器（图 4-76）必须通过逆变器自身内部的电路进行放电处理。维修人员应经常查阅汽车厂家维修信息，以便精确地了解车辆的电容器放电所需时间，同时还要准确了解进行电压检查作业时的测量点位置。

图 4-75 带变换器的逆变器总成外部特征

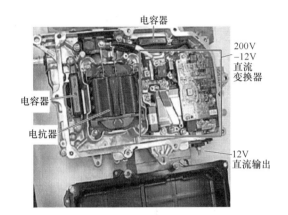

图 4-76 带变换器的逆变器总成内部结构

丰田普锐斯自放电过程可能需要 5~10min，对于需要在车辆的逆变器或电机电路上进行作业的维修人员而言，必须先等到电容器已经完成放电作业后，方能进行工作。因此，在检查高压系统或断开带变换器的逆变器总成低压连接器前，务必采取安全措施，如佩戴绝缘手套并拆下维修塞把手（图 4-77）以防电击。拆下的维修塞把手应放到口袋中，防止其他技师将其重新连接。

维修人员拆下维修塞把手后，在接触任何高压连接器或端子前，应等待 10min 以上，然后检查带变换器的逆变器总成检查点的端子电压，开始工作前的电压应为 0V（图 4-78）。

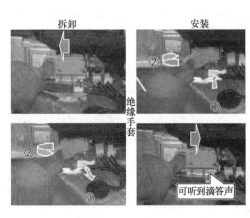

图 4-77 拆卸和安装维修塞把手

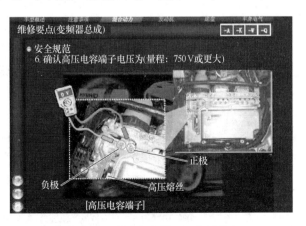

图 4-78 确认电容器已经完成放电

经确认电容器已经完成放电后，断开低压蓄电池负极；检查混合动力车辆传动桥总成（2个功角传感器）连接器的连接情况和带变换器的逆变器总成低压连接器均接触良好，未见有腐蚀及松动现象。

从带变换器的逆变器总成上断开功角传感器连接器D29，重新接好低压蓄电池负极，将电源开关置于ON（IG）位置，根据电路图（图4-79）检查发电机功角传感器各信号线路到车身接地的电压0.8V（正常值应低于1V），正常。

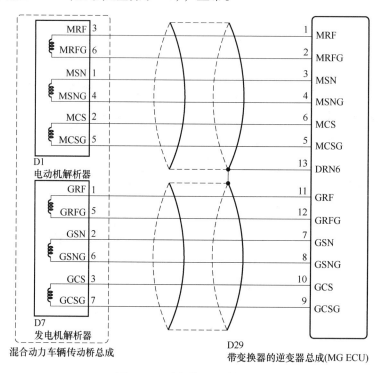

图4-79　功角传感器电路图

将电源开关置于OFF位置，断开低压蓄电池负极，测量发电机功角传感器信号线之间的电阻（GRF-GRFG：8.2Ω，GSN-GSNG：16.8Ω，GCS-GCSG：18.6Ω），发电机功角传感器信号线与车身接地且两两之间的电阻均无穷大。正常值见表4-4，由此可以判断发电机功角传感器至带变换器的逆变器总成之间线束及连接器正常。以相同的方法测量带转换器的逆变器总成与电动机解析器之间，正常。

表4-4　相关电阻标准值

标准电阻	检测仪连接	开关状态	规定状态
断路检查	D29-（GRF）-D29-12（GRFG）	电源开关OFF	7.1~21.6Ω
	D29-7（GSN）-D29-8（GSNG）	电源开关OFF	13.7~34.5Ω
	D29-10（GSN）-D29-8（GSNG）	电源开关OFF	12.8~32.4Ω
短路检查	D29-11（GRF）或D29-12（GRFG）-车身搭铁和其他端子	电源开关OFF	10kΩ或更大
	D29-7（GSN）或D29-8（GSNG）-车身搭铁和其他端子	电源开关OFF	10kΩ或更大
	D29-10（GCS）或D29-9（GCSG）-车身搭铁和其他端子	电源开关OFF	10kΩ或更大

从带变换器的逆变器总成上拆下逆变器盖，从带变换器的逆变器总成上断开发电机和电动机高压电缆（图4-80）。使用毫欧表测量U、V、W各相之间的电阻，无断路；使用兆欧表测量U、V、W三相与车身接地和屏蔽层之间绝缘电阻，无短路；混合动力车辆传动桥总成（MG1、MG2）正常。断开带变换器的逆变器总成低压连接器A59（图4-81），检查电源电压12.5V，正常。

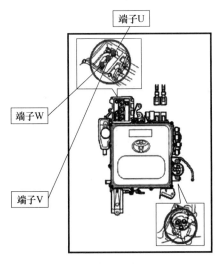

图4-80 逆变器总成高压电缆三相端子

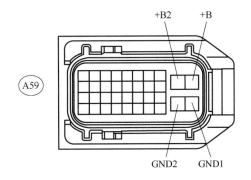

图4-81 逆变器总成低压连接端子

故障排除 根据上述检查结果发现，带变换器的逆变器总成的高低压连接线束和插头端子均正常，混合动力车辆传动桥总成上的2个功角传感器及线路也无任何问题，可以判断为故障在带变换器的逆变器总成内。由于汽车厂家规定带变换器的逆变器总成是不可分解的部件，只能更换。为了确保万无一失，只能采用部件互换法和正常行驶的同类车型对换带变换器的逆变器总成进行试验，更换后该车起动正常，相同故障在另外一台车上出现，进一步证明故障出现在带变换器的逆变器总成内部。为了确认该故障已经彻底排除，经过多次上路试车，不能起动的现象消失，恢复车辆拆除的所有附件后将车辆交付给驾驶人。

技巧点拨 在混合动力汽车中，此类水冷系统的冷却液回路几乎都完全独立于发动机的冷却系统。冷却液从散热器泵入逆变器内部，但不接触逆变器的工作部件。散热设备将逆变器部件产生的热能传递给冷却液，然后冷却液流回到散热器，在冷风扇的作用下，散热器将热能传递到周围空气中。

二、2012款丰田普锐斯汽车动力电池单元电压偏差故障

故障现象 一辆2012款丰田普锐斯混合动力汽车，车型为ZVW30L，行驶里程16万km，搭载1.8L阿特金森循环发动机和1台42kW发电机（MG1）及60kW驱动电机（MG2）。该车在行驶过程中，仪表板上的主警告灯、发动机警告灯、充电指示灯突然点亮，多信息显示屏上提示"检查混合动力系统，请将车辆停在安全地点"。

故障诊断 用故障检测仪检测，读得故障码P0A80-123——更换混合型电池组。查看故

障码的定格数据（图4-82～图4-85），定格数据反映了故障码存储时的车辆工况和混合动力系统运行的异常参数。车辆工况处在 MG2 纯电动驱动模式，发动机运转驱动 MG1 发电供能。动力蓄电池（HV 蓄电池）的 SOC 在电源开关接通后处于控制的下限范围，为 46%，而最大充电量为 46%，最小充电量下降到 24.5%。2 号 HV 蓄电池温度传感器检测到 HV 蓄电池组中间部位的最高工作温度为 41.8℃，而 1 号和 3 号 HV 蓄电池温度传感器检测到 HV 蓄电池组的两端工作温度分别为 37.1℃和 34.9℃，HV 蓄电池组两端与中间部位的最大温差达到 6.9℃，正常情况下不应超过 5℃。HV 蓄电池组冷却进气口环境温度为 21.5℃，HV 蓄电池组工作温度与进气口环境温度差超过了 9℃的控制范围。HV 蓄电池第 9 单元电压最小值为 12.64V，其他 HV 蓄电池单元电压为 14V 左右，说明 HV 蓄电池各单元电压不一致，与 HV 蓄电池单元正常电压（15～16V）有偏差。HV 蓄电池组冷却风扇处于 1 档低速运转模式。

P0A80-123 更换混合型电池组

参数	单位	-3	-2	-1	0	1
Engine Coolant Temp	C	53	53	53	53	53
Engine Revolution　发动机转速	r/min	1280	1280	1280	1280	1280
Vehicle Spd　车速	km/h	26	27	27	27	28
Engine Run Time　发动机运行时间	s	20	20	21	21	21
+B	V	14.41	14.41	14.41	14.41	14.41
Accel Pedal Pos #1	%	30.9	31.7	31.3	31.3	30.9
Accel Pedal Pos #2	%	47.0	47.4	47.4	47.0	47.0
Ambient Temperature	C	10	10	10	10	10
Intake Air Temperature	C	36	36	35	35	35
DTC Clear Warm Up		61	61	61	61	61
DTC Clear Run Distance	km	4690	4690	4690	4690	4690
DTC Clear Min	min	7026	7026	7026	7026	7026
MAP	kPa(abs)	52	52	52	52	52
Atmosphere Pressure	kPa(abs)	102	102	102	102	102
Ready Signal		ON	ON	ON	ON	ON
Motor(MG2) Revolution　MG2转速	r/min	2024	2059	2080	2093	2106
Motor(MG2) Torq　MG2转矩	N·m	17.62	15.12	12.50	12.00	13.50
M(MG2) Trq Exec Val　MG2转矩执行值	N·m	19.87	14.75	12.25	14.12	14.00
Generator(MG1) Rev　MG1转速	r/min	2666	2669	2625	2607	2608
Generator(MG1) Torq　MG1转矩	N·m	-3.63	-4.13	-3.88	-3.88	-4.00
G(MG1) Trq Exec Val　MG1转矩执行值	N·m	-3.38	-3.75	-3.50	-3.63	-3.88
Regenerative Brake Torq	N·m	0.0	0.0	0.0	0.0	0.0

图 4-82　故障码 P0A80-123 的定格数据 1

P0A80-123 更换混合型电池组

参数	单位	-3	-2	-1	0	1
Inv-T (MG2) aftr IG-ON	C	31	31	31	31	31
Mtr-T (MG2) aftr IG-ON	C	47	47	47	47	47
Conv-Tmp after IG-ON	C	32	32	32	32	32
SOC after IG-ON　IG ON时HV蓄电池SOC值	%	46.0	46.0	46.0	46.0	46.0
Inv-Temp (MG1) Max	C	41	41	41	41	41
Inv-Temp (MG2) Max	C	40	40	40	40	40
Mtr-Temp (MG2) Max	C	48	48	48	48	48
Converter Temp Max	C	42	42	42	42	42
Status of Charge Max　HV蓄电池最大充电状态	%	46.0	46.0	46.0	46.0	46.0
Status of Charge Min　HV蓄电池最小充电状态	%	38.5	38.0	37.5	24.5	24.5
Stop Light Switch		OFF	OFF	OFF	OFF	OFF
Auxiliary Batt Temperature	C	13	13	13	13	13
Collision Signal (Airbag)		OFF	OFF	OFF	OFF	OFF
TC Terminal		OFF	OFF	OFF	OFF	OFF
Inter Lock Switch		OFF	OFF	OFF	OFF	OFF
EV Switch		OFF	OFF	OFF	OFF	OFF
Back Up Lamp Relay		OFF	OFF	OFF	OFF	OFF
ECO Mode		ON	ON	ON	ON	OFF
Generate Torque	N·m	-31.3	-31.4	-31.8	-32.0	-27.3
Prohibit Charge for P Pos		OFF	OFF	OFF	OFF	OFF
Vehicle Parking (T/M Ctrl)		OFF	OFF	OFF	OFF	OFF

图 4-83　故障码 P0A80-123 的定格数据 2

P0A80-123 更换混合型电池组						
参数	单位	-3	-2	-1	0	1
SMRB Control Status		ON	ON	ON	ON	ON
SMRG Control Status		ON	ON	ON	ON	ON
MG1 Gate Status		OFF	OFF	OFF	OFF	OFF
MG2 Gate Status		OFF	OFF	OFF	OFF	OFF
Converter Gate Status		OFF	OFF	OFF	OFF	OFF
Aircon Gate Status		ON	ON	ON	ON	ON
Converter Carrier Freq	kHz	9.55	9.55	9.55	9.55	9.55
Delta SOC	%	0.0	0.0	0.0	8.0	8.0
Batt Pack Current Val	A	17.81	15.57	15.61	14.19	13.56
Inhaling Air Temp HV蓄电池冷却进风口温度	℃	21.5	21.5	21.5	21.5	21.5
VMF Fan Motor Voltage1	V	1.3	1.4	1.4	1.3	1.3
Auxiliary Battery Vol	V	14.35	14.35	14.35	14.34	14.35
Charge Control Value	kV	-25.0	-25.0	-25.0	-25.0	-23.5
Discharge Control Value	kV	10.5	10.5	10.5	10.5	10.5
Cooling Fan Mode1 HV蓄电池冷却风扇运转模式		1	1	1	1	1
ECU Control Mode		0	0	0	0	0
Standby Blower Request		OFF	OFF	OFF	OFF	OFF
Temp of Batt TB1 HV蓄电池1号检测温度	℃	37.1	37.1	37.1	37.1	37.1
Temp of Batt TB2 HV蓄电池2号检测温度	℃	41.7	41.7	41.7	41.6	41.7
Temp of Batt TB3 HV蓄电池3号检测温度	℃	34.9	34.9	34.9	34.9	34.9
Battery Block Vol -V01 HV蓄电池第1单元电压	V	14.89	14.84	14.84	14.87	14.84

图 4-84 故障码 P0A80-123 的定格数据 3

P0A80-123 更换混合型电池组						
参数	单位	-3	-2	-1	0	1
Battery Block Vol -V02 HV蓄电池第2单元电压	V	14.45	14.38	14.38	14.40	14.40
Battery Block Vol -V03 HV蓄电池第3单元电压	V	14.57	14.50	14.52	14.57	14.57
Battery Block Vol -V04 HV蓄电池第4单元电压	V	14.35	14.28	14.33	14.35	14.35
Battery Block Vol -V05 HV蓄电池第5单元电压	V	14.36	14.28	14.26	14.33	14.28
Battery Block Vol -V06 HV蓄电池第6单元电压	V	14.11	14.03	14.03	14.06	14.01
Battery Block Vol -V07 HV蓄电池第7单元电压	V	13.75	13.72	13.72	13.72	13.72
Battery Block Vol -V08 HV蓄电池第8单元电压	V	14.01	14.01	13.99	14.01	13.96
Battery Block Vol -V09 HV蓄电池第9单元电压	V	12.93	12.84	12.74	12.74	12.64
Battery Block Vol -V10 HV蓄电池第10单元电压	V	14.16	14.11	14.11	14.11	14.11
Battery Block Vol -V11 HV蓄电池第11单元电压	V	14.21	14.21	14.16	14.23	14.23
Battery Block Vol -V12 HV蓄电池第12单元电压	V	14.57	14.57	14.57	14.60	14.57
Battery Block Vol -V13 HV蓄电池第13单元电压	V	14.77	14.74	14.77	14.79	14.79
Battery Block Vol -V14 HV蓄电池第14单元电压	V	14.89	14.87	14.84	14.87	14.87
Pattern Switch (PWR/M)		OFF	OFF	OFF	OFF	OFF
Detail Code 1 详细信息故障代码		0	0	0	123	0

图 4-85 故障码 P0A80-123 的定格数据 4

按照维修手册要求，保存上述故障码定格数据后，清除故障码，试车 10min，重新确认故障。试车过程中虽然故障灯没有点亮，但是从记录车辆混合动力系统运行的 HV 蓄电池系统数据流看，HV 蓄电池 SOC 还是处于 44%，因此在车辆停下来后发动机仍然一直运转，驱动 MG1 为 HV 蓄电池充电。而 3 个 HV 蓄电池温度传感器监测到的 HV 蓄电池组工作温度差及 HV 蓄电池组工作温度与冷却系统进气口环境温度差仍然超出正常范围。HV 蓄电池第 9 单元电压为 13.06V，与其他单元电压偏差仍然很大。

既然车辆 HV 蓄电池系统运行数据流还是异常，且与故障码 P0A80-123 产生条件相符合。P0A80-123 故障码生成条件是，HV 蓄电池管理系统（BMS）检测到 HV 蓄电池组各单元之间电压差大于 0.3V。根据维修手册规定，当 BMS 内部出现故障时，所有蓄电池的偶数和奇数单元电压差也会大于 0.3V。接下来按照产生故障码 P0A80-123 的原因进行分析检查。

如图4-86所示，普锐斯采用的HV蓄电池为镍氢电池，由28个模块串联组成，每个模块由6个单格电池串联而成（1个单格电池的标称电压是1.2V），共计168个单格电池，标称电压为201.6V，标称容量为6.5A·h。BMS在14个位置上监视蓄电池单元（1个蓄电池单元由2个模块组成）的电压。HV蓄电池组无需外部充电，车辆电源开关接通后，BMS将HV蓄电池组工作的状况信息发送至混合动力ECU，混合动力ECU通过HV蓄电池的累计容量来计算蓄电池的SOC，然后将其控制在目标值。HV蓄电池冷却系统（图4-87）采用并行风道的冷却结构，进风口安装有空气过滤网，依靠散热风扇强制冷却，使HV蓄电池组工作在正常温度下。

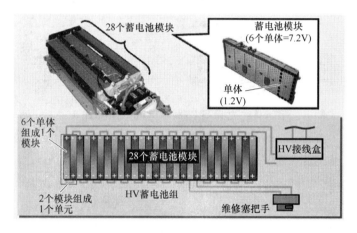

图4-86　HV蓄电池组

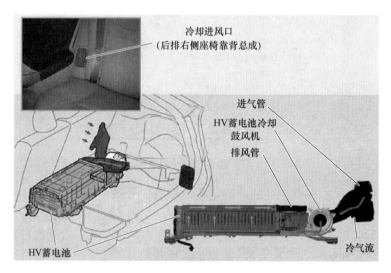

图4-87　HV蓄电池冷却系统的结构

从上述故障数据分析，HV蓄电池组第2个温度传感器监测到的温度过高和第9单元电压偏低，都发生在HV蓄电池组的中间局部位置，其可能的故障原因有：HV蓄电池串联连接线松动，接触电阻增大；电压偏低单元的电池内阻增大，产生热量大；HV蓄电池冷却风道受阻；冷却鼓风机故障；外围局部环境影响。

首先检查 HV 蓄电池组冷却鼓风机的运转状态。HV 蓄电池冷却系统控制电路如图 4-88 所示，HV 蓄电池冷却鼓风机受控于动力管理控制 ECU，并通过 BMS 接收冷却鼓风机上的电压反馈，实现冷却鼓风机转速 1~6 档的调节（低、中、高速）；蓄电池组温度在 35℃时，冷却鼓风机低速运转，到 33℃时冷却鼓风机关闭；蓄电池组温度上升到 41.5℃时冷却鼓风机中速运转，蓄电池组温度超过 50℃时，冷却鼓风机高速运转。蓄电池组在 25℃时工况循环温度控制良好。用故障检测仪（GTS）的主动测试功能测试蓄电池冷却鼓风机的运转状况，冷却鼓风机能正常运转。

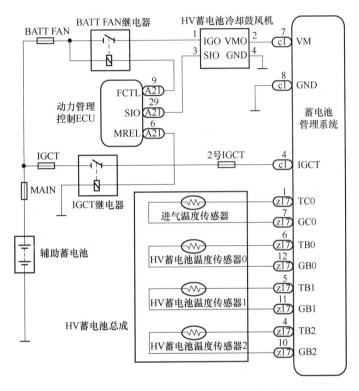

图 4-88 HV 蓄电池冷却系统控制电路

接着检查 HV 蓄电池温度传感器。HV 蓄电池组采用 3 个温度传感器（分别置于蓄电池组的两端和中部）和 1 个冷却进风口环境温度传感器（置于蓄电池组冷却风道进风口）。温度传感器均采用负温度系数热敏电阻。BMS 将温度传感器监测到的 HV 蓄电池温度和冷却进风口环境温度发送给动力管理控制 ECU 进行对比，控制 HV 蓄电池冷却鼓风机风扇的起动和风速。检查蓄电池温度传感器前，佩戴好绝缘手套，拆下维修塞把手并放在维修人员自己口袋中，断开维修塞把手后，等待 10min，使高压器件中的高压电容放电完成，才进行高压电路检查操作。根据 HV 蓄电池系统控制电路，找到 BMS 上蓄电池温度传感器连接器并检测温度传感器电阻，4 个温度传感器的电阻均为 10.87~11.14kΩ（HV 蓄电池系统没有工作，冷却进风口环境温度为 22℃时），电阻正常。

然后检查 HV 蓄电池单元电压。找到 HV 蓄电池组第 9 单元，检查 HV 蓄电池模块连接线无松动和腐蚀。测量其断路电压，为 13.97V（图 4-89），低于其他单元的电压。

最后检查 HV 蓄电池的冷却通风状况。拆下 HV 蓄电池冷却进风管道，检查进风口空气

a) 第9单元电压　　　　　　　b) 第8单元电压

图 4-89　HV 蓄电池单元的电压检测

过滤网，发现滤网被灰尘堵塞，判断这可能是造成 HV 蓄电池温度偏高的主要原因。

故障排除　发现只有第 9 个蓄电池单元电压小于其他蓄电池单元电压，按要求应该更换 HV 蓄电池组总成，但是更换 HV 蓄电组总成价格很高，而如果采用对第 9 个蓄电池单元进行单独充电，能提高蓄电池第 9 单元的电压，恢复其容量，这样可以节约维修成本。如图 4-90 所示，从车辆上拆下 HV 蓄电池组，用恒流快速充电模式（充电电压选用 24V 档位）对第 9 个蓄电池单元充电。镍氢蓄电池 1 个单格的充电终止电压根据充电倍率的不同可高达 1.3～1.5V，所以普锐斯 HV 蓄电池 1 个单元的充电终止电压可高达 15.6～18V。通过电阻器调节充电电流为 0.5C（3A），并用温度表监控蓄电池充电温升，把蓄电池充电温度控制在 30℃ 左右。充电 3h，第 9 单元蓄电池电压上升到 16.96V 后不再升高，并开始略有回落时停止充电。放置 1h，测量蓄电池电压，回落至 16.05V。对其他 HV 蓄电池单元也采用相同的方法进行充电均衡。

拆下 HV 蓄电池冷却风管，用压缩空气吹净进风口空气过滤网，然后遵照 HV 蓄电池系统安装要求装复蓄电池组和控制系统。

接通电源开关，READY 灯点亮，62s 后发动机自动起动，驱动 MG1 运行发电，向 HV 蓄电池充电，当蓄电池组的 SOC 接近 60% 目标值时发动机熄火，发动机运转时间为 94s。再经过 10min 路试，HV 蓄电池组温度和各单元电压都在正常值范围内。车辆交付驾驶人使用后，故障未再出现，确认故障排除。

技巧点拨　镍氢蓄电池的热管理主要是针对高温充电效率问题。蓄电池在常温状态下充电，高温放电，对其容量和特性基本无影响。随着温度升高，蓄电池的充电接受能力逐渐下降，这是因为镍氢蓄电池充电过程中有析氧的副反应作用。镍氢蓄电池在混合动力汽车上使用，都进行了强制通风冷却设计，但是要使各蓄电池模块能得到可靠的冷却，必须要保证冷却风道畅通无阻，否则 HV 蓄电池散热不良，结果导致热失控，使蓄电池的充电效率和 SOC 容量迅速下降，影响蓄电池的循环寿命，甚至出现运行安全问题。

第五章

其他新能源汽车维修技能与技巧

第一节 丰田混合动力汽车维修技能与技巧

一、丰田凯美瑞混合动力汽车发动机故障灯点亮

故障现象 一辆 2015 款丰田凯美瑞混合动力汽车，搭载 4AR-FXE 发动机和 ECVT 变速器，行驶里程 3 万 km。驾驶人反映，车辆在市区正常行驶过程中，组合仪表突然出现"检查混合动力系统"的提示信息，同时发动机故障灯点亮。

故障诊断 接车后试车，踩下制动踏板，按下电源开关，车辆进入 READY ON 状态，组合仪表上辅助蓄电池充电指示灯点亮，说明此时辅助蓄电池处于不充电状态。连接故障检测仪（GTS），在混合动力系统中读得当前故障码 P0A08-264——DC/DC 变换器状态电路，记录并尝试清除故障码，故障码无法清除。查看维修资料得知，该故障码的设置条件及故障可能部位如表 5-1 所列。

表 5-1 故障码 P0A08-264 的设置条件及故障部位

故 障 码	设 置 条 件	故 障 部 位
P0A08-264	DC/DC 变换器故障或车辆进入 READY ON 状态后辅助蓄电池电压降至 11V 以下	线束或导线连接器，逆变器冷却系统，混合动力车辆传动桥总成，发电机电缆，电动机电缆，带变换器的逆变器总成，熔丝（IGCT-MAIN、DC/DC IGCT、DC/DC-S），熔丝盒总成熔丝（DC/DC），发动机舱 3 号线束，动力管理控制 ECU

根据上述检查结果，按照由简到繁的诊断原则对故障原因进行逐一排查。首先检查逆变器冷却系统，冷却液量充足；检查逆变器冷却系统软管，无扭曲和堵塞；用故障检测仪对散热风扇执行动作测试，散热风扇正常运转，排除逆变器冷却系统故障的可能性。将电源开关置于 OFF 状态，将电缆从辅助蓄电池负极（-）端子上断开，拆下维修塞把手，等待 10min，用万用表（设定为 750V 或更高）测量带转换器的逆变器总成检查点的端子电压为

0V。根据图5-1检查发动机室2号继电器盒上熔丝DC/DC IGCT和熔丝IGCT-MAIN，未见异常；从发动机舱继电器盒和接线盒总成拆下熔丝DC/DC-S检查，未见异常。从带转换器的逆变器总成上拆下逆变器上盖（发电机电缆侧）和逆变器上盖（电动机电缆侧），用兆欧表（设定为500V或更高）测量发电机导线连接器端子1（端子W）、端子2（端子V）、端子3（端子U）与搭铁之间的电阻，均为1.2MΩ（标准值为1MΩ或更大），正常；测量电动机导线连接器端子1（端子W）、端子2（端子V）、端子3（端子U）与搭铁之间的电阻，均为1.2MΩ（标准值为1MΩ或更大），正常，排除发电机电缆和电动机电缆出现故障的可能性。

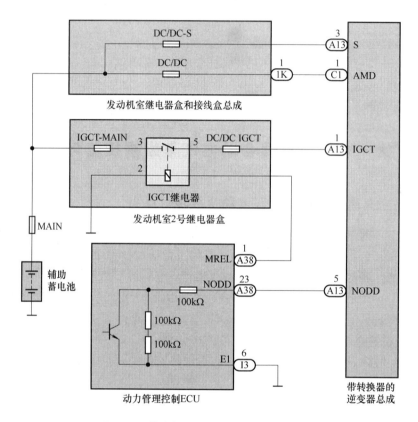

图5-1 带变换器的逆变器总成相关电路

将电缆连接到辅助蓄电池负极（-）端子上，检查AMD端子电压，AMD端子通过发动机室3号线束连接到发动机舱继电器盒和接线盒总成内连接器1K端子1（图5-2），用万用表测量连接器1K端子1的电压，为10.58V（正常情况下，应与辅助蓄电池电压相同，此时测得辅助电池电压为12.48V），不正常。检查连接器1K无异常，晃动发动机舱3号线束，发现连接器1K上的固定螺母有轻微松动，同时端子1的电压发生改变，在10.58~12.48V变化。拆下连接器1K上的固定螺母，发现端子1表面和固定螺母表面都有电弧烧蚀的痕迹（图5-3），确定故障由连接器虚接所致。

故障排除 用砂纸打磨处理端子1表面和固定螺母表面，并以标准力矩8N·m拧紧固定螺母，测量连接器端子1的电压，为12.48V，晃动发动机舱3号线束，电压保持不变。

清除故障码后试车，故障现象消失。交车 1 周后电话回访，驾驶人反映车辆一切正常，故障彻底排除。

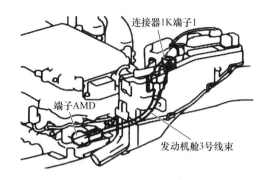

图 5-2　发动机舱继电器盒和接线盒总成内连接器 1K 端子 1

图 5-3　连接器 1K 端子 1 和固定螺母

技巧点拨　线路虚接是现代汽车的共性问题，随着电控技术的发展，电子控制单元的不断增多，使得线束数量呈减少趋势，同时由原来的传输大电流改为传输信号，使得线路出现故障的概率大大降低。

二、丰田凯美瑞混合动力系统故障分析

故障现象　一辆丰田凯美瑞混合动力汽车，驾驶人反映在行驶过程中仪表上的发动机故障灯、防滑灯、制动系统故障灯都点亮，仪表中央显示屏提示"检查混合动力系统"，同时空调制冷失效（图 5-4）。将车辆停靠路边并关闭点火开关之后，重起发动机，仪表板上的 READY 灯熄灭，车辆处于停车状态。

故障诊断　用 GTS 对混合动力系统读取故障码：①P0A0D——高电压系统连锁电路高；②U029A——与混合动力电池组传感器模块失去通信，如图 5-5 所示。

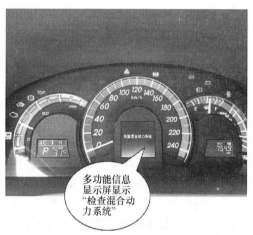

多功能信息显示屏显示"检查混合动力系统"

图 5-4　仪表显示

混合动力控制实况		
诊断代码：		
	代码	说明
✳	P0A0D	高电压系统连锁电路高
✳	U029A	与混合动力电池组传感器模块失去通信

图 5-5　故障码

根据故障码翻阅维修手册，没有 U029A 故障码的维修说明，只能对另一个 P0A0D 故障码先作检修，根据相关电路图分析（图5-6）引起此故障原因包括：①逆变器上盖；②逆变器总成；③动力管理控制 ECU；④维修塞把手；⑤线束不良。

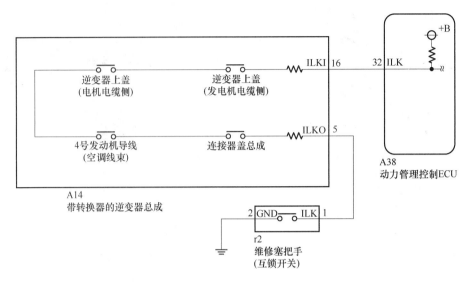

图 5-6　动力管理控制 ECU 电路

逐一检查逆变器上盖的发电机、驱动电机、空调高压电缆安装状况，安装良好，判断逆变器上盖正常。断开逆变器总成连接器 A14，用万用表测量 A14 的 ILKI（16 脚）与车身接地，打开点火开关有 12.46V 参考电压，判断为动力管理控制 ECU 正常。电阻档测量 A14 的 ILKI（16 号端子）与 A14 的 ILKO（5 号端子），电阻在标准 10Ω 以下，说明逆变器内部没有存在断路现象，逆变器正常。断开逆变器总成连接器 A14，用万用表测量 A14 的 ILKI（16 号端子）与车身接地，打开点火开关有 12.46V 参考电压，判断为动力管理控制 ECU 正常。

用万用表电阻—测量 A14 的 ILKI（16 号端子）与 A14 的 ILKO（5 号端子），电阻在标准 10Ω 以下，说明逆变器内部没有存在断路现象，逆变器正常。继续测量维修塞把手的互锁连接器阻值为 0.2Ω，维修塞把手互锁连接器正常。插上维修塞把手测 A14 的 ILKO（5 号端子）与车身接地，阻值为 610Ω，已超出正常的标准（1Ω），故障点基本锁定在线路上。

按照相关线路图的走向检查，在 T1 接地点处终于发现了故障点，该处接地使用了非原装螺栓且已松动（图 5-7）。

在更换为原装螺栓并拧紧之后，再次查阅电路图，考虑 T1 接地线松动对哪些用电设备有影响，偶然发现 T1 接地线同时并联着另一条 N1 的接地线（图 5-8），按这种设计理念就是防止在碰撞尾部时 T1 接地线松脱后，另一条 N1 的接地线接地仍然继续维持其他电子设备工作，那为何现在 T1 接触不良后就导致其他设备工作瘫痪了呢？N1 也存在问题吗？考虑至此，继续进行检查。

故障排除　按照维修手册拆卸左后内饰板，检查 N1 接地点情况，拆开后发现 N1 接地线束安装不到位，只是挂在边上，于是松开固定螺栓并安装牢固（图 5-9）。

第五章 其他新能源汽车维修技能与技巧

图 5-7　T1 接地点

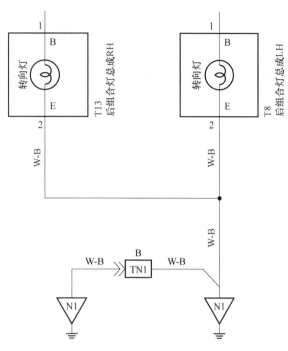

图 5-8　接线电路

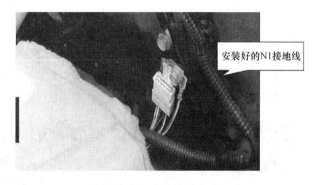

图 5-9　N1 接地点

技巧点拨　针对现在的混合动力车型应多加培训维修流程和诊断思路，先进的混合动力系统包括了传统车型所没有的高压电系统，如果用以前的维修思路及维修方法检修混合动力系统，可能会导致严重的伤亡事故。

三、2017 款丰田卡罗拉混动版动力不足

故障现象　一辆 2017 款 1.8L 丰田卡罗拉混动版，发动机型号为 8ZR-FXE，行驶里程 3056km。驾驶人反映，需要两次操作才能启动发动机，且加速不良，发动机故障灯常亮。

故障诊断　接车后用诊断仪调取故障码，显示 U016487、U110787、B1244、B124B、

U0120、U0164、P3190 等多个通信故障。清除发动机故障码，再次检查车辆，路试后再次调出 P3190 发动机动力不足的故障码。

根据修理手册检查汽油质量及油压，均正常；检查进气系统，未见漏气及老化现象；检查空气流量计，静态数值为 0.35，起动发动机后数据正常，在故障未再现时，短期燃油修正为 5%，长期燃油修正为 3%，都在正常范围之内。

清除故障码后，故障灯熄灭，试车正常，没有故障出现。与驾驶人沟通发现，故障灯亮时，此车燃油量偏少，由此判断该车故障是燃油量偏少所致。故障灯熄灭后，驾驶人就开走了车辆。原以为该车故障被排除了，但一周后驾驶人再次送修，故障灯再次点亮，且燃油液位正常，看来该车故障与燃油量没有直接关系。接车后，再次用诊断仪调出故障码，结果与上次一样，故障信息没有任何变化。

为保险起见，对该车进行了以下检查：

1）在试车过程中，故障偶尔会再现，再次起动车辆后，故障又消失。

2）用"换件"的方式，替换了空气流量计，并检查各缸点火、缸压、火花塞，均显示正常。

3）拆下喷油嘴，用内窥镜检查气门积炭，未见异常，在故障重现时多次起动，气门背部未见燃油痕迹。

4）由于油压正常，怀疑喷油嘴线路或喷油嘴异常，于是测量发动机 ECU B26 插头的 10、20、30 和 40 号端子与喷油头之间的线束，没有虚接，且供电正常，未发现任何异常。

5）连接好汽油压力表后，准备上路进行路试，但在车间移动的过程中偶然发现故障再现，此时燃油压力为 0kgf/cm^2（图 5-10）。

故障排除 通过上述检查，初步判断故障点应该在燃油泵相关电路上，于是开始重点检查燃油泵线束，最终发现燃油泵搭铁点 LF 存在虚接现象（图 5-11）。紧固搭铁点后，燃油压力正常，上路试车，故障彻底排除。

图 5-10 故障再现时故障车燃油压力为 0kgf/cm^2

图 5-11 燃油泵搭铁点虚接

技巧点拨 该故障车为混合动力车型，进店维修量相对较少，故障原因是搭铁螺栓未紧固到位，造成车辆行驶过程中燃油泵供电有时断路，从而引发故障。这种故障具有很强的偶发性，如果不用心、细致地检查，很难找到故障根源。

四、丰田卡罗拉混合动力汽车偶尔无法行驶

故障现象 一辆 2016 款丰田卡罗拉混合动力汽车，搭载 8ZR-FE 发动机，行驶里程 3.2万 km。驾驶人反映，车辆偶尔无法行驶，同时组合仪表上的主警告灯、发动机故障灯等多个故障指示灯点亮，且多功能显示屏提示"混合动力系统故障，换至 P 位"（图 5-12）。

图 5-12 组合仪表多功能显示屏的信息提示

故障诊断 接车后首先试车验证故障现象。踩下制动踏板，按下电源开关，组合仪表上的 READY 指示灯正常点亮，观察组合仪表，无任何故障指示灯点亮。将档位置于 D 档，车辆能够正常行驶。与驾驶人沟通得知，半年前车辆发生过一次碰撞事故，当时修理厂维修人员更换了前保险杠和左前翼子板，自从维修后，车辆经常会出现上述故障现象，且故障具有一定的偶发性。

连接故障检测仪（GTS）读取故障码，无任何故障码存储。接着使用多种测试方法让故障现象重现，在使用高压水枪对车辆进行淋雨测试时，组合仪表上的多个故障指示灯点亮，并且车辆无法行驶。用故障检测仪进行检测，读取的故障码为"P0A3F21——电动机'A'位置传感器信号振幅最小""P1CAD49——电动机'A'位置传感器内部电子故障"。查阅维修手册，2 个故障码的设置条件及故障可能部位见表 5-2。分析表 5-1 可知，这 2 个故障码均与电动机解析器有关。查阅维修资料得知，带逆变器总成（MG ECU）将预定频率的交流电流输入励磁线圈。随着椭圆形转子的旋转，转子和定子间的间隙发生变化，就会在检测线圈 S 和检测线圈 C 上感应出相位差为 90°的正弦、余弦感应电流，MG ECU 根据检测线圈 S 和检测线圈 C 感应电流的波形相位、幅值及脉冲次数，计算出 MG1 和 MG2 永磁转子的磁极位置和转速信号，作为 MG ECU 对 MG1、MG2 矢量控制的基础信号。当转子从特定位置正向旋转 180°时，励磁线圈、检测线圈 S 和检测线圈 C 的输出波形如图 5-13 所示。

表 5-2 故障码 P0A3F21 和故障码 P1CAD49 的设置条件及故障部位

故障码	检测条件	故障部位
P0A3F21	电动机解析器电路断路或正弦和余弦相位特征存在偏差；电动机解析器信号超出标准范围（单程检测逻辑）	带转换器的逆变器总成；混合动力车辆传动桥总成；线束或导线连接器
P1CAD49	电动机解析器角度故障：控制解析器角度和估算解析器角度之间的差值超出允许极限（单程检测逻辑）	带转换器的逆变器总成；混合动力车辆传动桥总成；线束或导线连接器

根据上述解析器的工作原理，结合该车的故障现象分析，当 MG2 解析器输出信号错误时，MG ECU 无法识别 MG2 的具体位置和转速，使得 MG2 无法转动，车辆无法行驶。鉴于车辆之前发生过碰撞事故，且为间歇性故障，综合分析，判断故障可能出在 MG2 解析器及其相关的线路上。根据相关电路（图 5-14），拆下维修服务插销，等待 10min，断开蓄电池负极端子电缆，断开 MG ECU 导线连接器 B27，用万用表测量 MG ECU 导线连接器 B27 端子 5 与端子 6 之间的电阻（即 MG2 解析器

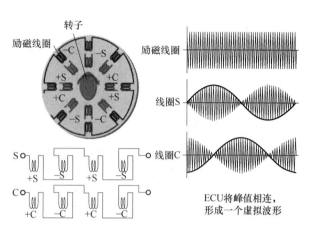

图 5-13　解析器内励磁线圈、检测线圈 S 和检测线圈 C 布局图及其输出波形

励磁线圈的电阻），为 13Ω；测量端子 1 与端子 2（检测线圈 S）之间的电阻，为 20.5Ω；测量端子 4 与端子 3（检测线圈 C）之间的电阻，为 20.5Ω，与维修手册中的标准值基本相符。依次测量 MG ECU 导线连接器 B27 端子 1、端子 2、端子 3、端子 4、端子 5、端子 6 与车身搭铁之间的电阻，均大于 1MΩ，正常。

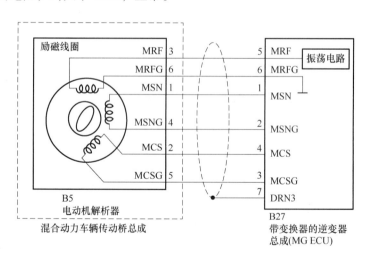

图 5-14　MG2 解析器相关电路

将导线连接器 B27 复位，连接蓄电池负极端子电缆，插上维修服务插销，按下电源开关，组合仪表上的多个故障指示灯熄灭，车辆又能够正常行驶。重新整理之前的维修思路，决定再次使用高压水枪对车辆进行淋雨测试，故障现象再次出现，立即使用气枪对发动机室部件、底盘部件上的水进行局部吹干，划分区域排查。在清理 MG2 解析器导线连接器上的水珠时，发现 MG2 解析器导线连接器内部渗水，仔细检查 MG2 解析器导线连接器，发现 MG2 解析器导线连接器防水胶塞已缺失，怀疑跟上次事故维修有关。推测分析，雨水顺着线束慢慢渗入到 MG2 解析器导线连接器内部，使解析器信号线出现短路故障，导致车辆无法行驶。仔细检查 MG2 解析器端子（图 5-15），发现端子已经出现轻微的

氧化腐蚀。

故障排除 使用除锈剂清理 MG2 解析器端子上的氧化物,并更换 MG2 解析器导线连接器,用故障检测仪清除故障码,再次使用高压水枪对车辆进行淋雨测试,故障现象不再出现,于是将车辆交还给驾驶人。1 个月后对驾驶人进行电话回访,驾驶人反映车辆一切正常,故障彻底排除。

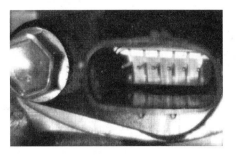

图 5-15 MG2 解析器端子

技巧点拨 卡罗拉混合动力汽车的混合动力驱动桥内安装了 2 个解析器(图 5-16),分别监测发电机(MG1)、电动机(MG2)转子磁极位置、速度和旋转方向。解析器的定子包括 3 种线圈:励磁线圈、检测线圈 S 和检测线圈 C。解析器的转子呈椭圆形,与 MG1、MG2 的永磁转子相连接,同步转动,椭圆形转子外圆曲线代表永磁转子磁极位置。

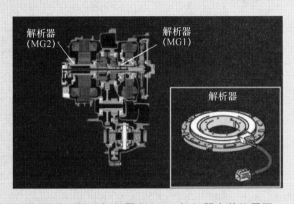

图 5-16 MG1 解析器和 MG2 解析器安装位置图

第二节　英菲尼迪混合动力维修技能与技巧

一、英菲尼迪 QX60 混合动力汽车混合动力故障灯点亮

故障现象 一辆英菲尼迪 QX60 混合动力汽车,搭载 QR25 发动机,行驶里程 4.7 万 km,驾驶人反映,车辆行驶过程中,混合动力故障灯及防侧滑指示灯突然点亮(图 5-17)。

故障诊断 接车后试车验证故障现象,组合仪表上的混合动力故障灯及防侧滑故障灯点亮。连接故障检测仪(CONSULT 3 PLUS),读取故障码(图 5-18),混合动力控制模块(HPCM)内存储有故障码:P3125——电动冷却液

图 5-17 混合动力故障灯及防侧滑指示灯点亮

泵系统；ABS 控制模块内存储有故障码 C1130——发动机信号 1。查看维修资料得知，故障码 C1130 是由于 HPCM 中监测到故障码 P3125 存储而产生的，所以重点检查故障码 P3125。故障码 P3125 的设定条件及可能原因见表 5-3。

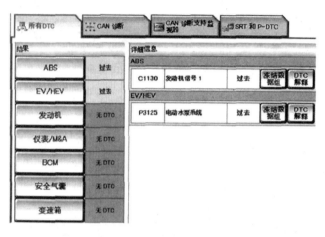

图 5-18 读取的故障码

表 5-3 故障码 P3125 的设定条件及可能原因

故 障 码	设 定 条 件	可 能 原 因
P3125	混合动力控制模块（HPCM）检测到电动冷却液泵的反馈信号为 83%～91%，且持续 30s 以上	电动冷却液泵电路断路或短路；电动冷却液泵故障

读取故障码的冻结帧数据（图 5-19），"逆变器水泵监控"值为 89.2%（正常情况下，应小于 83%），不正常。记录并尝试清除故障码，故障码可以清除。用故障检测仪对电动冷却液泵进行主动测试，"逆变器水泵监控"值在 74%～78.2%变动，正常；关闭发动机舱盖、驾驶人侧车门，起动发动机，并换入 R 位，发动机熄火，车辆进入 EV 模式，另外一名维修人员站在车辆的前部，能听见电动冷却液泵工作的声音，说明上述故障为间歇性故障。

为了彻底弄清出现故障的根源，查阅电动冷却液泵相关电路（图 5-20），依次检查 HPCM 导线连接器 E131、导线连接器 E207、电动冷却液泵导线连接器 E230，连接牢靠。断开电动冷却液泵导线连接器 E230，接通点火开关，用万用表测量导线连接器 E230

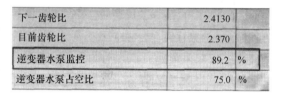

图 5-19 读取故障码的冻结帧数据

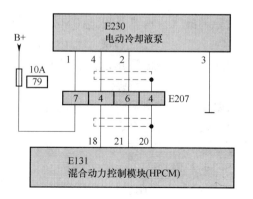

图 5-20 电动冷却液泵相关电路

端子 1 与端子 3 之间的电压，为蓄电池电压，正常。断开点火开关，断开 HPCM 导线连接器 E131，测量 HPCM 导线连接器 E131 的 18 号端子与电动冷却液泵导线连接器 E230 的 4 号端子之间的电阻，小于 1Ω；测量 HPCM 导线连接器 E131 的 21 号端子与电动冷却液泵导线连接器 E230 的 2 号端子之间的电阻，小于 1Ω；测量 HPCM 导线连接器 E131 的 18 号端子、21 号端子与电源及搭铁间的导通性，不存在短路故障，排除电动冷却液泵相关线路故障的可能。难道是电动冷却液泵出现故障？维修人员决定更换电动冷却液泵。

在打开冷却液膨胀罐盖时，发现冷却液膨胀罐中冷却液严重不足，怀疑高压冷却系统中混入空气，造成电动冷却液泵运转异常，从而出现上述故障现象。询问驾驶人得知，该车前不久在外地出过事故，推测事故维修过程中拆卸过高压冷却系统相关部件，重新装复后，冷却液加注量不足。

故障排除 添加足量的冷却液，并对高压冷却系统进行排空气操作（EV 模式下，加满冷却液膨胀罐，循环一段时间，待冷却液膨胀罐中不再出现气泡即可）后试车，故障排除。

> **技巧点拨** 在本案例中读得的故障信息中有电动冷却液泵的故障，因此应先检查与冷却系统相关的部件是否正常，其中也包括冷却液面的情况。

二、英菲尼迪 QX60 混合动力汽车天窗无法关闭

故障现象 一辆 2014 款英菲尼迪 QX60 混合动力汽车，搭载 QR25 发动机，出现天窗无法关闭的故障。

故障诊断 接车后检查发现，天窗处于倾斜开启状态。向后拨动天窗开关，天窗玻璃在移动到即将关闭时，自动返回并恢复到原状。分析故障现象，推断故障是由天窗防夹功能起作用导致的，可能的故障原因有：天窗导轨中有异物；天窗导轨、拉线部位润滑不良或存在干涉；天窗电动机总成及其线路故障。

检查天窗内外，无异物，天窗及车顶无变形等异常情况。断开天窗电动机总成导线连接器，测量 7 号端子与 9 号端子间的电压，约为 11.9V，正常；向后拨动天窗开关，测量 5 号端子的电压，为 0V，不操作时为 11.9V，正常；向前拨动天窗开关，测量 1 号端子的电压，为 0V，不操作时为 11.9V，正常。由此初步排除天窗电动机总成线路故障，推断天窗电动机总成损坏。

更换天窗电动机后试车，故障依旧，推断故障还是出在相关的机械部件上。手工转动天窗电动机（图 5-21）带动天窗移动，在转动到天窗关闭位置时，发现天窗前部与车身的间隙较大，后部间隙较小，且天窗密封条受挤压变形（图 5-22）。测量得知，前部间隙为 7.5mm（图 5-23a），后部间隙为 4.5mm（图 5-23b），而正常的前、后部间隙应均为 6mm（图 5-23c）。诊断至此，推断

图 5-21 手工转动天窗电动机

天窗后部与车身的间隙过小，使天窗密封条受挤压，造成阻力过大并导致天窗防夹功能工作。

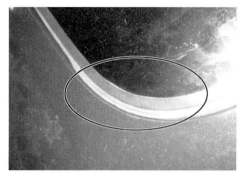

图 5-22　天窗密封条受挤压变形

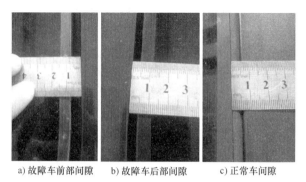

a) 故障车前部间隙　　b) 故障车后部间隙　　c) 正常车间隙

图 5-23　测量天窗与车身间的间隙

拆下天窗密封条试车，天窗能够正常开启和关闭，说明故障确实是由天窗后部与车身的间隙过小引起的。

故障排除　拆下天窗的 4 个固定螺栓，重新调整天窗位置，并安装天窗密封条后试车，天窗能够正常开启和关闭，故障排除。

技巧点拨　天窗电动机总成内置的 CPU 监测天窗电动机操作和位置，如果在滑动关闭或向下倾斜操作过程中监测到过大的阻力，则天窗电动机会将天窗移至开启位置。

第三节　比亚迪混合动力维修技能与技巧

一、2017 款比亚迪唐无电动行驶模式

故障现象　一辆 2017 款比亚迪唐油电混合动力汽车，其动力源为 2.0T 发动机和 2 台三相永磁同步驱动电机。采取 26A·h 的 712V 磷酸亚铁锂电池，配有 6 速湿式双离合变速器，纯电续驶里程 80km。

某天车辆刚充电后，用电动模式突然不能行驶，仪表盘的中央出现"请检查动力系统"的警告（图 5-24），此时 SOC 为 98%，表示车辆电已充足，按理应该是优先采用电动模式行驶的，为什么车辆不能起步？当时只得将 EV 模式切换到 HEV 模式，幸好这时发动机还

图 5-24　仪表盘报警

能起动，车辆仍能行驶。再试图转换为电动模式，车辆又不能行驶。这证明该车电动模式的确出了问题。

故障诊断　此车是电动四驱汽车，有3种驱动的动力，分别是发动机、前电机和后电机等，其中前电机驱动前轴，后电机驱动后轴，与发动机配合采用适时四驱方式，可灵活变化为前驱或四轮驱动。2台驱动电机是直接装在前轴和后轴上的。由此此车控制系统比较复杂。从图5-25的检测数据流表明，前电机处于关闭无法驱动的状态，这表明无法以EV模式驱动。

图 5-25　检测前驱动电机处于关闭状态、无电动模式

1. 对"检查动力系统"进行故障分析

按仪表板上提示"检查动力系统"，查找无法切换为EV模式的原因，调出该车ECU BMS的故障码，出现2个故障码：P1A3400——预充失败故障；P1C0500——后驱动电机控制器高压欠压（图5-26）。

图 5-26　故障码

（1）对出现"预充失败"和"高压欠压"故障的分析　从刚充足电的情况考虑，初步判断动力电池的电压应是正常的。又从"预充失败"和"高压欠压"来考虑，就应分析动力电池系统的负极接触器、预充接触器、主接触器和分压接触器等能否吸合？这就涉及车辆是否能正常"上电"的问题了。当然要涉及高压配电箱、BMS、前后驱动电机变频控制等系统，说明造成的故障比较隐蔽。图5-27是该车动力系统结构图，从图中可见，动力电池通过高压配电箱，向前、后电机控制器供电，以实现四轮驱动。同时还向空调压缩机等供电，发动机的动力也可进行前轮驱动。动力电池经高压配电箱受电池管理器的控制。

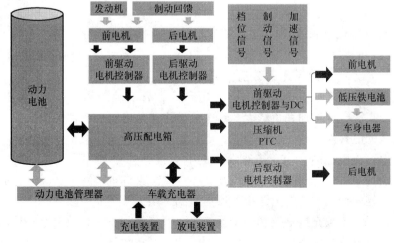

图 5-27　动力系统结构图

(2) 动力高压电池"上电"的检修 所谓"上电"是指给车辆输入动力电池的电压，只有正常"上电"之后，驱动控制器方能输入动力电池的直流高电压，以变频供给驱动电机合格的三相交流电，电机才能旋转产生动力，否则车辆是无法用电机来正常驱动的。

电动车"上电"的操作系统使用的电压为12V，由小蓄电池供电。小蓄电池不是传统的铅酸电池，而是蓄电能力更强的锂电池。从上分析可见，正常上电的条件是12V蓄电池的低压电应是正常的，同时低压供电控制系统的工作也需正常，才可能操作负极接触器、预充接触器、主接触器和分压接触器。检测低压控制系统的12V供电接柱，多个接触器控制电路接柱，还有负责通信的CAN总线接柱等，检查后没有发现异常，初步判断"上电"控制基本正常。

2. 对无电动EV模式的故障检修

用比亚迪专用检测仪，读取BMS数据，电池总电压为719V，属正常值，表明该车的动力电池正常。但读取前驱动电机控制器，以及后驱动电机控制器的内部母线电压都只有69V。两者之间电压相差应该极小，为什么现在两者间会有高达700V的差别呢？

(1) 驱动电机控制器的母线电压为何极低 在车辆"上电"瞬间观察BMS数据、动力电池的负极接触器以及预充接触器都能正常吸合状态，但前、后驱动电机控制器母线的电压很低，只有70V左右，无法达到预充电压要高于2/3动力电池额定电压的要求，即控制器母线的电压至少应达到485V，故车辆不可能以EV模式运行，而只能自动切换成HEV模式，即需要起动发动机来驱动车辆。

为什么动力电池电压正常而驱动控制器的母线欠压，前轮驱动系统仍处于关闭状态呢？

拆下高压配电箱逐一检查，排查高压配电箱内部负极接触器、主接触器、预充接触器、预充电阻等部件，结果发现预充电阻的阻值无穷大（图5-28），而正常电阻仅为200Ω，确认是预充电阻被烧断了。由于预充电阻被熔断，高压动力电池的正常电压不能输出，由此可判断是驱动电机控制器没有接收到正常的预充电压，高压配电箱则不输出应有的高压电。预充电阻漏电使得母线电压极低，驱动电机无法旋转进而驱动车辆行驶。最终查找出是预充电阻断路，造成了本车的电动模式不能运行的原因。

图5-28 检测预充电阻已短路

(2) 动力电池系统预充电阻的分析 高压电池的正、负极上都装有接触器，可将电池与用电负载有效地隔离。2个接触器在接通的瞬间，动力电池的高压电突然加在负载上，这个负载主要是电机控制器。电机控制器即逆变器的前端都有较大的电容器，在冷态启动时，电容器上无电荷或只有很低的残留电压。当无预充电阻直接加上直流电压时，由于电容器上的电压接近为0V，相当于瞬间短路。"上电"瞬间产生较大的甚至有数千安的充电电流，就会产生很大的电流冲击，极易造成功率器件损坏，还可造成接触器接通时的电火花拉弧形成烧结，增大了器件的故障率。

因此需要设置一个预充接触器和一个预充电阻。首先预充接触器通电，让高压电通过串联的预充电阻，对电流幅值进行限制，极大地缓冲了对负载器件的冲击，所以预充管理是电动汽车的电路中必不可少的重要环节。本车动力电池的接触器控制回路如图 5-29 所示，其中的预充电阻为 200Ω。

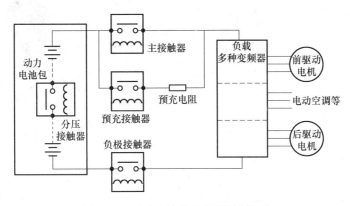

图 5-29 动力电池的接触器控制回路

当电机控制器上负载电容器的电压越来越高直至接近动力电池的电压，且不再有大电流冲击时，预充管理器就会自动切断预充接触器，再接通主接触器，让逆变器得到动力电池的全电压，使之能正常驱动三相永磁同步电动机工作。

故障排除 查找造成预充电阻损坏的原因，发现该车空调的制热元件使用了 PTC 发热器，PTC 属于正温度系数的发热元件，功率消耗较大。测量时，发现 PTC 加热芯体已损坏，导致烧坏预充电阻元件。更换 PTC 加热芯体与预充电阻后，试车证明该车无电动模式的故障已得以排除。

> **技巧点拨** 在驱动模式方面，比亚迪唐有 EV 和 HEV 两种模式，又各分为经济和运动两种驾驶方式，前者较省油，后者动力强劲、加速性能好。

二、比亚迪 F3DM 汽车电动转向装置检测

比亚迪 F3DM 汽车的电动助力转向属于转向柱式助力方式。现在电动转向装置通常有两种助力方式：一是在转向器前方安装电动机助力，二是在转向器后方装置电动机来助力。前者为转向柱式助力方式，后者为齿条助力或循环球转向助力方式。比亚迪 F3DM 汽车的电动助力转向属于转向柱助力式，直接在转向盘转向柱管下方安装助力电动机和减速装置，产生较大的转矩以减轻驾驶人的转向操作力，这就是转向柱式电动助力系统，如图 5-30 所示。这种系统结构简单、成本较低，可使用直流电动机，只有在车辆转向时电动机才提供助力，比起液压助力式转向系统，具有良好的燃油经济性和成本低的特点，多在经

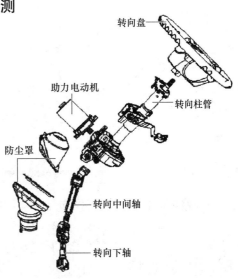

图 5-30 转向柱式电动助力系统

济型汽车和电动汽车上使用。

1. 电动转向助力电动机的检测

图 5-31 为比亚迪电动汽车助力电动机结构图，在转向柱下方有一套蜗轮蜗杆减速机构。助力电动机的转子轴上有花键套与蜗杆端部的花键轴配合，电动机转子直接驱动一个双头蜗杆，与 37 个齿的蜗轮配合形成较大减速的装置。蜗轮直接安装在转向柱上，由于电动机帮助驱动蜗杆旋转，经蜗轮减速后，可极大地减轻驾驶人操纵转向盘的力矩。

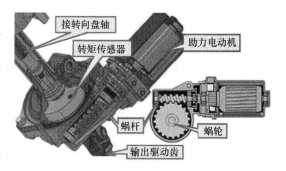

图 5-31　比亚迪电动汽车助力电动机结构图

助力电动机属于直流电动机，该助力电动机的型号为 BYDF3DM-3418100A-C1，额定电压为 20V，额定工作电流为 60A，在极端转向状况下的最大负载电流可达 80A，输出的额定转矩为 3N·m，电机的额定转速为 2500r/min。转子上有换向器及电刷，电机定子有红黑两根粗线，与转向模块 ECU 相连来供电。

在贴近蜗轮处安装有灰色的转向盘转矩传感器，如图 5-31 所示，传感器上有 4 根细线，它们与转向 EPS 模块 ECU 相连，反映了驾驶人操纵转向盘的力矩大小和方向。

电动助力转向 EPS 助力电动机是采用永磁式有电刷的直流电动机，需要正反转输出转矩，支持车轮左右转向的助力。定子采取稀土强永磁材料。为提升电动机的转矩、减小体积，驱动电机的工作电压比蓄电池的电压高，多为 20~36V。本电动机采用 20V 电压来驱动，为此必须装有专用的 DC/DC 变换器，先将蓄电池的 12V 直流电压逆变为交流电，经变压器升压后，再转换成 20V 直流电压供给电动机使用。DC/DC 变换器内部电路比较复杂，电路比较成熟，封装在一个集成电路中，安装在驾驶人的左前方，称为"EPS 升压控制 DC 模块"，但故障率极低。图 5-32 中的"升压变换器"就是"EPS 升压控制 DC 模块"。

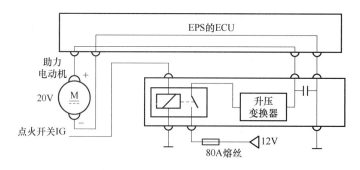

图 5-32　助力电动机的电源系统图

在检修电动机时，发现换向器有烧蚀痕迹，曾出现过环火花现象。拆解助力电动机装置时，发现蜗轮蜗杆配合正常，没有明显发卡和磨损，电动机转子两端轴承良好，转子旋转自如且与定子无刮擦现象，转子线圈的颜色正常、绝缘也良好，电刷架也属正常，但发现 4 块电刷磨得极短（图 5-33），而且电刷极易磨损，电刷中间甚至还出现有空洞现象。这说明采用的电刷品质很差，助力电动机换向器上炭粉极多，换向器被烧蚀，可判断换向器上曾出现过环火花。此换向器在环火状况下运转，转子线圈无法正常工作，电动机输出转矩变小，当然会感觉到无力，如果继续强制运转下去，助力电动机会出现烧毁的可能性！这时转动转向盘会感到特别沉重，并出现发卡的现象。

该车已使用了 6 年，按汽车产品的可靠性和安全性来考虑，该电动机不应出现上述换向器的环火、炭粉多和电刷磨损大等问题。从电流密度和耐磨程度上考虑，电刷材料的选择是值得研究的，应选用耐磨且导电良好的电刷。含铜粉较多时易被磨损，而且电刷弹簧的弹性也稍感不足，这是

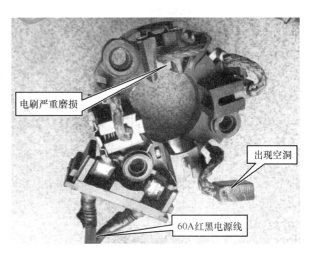

图 5-33　电机换向器的电刷磨损极大，有烧蚀痕迹

电动机制造和设计方面应该改进的地方。为此在修复时，选用了更耐磨、电流强度更大的铜质电刷，改进了电刷弹簧的弹性，使此助力电动机的性能得以恢复和提高。

2. 转矩传感器的原理与检测

转矩传感器是用来测量驾驶人操纵转向盘力矩大小和方向的，并将其转换为电信号，输送给电动转向模块的 ECU，模块接收此信号及车速信号后，经分析和计算比较，输出信号给助力电动机，调节电动机的工作电流以控制助力的方向和大小。显然转矩传感器的正常运行与否，将会影响助力电动机的工作，直接导致汽车在行驶过程中失去转向助力功能，这对安全行车是极重要的，直接影响驾车的安全系数，因此转矩传感器是 EPS 系统中的一个重要的器件。

（1）利用扭杆来检测转矩的大小　在电动助力转向系统上装用的转矩传感器，分为接触式和非接触式两种，电位计式转矩传感器属于接触式转矩传感器。接触式转矩传感器用扭杆来检测转矩，在转向柱与转向小齿轮间安装了一根细的扭杆，由小齿轮驱动齿条带动车轮转向，受到轮胎与地面间的摩擦作用，因而形成一定的摩擦阻力，将会使这根细的扭杆产生一定的变形，测量扭杆的变形量并转化为电压信号，能精准地反映驾驶人操纵转向盘的力矩和方向。比亚迪电动汽车的电动机助力装置和很多经济型乘用车的电动助力系统中都使用了电位计式转矩传感器，结构简单、成本较低，如图 5-34 所示。

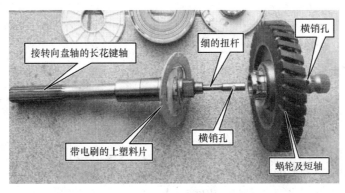

图 5-34　比亚迪使用的电位计式转矩传感器

在图5-34中长轴的左端，通过长花键连接转向盘的中心轴，长轴的偏下部有一根细的扭杆，它在转向时会产生变形，可监测出驾驶人操纵方向的转矩。长轴下端有一个横销与蜗轮短轴相连，蜗轮短轴连接转向器的驱动小齿轮，小齿轮再与转向齿条啮合以驱动转向轮。如图5-5所示，与蜗轮前部贴装的是一个转矩传感器，蜗轮与传感器都装在短轴上。图5-35是电位计式转矩传感器分解图，电位计式转矩传感器有圆环电阻本体和上下两块塑料片。

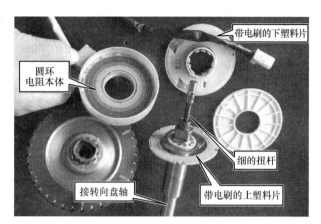

图5-35 电位计式转矩传感器分解图

（2）带电刷的塑料片 圆环电阻本体片上有四条连线，它固定在转向柱外壳上不随转向柱旋转，圆环电阻上有四环，电阻值是840Ω。带有电刷的上塑料圆片安装在转向长轴上，带电刷的下塑料圆片则安装在蜗轮的短轴上。在车辆转向时，转向长轴与蜗轮短轴会有一定的相对位移。通过带电刷的上、下塑料圆片，会在固定不动的圆环电阻本体上产生相对位移，位移量的大小直接反映了驾驶人操纵转向盘的力矩，而位移量的方向区分了左右转向。这种位移电阻变化量由其上的红、黑、绿、白等四条细线与转向EPS的ECU进行连接，其中红、绿两线是5V稳压电源线，黑、白是转矩信号线。转矩信号经ECU处理后，输出命令到助力电机帮助转向，以减轻驾驶人操纵转向盘的力矩。图5-36是转向柱式电动转向装置系统图。

（3）非接触式转矩传感器 非接触式转矩传感器内装有两组环形磁极，当输入轴和输出轴之间发生相对转动时，输入轴相对于输出轴的方向发生偏转，出现"相位差"。环形磁极间则会发生相对变化，从而引起电磁感应的变化，则在线圈中产生感应电压，并将电压信号转化为转矩信号。非接触式转矩传感器的优点是体积小、精度高，丰田卡罗拉汽车就采用了非接触式转矩传感器。

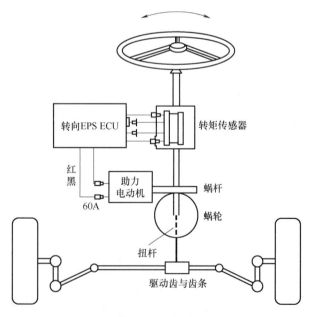

图5-36 转向柱式电动转向装置系统图

（4）转矩传感器的检修与故障分析 电位计式转矩传感器工作时，在塑料片内有金属做成的移动刷臂，输出的是可变电阻的精密信号。由于行驶中的剧烈震动，或是金属刷臂的疲劳老化，输出的可变电阻信号不稳定常会造成转矩传感器损坏或性能不佳。这会导致转向系统出现如左右操纵转向盘的转向力矩不均、转向沉重、转向后转向盘不能自动回正等故障，这时仪表板上 P/S 警告灯也会亮起红灯。

由于转矩传感器装于转向柱总成内，两者已经成为一个整体了，又是一个十分精密的器件，要求能够快速精准地测量转向盘转角的大小和方向。一旦转矩传感器性能不良或损坏，将直接影响转向系统的性能，在维修时严禁对塑料片上的移动刷臂进行校正，也不可在塑料片上进行焊接，或是进行其他相关的修理。

修理后还需要通过精密的仪器才可校准这种转矩传感器，一般的维修企业不具备这个条件，所以在此情况下，只能通过更换转向柱总成来直接修复电动转向系统。

> **技巧点拨**　如果维修人员能够找到这种完全相同的转矩传感器，尝试局部更换修复此电位计式转矩传感器时，在修复后还需要进行转向的"零点校正"，可参考维修手册进行校正，此处不建议维修人员维修或单独更换转矩传感器，而应采取更换转向柱总成的办法。

三、比亚迪秦混合动力汽车电动模式无法行驶

故障现象　一辆 2015 款比亚迪秦混合动力汽车，搭载 1.5T 476ZQA 发动机和集成 TYC110A 驱动电机的 6HDT35 6 速自动变速器，行驶里程 11.1 万 km。该车在电动模式下无法行驶。

故障诊断　接车后试车，故障现象与驾驶人所述一致。断开自动变速器上的驱动电机旋转变压器导线连接器，混合动力系统故障灯点亮，此时发动机起动，且车辆能够行驶。与驾驶人一同路试，发现该车倒档、前进档（1～6 档）均正常。回厂后，装复断开的驱动电机旋转变压器导线连接器并清除故障码，再分别将档位置于前进档和倒档，发现车辆均无法行驶。

用故障检测仪检测，读取的故障码如图 5-37 所示。推断可能的故障原因

图 5-37　读取的故障码

有：驱动电机（旋转变压器安装在其内部）故障；驱动电机控制器（通过旋转变压器监测驱动电机的转速和转角位置，以控制驱动电机运转）故障；减速器（图 5-38，其输入端减速齿轮与驱动电机连接，输出端减速齿轮与自动变速器的倒档轴连接）故障。

根据表 5-4 测量驱动电机旋转变压器端子间的电阻，均正常。装复驱动电机旋转变压器导线连接器并清除故障码，读取驱动电机控制器数据流，发现在 D 档时，踩下加速踏板，驱动电机转矩和转速均有显示（图 5-39）；打开发动机舱盖，能听到驱动电机工作的声音，且组合仪表上的功率表显示正常（图 5-40）。既然驱动电机已经开始工作了，为什么车辆无法行驶呢？难道是动力没有传递到车轮上？分析至此，将故障锁定在减速器上。

图 5-38 减速器

表 5-4 驱动电机旋转变压器端子间电阻的标准数据

端　子	电　阻
6（正弦+）	$16\Omega \pm 1\Omega$
2（正弦-）	
7（励磁+）	$8\Omega \pm 1\Omega$
3（励磁-）	
5（余弦+）	$16\Omega \pm 1\Omega$
1（余弦-）	

图 5-39 驱动电机转矩和转速均有显示

拆下减速器尾盖，检查发现与自动变速器倒档轴连接的花键轴断裂（图 5-41），造成驱动电机的动力无法传递到自动变速器。

故障排除 更换减速器输出端减速齿轮后试车，车辆行驶正常，故障排除。

技巧点拨 由于断开驱动电机旋转变压器导线连接器后高压系统因故障关闭，此时车辆的动力是通过发动机和自动变速器来提供的，在电动模式下车辆能正常行驶，说明自动变速器正常。

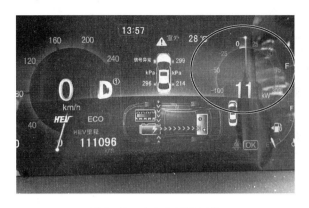

图 5-40 功率表显示正常

图 5-41 与自动变速器倒档轴连接的花键轴断裂

四、比亚迪秦混合动力汽车行驶中显示"请检查动力系统"

故障现象　一辆比亚迪秦混合动力汽车在行驶中突然显示"请检查动力系统"字样，此时动力系统不能切换到"EV 模式"，并且制动时也无法回收能量。参考有关说法，关闭电源重启可以解决，但重启多次无效，将充电枪插入充电插口，无法充电。

故障诊断　这种故障可能出在以下 5 个方面：①电池；②电池包数据采集卡；③电池管理器（BMS）；④高压配电箱；⑤电机控制部分（后两个可能性相对小一些）。

首先用 ED-400 对整车进行系统性能测试，发现 5 号电池单元有些异常（其实在这个环节忽视了一个事情，就是车上装的 DCT 软件，屏幕上显示 5 号电池组所有电压为 0V，只是它没有以红色状态显示出来，由于特殊原因没有拍到故障时的屏幕照片，图 5-42 显示的是后来正常的数据，出现问题时模组 5 的电池电压均为 0V），于是将电池箱盖板（位于行李舱内）掀开，可以看到 12V 蓄电池、高压配电箱、BMS、10 组电池单元和 220V 电源变换器等，如图 5-43 所示。

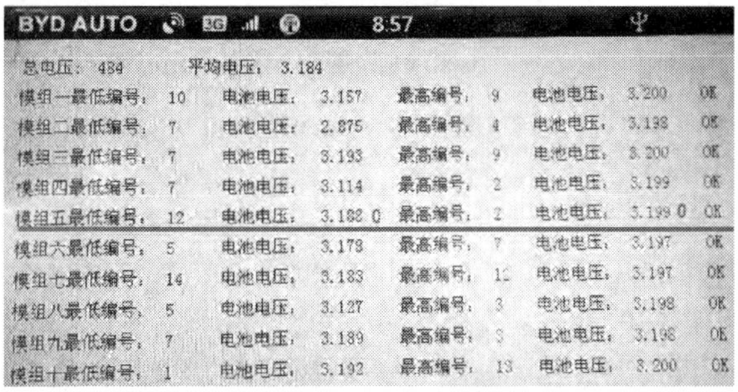

图 5-42 DCT 软件屏幕显示

随后打开了电池箱的前盖板，首先将坐垫拆下，接着拆下后靠背，拆开时需要分断左右两个气囊监测插头以及中控板插头，最后才能拆下电池护板，拆卸后的情况如图 5-44 所示，在电池箱右上角前面有个橙色的维修开关销，如图 5-45 所示，维修时为了安全起见需要将这个开关销拔出。

开始维修人员怀疑 5 号电池组采集器损坏，故将 5 号与 3 号电池组采集器的位置对换一下，发现仍然不正常，接着又怀疑电池管理器有问题，于是将正常车辆的电池管理器拆下换上，故障依旧，于是怀疑是电池损坏，将正常车辆上的电池包拆下换上，故障依旧，图 5-46 为该车电池包（该车有 10 个电池包，电池包里的单体电池数量是不同的，多的是 18 节，少的是 10 节）。

图 5-43　电池箱后侧

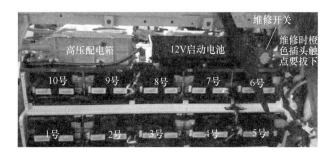

图 5-44　电池箱前侧

图 5-45　维修开关销

故障排除　将正常车辆上的 5 号电池组采集器换上，"请检查动力系统"的警告提示信息消失，这才正式确定了故障位置，就是 5 号电池组数据采集器，因为这些电池组数据采集器传送电池数据采用 CAN 总线，因此每个采集器有自己的地址数据，所以当它出现故障时，显示的就是该地址的数据，而与其物理位置没有关系。图 5-47 所示为有故障的 5 号电池组数据采集器，图中方框内是该电池组数据采集器的标号。订货一周后安装上电池组数据采集器，故障终于排除。

图 5-46　比亚迪秦电池包

图 5-47　电池组数据采集器

技巧点拨 该维修案例中有两个问题需要总结,一是初期没有认真看 DCT 的屏幕显示,导致走了弯路。二是新能源汽车普及程度不是很高,相关维修经验较少,需要在以后的工作中多学习这方面的维修知识。

五、比亚迪秦双擎双模混合动力汽车安全作业流程

故障现象 比亚迪秦双擎双模混合动力汽车采用 10 组(160 个单体电池,每个单体电池标称电压约为 3.2V)磷酸铁锂电池串联而成,动力电池直流电压约为 500V,容量 13kW·h,每组电池配有独立的管理系统,可用家用 220V 电源进行充电。

故障诊断 磷酸铁锂电池作为插电式混合动力汽车的动力电池输出功率大,高温工作性能良好,循环使用寿命长,安全性能好,环境污染小,材料成本低。但是磷酸铁锂电池在制造过程中材料和生产工艺问题会造成单体电池之间的容量、内阻、电压以及自放电率有一定的偏差,同时电池在使用过程中随着充放电循环次数增加,存储时间、温度等影响,电池容量衰减也会出现不一致,导致了同一电池组内各单体电池输出电压不一致,使电池组容量不均衡,降低了电池组使用寿命。因此插电式混合动力汽车的动力电池管理系统增加了电池均衡性智能控制电路,来减小单体电池输出电压不均衡性的影响。电池在使用中定时监测单体电池电压,对电压异常的单体电池及时进行调整或更换,对电压偏低的电池单独充电,使其性能恢复,是防止电池组不均衡性的有效方法之一。

故障排除 遇到检查动力系统等故障时,请勿擅自操作,维修混合动力汽车或电动汽车时有一套安全作业流程,具体如下:

1)关闭点火开关,将钥匙移开车辆智能系统探测范围。
2)断开辅助蓄电池负极端子,断开前先检查系统故障码。
3)必须戴好绝缘手套,确保绝缘手套无破损、破洞或裂纹及潮湿,以保证维修人员人身安全。
4)拆下维修塞,别再操作点火开关,否则动力系统会存储故障码。维修塞要放在维修人员自己的衣袋里,以防止其他维修人员重新插上维修塞,造成人身触电伤害。
5)等待 10min 或更长时间,以便变频器总成高压电容放电。
6)测量变频器端子电压应为 0V。
7)用绝缘乙烯胶布包裹被断开的高压线路连接器。
8)安装高压导线接头时,一定要按规定力矩紧固端子螺栓,力矩不足或过大都会导致系统故障或接头过热后烧蚀损坏。
9)完成高压系统操作后,重新装回维修塞前,应再次检查确认工作平台周围没有遗留任何工具和零件以及确认高压端子已连接牢固。

技巧点拨 比亚迪秦的双擎双模模式中的双擎指电动机和发动机共同驱动,双模指纯电动行驶和油电混合行驶模式。

六、比亚迪秦纯电动行驶距离缩短

故障现象 一辆比亚迪秦纯电动汽车,行驶里程 13200km,每次充电后行驶里程下降到

50~60km（原来70km），充电度数也从12.8kW·h降到了10kW·h。

故障诊断 有一款比亚迪秦的电池监测软件，它可以安装在GPS导航卡内，通过车载多媒体终端，可以观察电池电压的变化情况，经检查发现电池电量在100%和5%时，都是模组二的7号电池的电压比较低，推断电池均衡不良可能是造成纯电动行驶距离不够长的原因。图5-48是SOC为5%时，每个模组单体电池的最高和最低电压。从图5-49中可以发现，模组二的7号电池的电压为2.833V，比其他组的电压低200~370mV，模组四的7号和模组八的5号电池的电压为分别为3.081V和3.104V，也相对比较低。

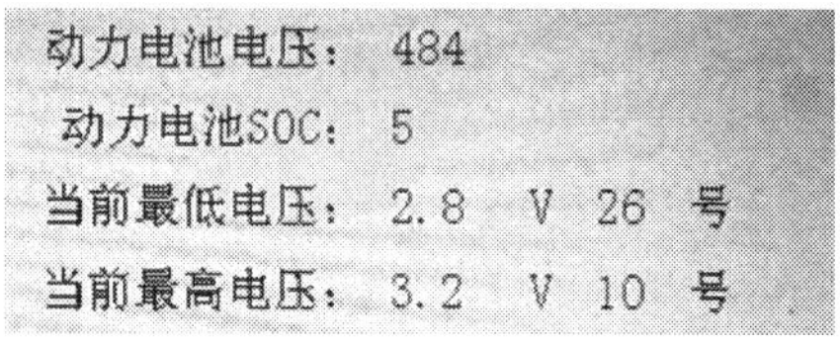

图5-48 SOC为5%时电池总电压

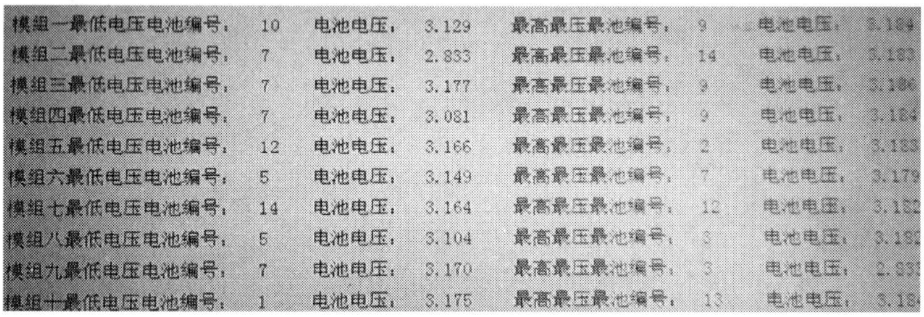

模组一最低电压电池编号：	10	电池电压：	3.129	最高最压最池编号：	9	电池电压：	3.184
模组二最低电压电池编号：	7	电池电压：	2.833	最高最压最池编号：	14	电池电压：	3.183
模组三最低电压电池编号：	7	电池电压：	3.177	最高最压最池编号：	9	电池电压：	3.186
模组四最低电压电池编号：	7	电池电压：	3.081	最高最压最池编号：	9	电池电压：	3.184
模组五最低电压电池编号：	12	电池电压：	3.166	最高最压最池编号：	2	电池电压：	3.183
模组六最低电压电池编号：	5	电池电压：	3.149	最高最压最池编号：	7	电池电压：	3.179
模组七最低电压电池编号：	14	电池电压：	3.164	最高最压最池编号：	12	电池电压：	3.182
模组八最低电压电池编号：	5	电池电压：	3.104	最高最压最池编号：	3	电池电压：	3.182
模组九最低电压电池编号：	7	电池电压：	3.170	最高最压最池编号：	3	电池电压：	2.83
模组十最低电压电池编号：	1	电池电压：	3.175	最高最压最池编号：	13	电池电压：	3.18

图5-49 单体电池电压情况

根据以上情况，可以判断这个电压比较低的单体电池存在欠充电情况，因此决定对其补充电，具体步骤如下：

1）拆下后座坐垫和后靠背垫。

2）断开气囊传感器线束连接器和多媒体控制器线束连接器。

3）断开维修开关。如图5-50所示，向上掰开橙色提手，拔下整个橙色维修开关。

注意：切勿忘记操作本步骤，必须保证电路断开，断开后不要用手触碰内部的两个电极，这两个电极间的直流高压可能会达到450~510V。

图5-50 拔下整个橙色维修开关

4）拆下电池保护塑料板。

5）拆下采样插座保护盖，如图5-51所示。

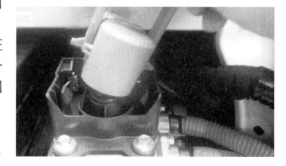

6）当断开采样测试插头后，如图5-52所示，经测量得到模组内部电池的排列顺序和端子编号如图5-53所示。

7）找一个合适的可调稳压电源。电压在2~5V之间连续可调，工作电流可达2~3A，最好带电流指示器。

8）制作专用线。用两根杜邦线制作一对可以插进模块电源采样插座的专用线，如图5-54所示。

图 5-51　拆下采样测试插座保护盖

图 5-52　采样测试插头

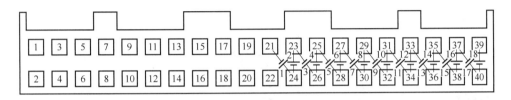

图 5-53　内部电池的排列顺序和端子编号

9）将电源接入第二模组（电池模组编号就在模组上）的 7 号电池，其对应端子号为 27 和 30，其中 30 接正极，27 接负极（注意电源不得接反，电池不要接多，单体电池每添加一组，电压将高于 3.3V），如图 5-55 所示。

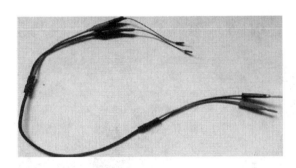

图 5-54　自制的专用线

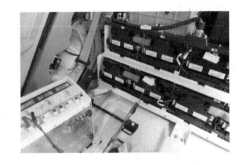

图 5-55　电源接入电池充电

打开充电器，调节电压，一般为 3.4 ~ 3.6V，使充电电流在 0.9 ~ 1.5A 之间。充电 3 ~ 4h，电压在 3.22 左右，静置 1h 左右，电压下降到 3.18V。接着又对相对较低一些的电池（四组 7 号，八组 5 号）进行补充电，使充电后的电压接近平均电压，注意同时触摸多个模组的采样板电极！

10）补充充电完成后，按与前面相反的顺序将插接件、电池盖板、靠背、坐垫安装回原位，最后对车辆进行正常充电。

故障排除　均衡后车子的行驶距离有了较大的提升，郊外纯电动行驶达到 78km，城区也有 68 ~ 72km。当放电完毕时（SOC = 5%）单体电池电压情况如图 5-56 所示。从图中可以看出，电池电压的均衡性有了较大的改善。

BYD AUTO 18:59

总电压：479 平均电压：3.151

模组一最低编号：	1	电池电压：	3.155	最高编号：	9	电池电压：	3.192	OK
模组二最低编号：	7	电池电压：	3.115	最高编号：	15	电池电压：	3.189	OK
模组三最低编号：	12	电池电压：	3.148	最高编号：	9	电池电压：	3.192	OK
模组四最低编号：	14	电池电压：	3.092	最高编号：	9	电池电压：	3.192	OK
模组五最低编号：	12	电池电压：	3.106	最高编号：	8	电池电压：	3.192	OK
模组六最低编号：	5	电池电压：	3.083	最高编号：	1	电池电压：	3.167	OK
模组七最低编号：	14	电池电压：	3.096	最高编号：	12	电池电压：	3.183	OK
模组八最低编号：	8	电池电压：	3.089	最高编号：	3	电池电压：	3.179	OK
模组九最低编号：	7	电池电压：	3.122	最高编号：	9	电池电压：	3.187	OK
模组十最低编号：	1	电池电压：	3.134	最高编号：	13	电池电压：	3.194	OK

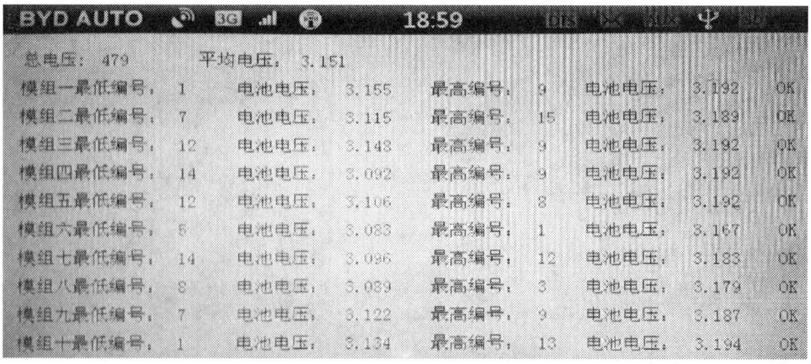

图 5-56 均衡后各模组单体电池电压

技巧点拨 出现此故障的根本原因是由于单体电池均衡不良，导致整个电池单元在充电和存储电能方面受到影响，进行每个单体电池电量均衡以后，整个电池组储能能力有所提升。但是电动汽车与普通汽车不同，车辆的高压电危险性极大，在没有一定的专业知识的情况下，最好到4S店或汽修厂进行维修。

七、比亚迪秦发动机无法起动

故障现象 一辆2014款比亚迪秦，出现发动机无法起动的故障现象。仪表显示“请检查动力系统”（图5-57），说明整车高压系统存在故障；同时，仪表板上显示“请检查低压电池系统”，说明低压蓄电池和DC/DC可能存在故障，约2min后仪表及中控显示屏熄灭。插入充电枪对其充电也无任何反应。经了解，该车长期闲置，已有半年未使用。

图 5-57 仪表显示情况

经查阅相关资料得知，2014款比亚迪秦是混动型，采用发动机和动力电池混合驱动。在平时行驶时，有两种模式可以选择：一是EV模式，即纯电驱动模式，当动力电池包电量充足且满足高压安全条件时，可以使用EV模式；二是HEV模式，即混合驱动模式，当高速行驶时，发动机和动力电池包同时输出转矩驱动车辆。当动力电池电量过低时，在满足高压安全条件下，车辆会开启智能充电模式，自行起动发动机运行为动力电池包充电。

故障诊断 根据故障现象，按照由简到繁的排除顺序，先测量低压蓄电池（图5-58）电压，为9.07V，已严重亏电。该车的低压蓄电池是锂电池，有1个负极柱，2个正极柱，其中1个正极柱为整车供低压电，称为正极接线桩；另1个为发动机起动提供大电流，称为起动接线桩。因此在帮电时，将正极接线桩和负极接线桩与外接电源连接即可。对低压蓄电池成功帮电后，利用故障检测仪读取故障码，如图5-59所示，电池管理系统

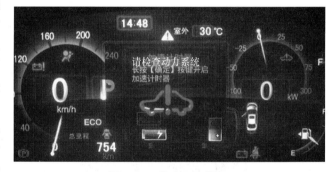

内有故障码：P1A94——因电压低导致放电功率为0；故障码：P1A37——动力电池单节电压严重过低。

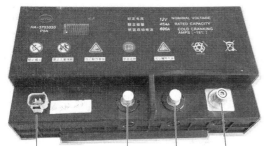

图 5-58 比亚迪秦的低压蓄电池

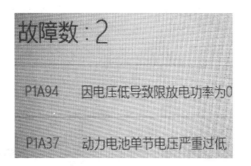

图 5-59 读取的故障码

根据故障码的提示，读取电池管理系统（BMS）内部数据流发现，动力电池包中负极接触器状态、分压接触器状态均为断开状态，表明动力电池不对外输出高压电。同时系统显示，最低单体电池 24 号电池的电压仅为 0.23V（图 5-60），低于单体电池的放电截止电压。这种情况下必须更换动力电池，考虑到该车动力电池包中共有 10 个模组，可以采取更换模组的方式代替更换整个动力电池包，这样既可以减少拆装的工作量，又能降低成本。仅依据图 5-60 中的数据流还无法判断动力电池包中具体哪个模组有故障，因此又对各电池模组的数据流进行读取，发现 2 号模组和 6 号模组均存在单节电池电压过低的情况，如图 5-61、图 5-62 所示。

图 5-60 数据流中的最低单体电压

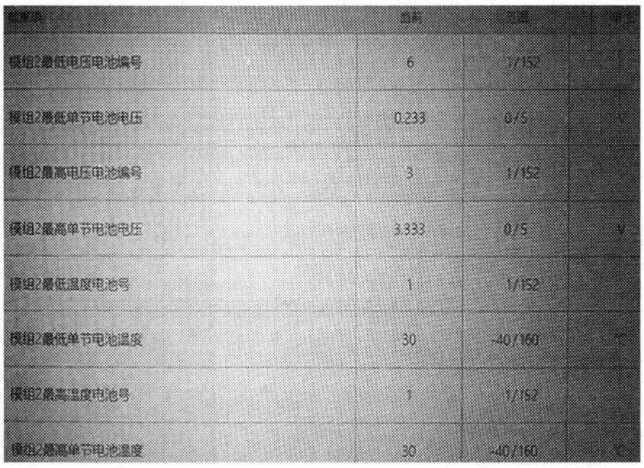

图 5-61 动力电池包中 2 号模组数据流

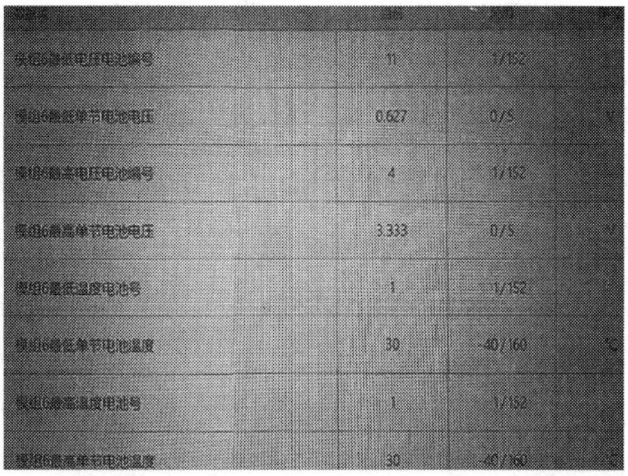

图 5-62 动力电池包中 6 号模组数据流

故障排除 断开维修开关，拆下动力电池包中 2 号模组和 6 号模组，更换新的模组并编程后试车，车辆恢复正常。

技巧点拨 维修新能源汽车时，一定要注意防范高压电，在拆装和检测动力电池包时要穿戴好高压安全防护装备，防止发生触电事故。动力电池包发生故障时，不要盲目更换整个电池包，要进行深入分析，利用故障检测仪进行系统检查，作精细判断，避免过度维修，减少浪费。在拆卸电池模组时，要注意先拔下模组上的分布式 BMS 电池信息采集器上的连接器（图 5-63），避免在移出模组时将线束拉断。

图 5-63 拔下电池信息采集器

八、比亚迪双燃料汽车易熄火

故障现象 一辆比亚迪双燃料汽车，型号为 QCJ7150A/CNG，在以下情况下发动机易熄火：行驶中将档位置于空档后发动机转速降到 900r/min 左右时；发动机怠速状态下转动转向盘时；行驶中低速转弯时；使用空调一段时间后再关闭空调系统时。

故障诊断 检查点火线圈和火花塞，正常；检查喷油器和喷气嘴，正常；检查发动机配气正时，正常；检查相关搭铁点并处理后试车，故障依旧。怀疑燃油供给不足，先后更换了燃油滤清器和燃油泵，仍未将故障排除。与同型号车互换发动机控制单元后试车，故障依旧。怀疑发动机转速传感器信号漂移，从而影响了发动机的点火和喷油时刻，于是又更换了发动机转速传感器，但没有任何效果。

进一步分析认为，如果 ABS 泵工作异常，产生错误的车速信息，会导致在空档滑行时节气门开度数据异常，进而使发动机熄火，但更换 ABS 泵后长时间试车，故障还是存在。

连接故障检测仪，观察发动机怠速数据流，发现节气门开度为 1°，喷油脉宽在 1.5~2.5ms 频繁变化，且发动机冷却液温度在 90~96℃ 频繁变化。分析导致冷却液温度变化幅度较大的可能原因有：节温器损坏；冷却液温度传感器及其线路故障；配气相位错误或活塞与气缸壁间的间隙过大，导致废气进入燃烧室，使燃烧室降温。检查节温器、冷却液温度传感器及其线路，均正常。

拆下气缸盖检查，发现所有活塞顶部均有一层很厚的积炭（图 5-64），且气缸盖和气门上也有积炭。仔细观察积炭，发现积炭呈颗粒状（图5-65），怀疑是烧机油造成的。进一步拆检发现，4个气缸的活塞环均有不同程度的对口情况，有的是油环开口在活塞销位置，有的是第1道与第2道气环开口重合（图5-66）。正常情况下，第1道环与第2道环的开口夹角应为120°，第3道环与第2道环的开口夹角应为90°，同时各道环不能布置在与活塞销

图5-64 所有活塞顶部均有一层很厚的积炭

轴线呈±45°的范围内，因为活塞销两端是凹进去的，储存的机油较多，在这一范围内机油容易从环口向上窜入燃烧室。

图5-65 积炭呈颗粒状

图5-66 第1道与第2道气环开口重合

诊断至此可知，由于4个气缸的活塞环安装错误，导致大量废气和机油从曲轴箱进入燃烧室，影响了燃烧室温度和混合气浓度，从而使气缸燃烧不良，以致发动机在某些情况下易熄火。

故障排除 清洗积炭并重新安装活塞环后试车，发动机易熄火现象消失，故障排除。

> **技巧点拨** 对于双燃料汽车，由于大部分时间是燃烧压缩天然气（Compressed Natural Gas，CNG），容易形成活塞、气门等相关部位的积炭，发动机积炭后易造成发动机的多种不正常工作的现象。

第四节 荣威混合动力维修技能与技巧

一、2016款荣威E550混动版有时无法起动，侧滑灯/胎压灯亮

故障现象 一辆荣威E550混动版，配置1.5L发动机，行驶里程4327km。驾驶人反映在启动时，有时侧滑灯和胎压灯同时报警（图5-67），有时无法起动。

故障诊断 接车后经多次试车，故障未再现。连接诊断仪检查ESCL有故障码，见表5-5。根据故障码检查ESCL模块电源、搭铁及插接件未见异常。对换了同车型ESCL模块试车多次，故障不再出现。一时也无法判断结果如何，先把车辆交给驾驶人，再跟踪一下使用情况。

图 5-67 仪表显示

表 5-5 故障码说明

序 号	故 障 码	故障类型	定 义	状 态
1	B1701	29	ACC 状态不匹配	当前
2	U1176	00	车速信号异常	当前

过了两天,驾驶人又进站反映,使用中故障还是多次出现。维修人员详细询问驾驶人得知:出现故障时,车辆可以正常行驶,READY 灯正常,打方向正常,重新启动车辆,故障灯会熄灭。

初步认为:ESCL 工作正常,车辆各系统工作正常。造成此故障的原因很可能是加装的改装设备干扰或车辆其他模块软件不是最新版本进而造成不匹配,但实际检查后均未发现问题。进一步检查发现 ABS 有故障码,如图 5-68 所示。

图 5-68 故障码

维修人员认为从故障码和电路图(图 5-69、图 5-70)分析,有可能是制动开关信号干扰,试换一个制动开关,在所有检查结束后清除故障码,然后试车多次故障未再现。用 VDS 检查,故障码 B1701、U1176 仍然存在,只不过故障码变成偶发存在。

怀疑之前的维修仍没有找到故障根源,于是重新整理思路,暂时不考虑驾驶人描述的现象,重点对故障码动态数据进行分析,如图 5-71 所示。

从上面的冻结帧可以发现,出现故障时附件档处于关闭状态(注:附件档即 ACC 点火开关 1 档位置时的蓄电池电源,也即是电路图中"KLR"的电源编号)。于是通过给附件挡断电来模拟车辆现象,发现驾驶人描述的故障灯是亮了,同时转向无法工作,制动灯不亮,车辆无法上电,车辆无法换档。与驾驶人描述的转向正常、行驶正常完全矛盾。但根据冻结帧和电路图说明车辆应该会出现故障灯点亮,同时转向无法工作,制动灯不亮,车辆无法上电,车辆无法换档的现象。只好不停试车看故障再现后到底是什么情况。驾驶人反映早上冷车出现频率高些。

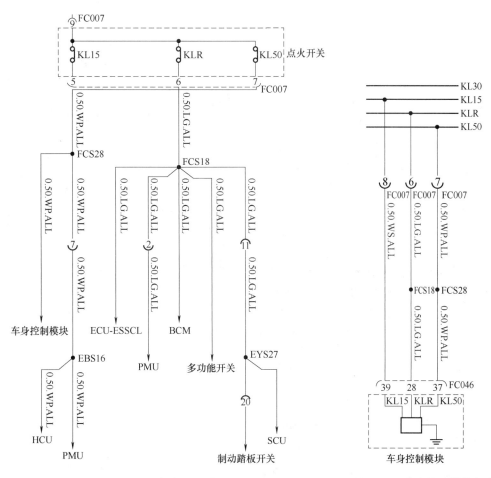

图 5-69　点火开关　　图 5-70　车身控制模块电路

图 5-71　数据流

故障排除　通过两日试车终于试出故障，此时检查点火开关附件档 FC007-6 根本没电，与断电模拟的现象一样，最终可以确定故障点为点火开关问题，更换点火开关试车一切正常。

技巧点拨　维修中要抓住问题的重点，从造成故障的系统原理着手，做到面面俱到的系统分析。抓住驾驶人描述的故障重点，同时不能轻信驾驶人的所有描述。此故障中驾驶人描述的现象实际为第一次起动发现故障灯亮后，再次起动故障灯亮是系统工作正常的现象。

二、2016 款荣威 E550 混动版变速器打滑

故障现象 一辆 2016 款荣威 E550 混动版，搭载 1.5LVTI-tech 发动机和 EDU 智能电驱动单元 2 档混动变速器，行驶里程 64475km。该车在电驱动模式下高速行驶时仪表板上的故障灯点亮（图 5-72），并显示混动系统故障，同时车辆行驶速度被限制在 20km/h 左右，踩加速踏板没有任何响应。连接诊断仪混动系统内存有 C2 离合器打滑的故障码。

故障诊断 荣威 E550 混合动力系统工作示意图如图 5-73 所示。荣威 E550 混合动力系统由发动机、ISG 电机、TM 电机三个动力源组成。发动机和电机的最大综合功率 147kW，最大综合转矩 587N·m。HCU/TCU

图 5-72 仪表板上的故障灯点亮

通过对 EDU 和发动机的智能控制，根据动力需要能在纯电、串联、并联及换档之间进行无缝切换，确保在任何复杂的工况下都能实现理想的驾乘感受。

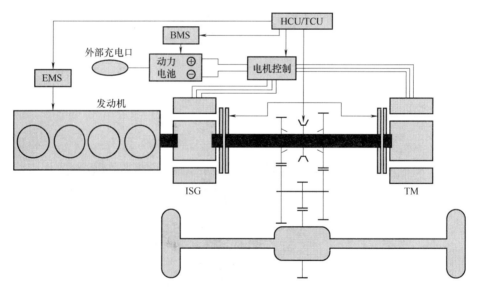

图 5-73 荣威 E550 混合动力系统工作示意图

EDU 智能电驱动单元（图 5-74）则主要由 TM 电机（牵引电机主要作用为输出动力）、ISG 电机（集成起动发电机主要作用是起动发动机和给动力电池充电，极端情况下也作为辅助动力输出）、C1 离合器（属于常开离合器与发动机连接和 ISG 电机搭配工作）、C2 离合器（属于常闭离合器配合 TM 电机工作）、平衡轴式的齿轮组提供了 2 个齿轮速比及一个主减速比、液压控制模块（控制离合器的结合分离和 EDU 的档位选择）组成。

在纯电动模式下，TM 电机通过 C2 离合器将动力传递至输入轴，再经由同步器啮合的档位将动力通过差速器传递到车轮，当车速达到 40～60km/h 时，HCU/TCU 将 TM 电机限扭输出，通过控制液压模块将 C2 离合器分离，并迅速地控制拨叉进行换档，换档结束后释放

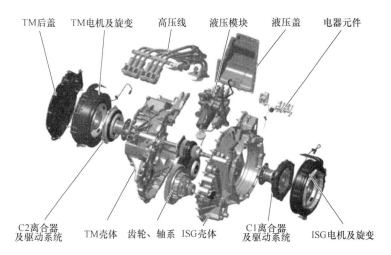

图 5-74　EDU 智能电驱动单元

C2 离合器并恢复 TM 电机的动力输出。

通过对上述内容的了解，能引起 C2 离合器打滑的故障原因主要有：C2 离合器本身打滑；相关转速传感器故障；液压控制模块故障；HCU/TCU 控制单元故障。为此进行了试车，并调取了相关的转速数据（图 5-75）。

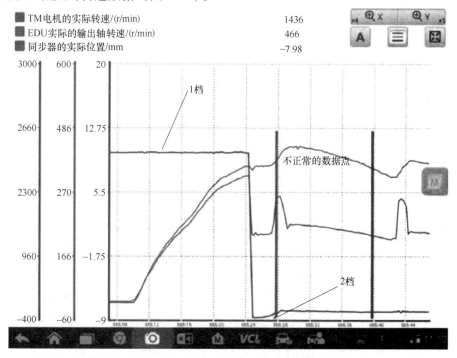

图 5-75　试车过程调取的相关转速数据

清除故障码后试车发现，该车只要是升到 2 档，急加速时 TM 电机转速就会不正常地升高，但输出的转速并没有变化，而且在车内能明显感觉到电机空转的声音，此时的档位又在 2 档啮合，出现异常时也没有机械类的异响，因此排除了齿轮和同步器的故障。

故障出现时，感官和调取的数据也能对应起来，所以认为控制单元的故障概率也不大。综合分析认为：齿轮部件 HCU/TCU 和传感器出现故障的可能性都被排除了，该车故障可能是离合器本身或液压控制模块工作不正常造成的。

为了找到故障点，将液压控制模块人为断电，并将档位锁在 2 档后试车，发现故障依旧，于是将故障点锁定在了 C2 离合器本身。

由于混动车型维修或维护时必须将车辆的高压系统断电，更换 C2 离合器摩擦片及压盘的操作步骤如下：

1）关闭点火钥匙，并静置 5min 以上。
2）断开发动机舱内蓄电池的负极。
3）断开手动维修开关后，等待 5min 左右后方可进行维修作业，该车的手动维修开关为橙黄色（图 5-76），安装在右后车轮的底盘处。
4）拆开 TM 电机后盖，更换 C2 离合器的摩擦片及压盘。

故障排除 完全恢复后试车，一切正常，故障彻底排除。

图 5-76 手动维修开关

技巧点拨 由于混合动力车型带有高压系统，需要经过相关的电工培训并获得资格证书者才允许维修此类车型。另外，维修过程中要严格遵守厂家的操作要求。由于排放要求越来越严苛，越来越多的整车厂都在开发、生产和销售新能源车型，这对汽车维修行业从业人员的理论基础和安全操作提出新的要求。

三、荣威 750H 混合动力仪表上多个警告灯点亮

故障现象 一辆荣威 750H 混合动力汽车，行驶里程 63412km。驾驶人反映，在近期行驶中经常遇到仪表板上的混动系统故障灯、充电故障指示灯点亮，多功能屏幕上提示混动系统功能关闭、停止发电，重新启动后故障有时会消失，有时候还是存在。

故障诊断 维修人员首先对车辆进行常规检查，启动后发现仪表故障灯并没有出现。于是请驾驶人驾车进行路试，模拟故障出现时的工况。在驶出 1.5km 左右时，故障突然出现，期间并没有特殊的路况，路面也比较平坦。

用 VDS 专检设备对整车进行了故障码的读取，在各模块发现均有电压不足的故障，特别是混合动力控制器 HCU 有 "P0A3F——电机旋转变压器故障"（图 5-77），无法清除。

查阅维修手册和电路图，知道电机旋转变压器内包含 3 个线圈，即 sin（正弦）、cos（余弦）、exit（励磁）。在点火状态下，系统会激活励磁（exit）线圈，若此时 BSG 电机运转，和转子后端凸轮共同触发 sin、cos 线圈产生波形，系统以此信号来运算出 BSG 的转速、位置和转矩等参数，以对其进一步控制。

根据故障码诊断说明，决定先检查动力电池箱 Power Box 端 MN9000 插头和混动电机内部的旋转变压器的阻值。断开手动高压开关，必须等待 15min 后，确定高压系统断电。用万

第五章 其他新能源汽车维修技能与技巧

序号	故障码	故障类型	整车故障码列表 VIN=LSJW16560CG053931 故障码总数：10 定义	状态	MIL灯	次数	冻结帧	诊断指导
ATC								
	无故障码							
MLS								
	无故障码							
BCM								
1	U1563	00	欠电压	历史			支持	
2	U0100	87	高速CAN总线节点丢失	历史			支持	
IPK								
1	U1563	00	电压低于9V	历史			支持	
2	U0418	86	轮速脉冲信号错误	历史			支持	
EHPS								
1	U1563	00	电压过低	历史			支持	
2	U0121	87	丢失与ABS的通讯	历史			支持	
HCU								
1	P0A3F		电机旋转变压器故障	历史			支持	
TCU								
1	P1681		EOP控制电压过低	历史			支持	
ABS								
1	C1901	00	电子控制单元：低电压	历史			支持	
EMS								
1	P0562		系统蓄电池电压过低	当前 未检			支持	
SRS								
	无故障码							

图 5-77　故障码

用表测得混动电机 BSG 内部旋转变压器 3 个线圈的阻值分别为：sin（8-9 号）=45Ω、cos（10-11 号）=45Ω、exit（12-14 号）=27Ω，阻值正常。

测量 3 个线圈对应的外部线路 6-2 号、1-5 号、3-4 号（混动电机 BSG 至动力电池箱 Power Box）也正常，无短路、断路现象。

检测到此，所有数据说明这个故障与混动电机 BSG 内部的旋转变压器无关，故障点可能出现在低压部分的控制线路上。

考虑到故障时有时无，怀疑线束接触不良的可能性非常大，为了捕捉故障状态下的工作情况，维修人员决定用示波器测量低压控制端的信号波形，希望能找到发生异常的迹象。

为了能准确地发现问题，找了一辆没有故障的同款车进行测试。怠速时 Power Box 端在线检测得到的正常 sin、cos 波形如图 5-78 所示，sin 幅值偏小、cos 幅值偏大。此时，用万用表测得的电压分别为 sin：1.7V；cos：2.4V。

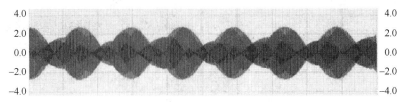

图 5-78　波形 1

励磁（exit）波形（蓝色 A 通道 +/- 接 MN9000-12 号/14 号，见图 5-79）电压为 7.5V。实车在怠速状态检测动力电池箱 Power Box 两个端子 sin、cos 的波形时（蓝色 A 通道 +/- 接 MN9000-8 号/9 号、红色 B 通道 +/- 接 10 号/11 号，见图 5-80），发现两者波形幅值很接近（sin 有异常波动，甚至出现 0，见图 5-81），这个波形肯定有问题，故障点已经很接近了。

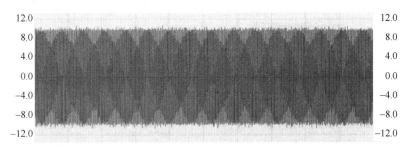

图 5-79　波形 2

图 5-80　波形 3

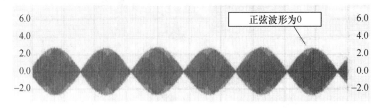

图 5-81　波形 4

故障排除　在摇晃 BSG 电机后端的 MN9001 插头后，sin、cos 两个端子的波形恢复正常。熄火后读取故障码，故障码从当前存在的状态变成了可清除，至此故障点确认就是 MN9001 内端子有接触不良现象。

随后维修人员拆开插接件，调整了 MN9001-2 号、6 号端子（见图 5-82）后，故障排除，综合路况下陪同驾驶人试车 20km 再没有出现故障现象。

第五章　其他新能源汽车维修技能与技巧

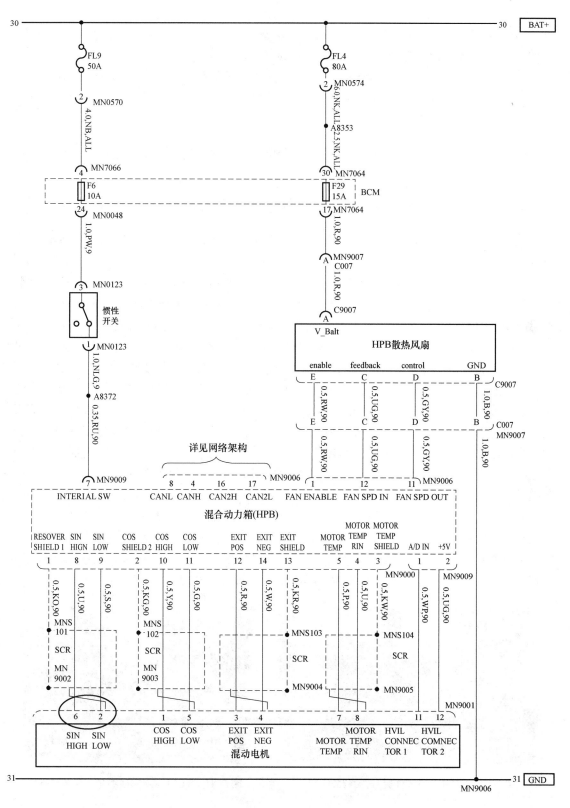

图 5-82　混合动力箱控制电路

技巧点拨 电路中经常会发生接触不良现象,干扰整个系统的正常运行。当该车的电机旋转变压器线路有接触不良现象时,HCU关闭混动及充电功能,点亮故障灯;即使在同一点火循环内旋转变压器信号能回到正常状态,系统也不会恢复混动和充电功能,即故障灯会持续点亮,直至12V蓄电池过度放电。

第五节 通用车系混合动力维修技能与技巧

一、2012款雪佛兰沃兰达混合动力汽车发动机故障灯亮且无巡航功能

故障现象 一辆2012款雪佛兰沃兰达混合动力汽车,配置1.4L发动机,行驶里程27019km。行驶中发动机故障灯点亮,无巡航功能。

故障诊断 首先使用GDS2诊断,查看故障码为P0796——压力控制电磁阀3卡滞关闭。根据故障码,先做一些初步的测试,检查管路压力辅助油泵,工作油压为265kPa左右,发动机启动时的油泵油压为360kPa左右,正常;检查控制TCM电磁阀,数据正常,查看与巡航相关的数据也未发现异常,于是清除故障码后试车。车辆行驶未见异常,发现巡航功能可以开启但不能启用。再次使用GDS2检查,P0796(换档电磁阀3卡滞关闭)又再次出现。

尽管故障码是换档电磁阀,反映的现象却是巡航功能失效,还是先查看巡航系统。与巡航功能相关的部件主要有加速踏板、制动灯开关、车身控制模块、巡航开关、ECM、节气门、车速传感器等,都未发现异常,难道是TCM存储的故障导致ECM禁用巡航控制功能?此车变速器型号为4ET50,除了高压电部分,也有传统的电控部件。先检查变速器油,发现很干净也没有异物。既然如此,疑点最大的还是TCM,决定先更换TCM(图5-83)以验证判断。

到货后的配件零件号不一致(图5-84),经过询问配件仓库,原来老的零件号已被新件替代了。于是更换新的TCM,清除了历史故障码后在无故障状态下试车,巡航功能恢复正常。但车辆起步(前进档、倒档)冲击严重,行驶中发动机故障灯还间歇性点亮(P079A变速器离合器1打滑),伴随发动机无法起动现象,如图5-85所示。

图5-83 TCM(原零件编号:24262961)

图5-84 TCM(新零件编号:24265523)

再次对故障分析,考虑原有TCM没有此类故障,怀疑是新的TCM型号不对。然而询问

第五章　其他新能源汽车维修技能与技巧

图 5-85　更换 TCM 后出现故障

配件仓库和上海通用公司，回答结果就是此配件号，原车配件号已被替代无法查询到。

故障排除　在无法准确获得新配件号的信息后，决定再次安装原车的 TCM，发现故障现象恢复至初始状态。这就更说明原来的判断是对的，问题出在 TCM 上，于是采购一个原配件号的 TCM 安装试车，结果故障消失。

> **技巧点拨**　此车是混合动力车型，维修时必须注意高压电的禁用流程。需要正确了解巡航控制功能的工作部件和原理，以便在维修时作出正确判断。对已经被替代的零部件，不要绝对相信它的通用性，大多数情况下的适用不等于少数情况下的不匹配。

二、上汽通用别克君越混合动力汽车空调间歇性不工作

故障现象　一辆 2009 款上汽通用别克君越混合动力汽车，行驶里程 10.8 万 km，驾驶人反映空调工作大约 2min，空调压缩机会停止工作 4min 左右，然后空调还会再自动工作 2min，如此反复。

此前用 TECH2 对车辆进行检测，无任何故障码，先后检查了空调控制模块、空调压力传感器、空调压缩机继电器及其相关线路，没有发现异常；又和同类型车互换了空调控制模块、车身控制模块（BCM）、发动机控制模块（ECM）等，故障没有得到解决，又互换了室内空调出风口温度传感器、仪表控制模块（TPC）和网关模块（GETWAY），但是故障依然存在。

故障诊断　接手该车后，读取该车 ECM 的动态数据流（图 5-86）和 HVAC（空调控制模块）的动态数据流（图 5-87），对比空调工作正常和异常时的动态数据流发现，空调工作不正常时，动态数据流中的"请求 A/C 信号"为"否"，但是 HVAC 内的"A/C 请求"信号始终为"是"。那么这两个数据为何不一致呢？HVAC 和 ECM 之间的信号传输有问题吗？查看该车空调控制模块的电路（图 5-88），发现 HVAC 的 A 线（灰色）和 B 线（紫色），分别到 ECM 的端子 J3/56 和端子 J3/36。查看 HVAC 控制模块（控制面板）的导线连接器，上面却没有这 2 根导线，查看维修手册上的 HVAC 导线连接器示意图（图 5-89），上面也没有这 2 个端子，而查看 ECM 相关电路（图 5-90），电路图中显示 HVAC 的 A、B 线则分别是连接到自动变速器油温度传感器上。在实际维修时，判断这 2 根导线可能是到 BCM 或网关模块的，但是在 BCM 和网关模块上没有找到这 2 根导线。

a) 空调工作正常时ECM相关动态数据流(空调开关ON)　　b) 空调工作异常时ECM相关动态数据流(空调开关ON)

图 5-86　ECM 动态数据流

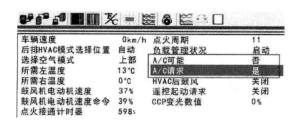

图 5-87　HVAC 动态数据流

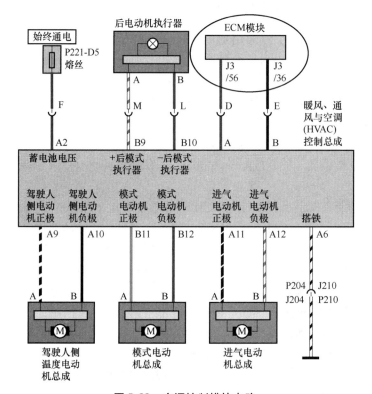

图 5-88　空调控制模块电路

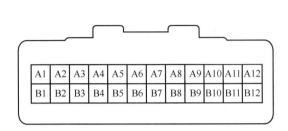

图 5-89　HVAC 导线连接器端子示意图

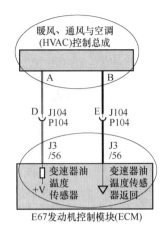

图 5-90　ECM 相关电路

为了尽快地找到这 2 根导线的去向，人为断开其中的 1 根导线，然后用 TECH2 检测，发现在发动机控制模块中存储有故障码 P0538——空调蒸发器温度传感器电路电压高。根据故障码进行维修，在加速踏板附近找到紫色和灰色这 2 根导线和相应的导线连接器。断开发动机控制模块导线连接器，用万用表测量空调蒸发器温度传感器的电阻，为 5245kΩ，此时基本上可以判断为空调蒸发器温度传感器有故障，为了进一步确认故障，又测量了一辆同类型车的空调蒸发器温度传感器的电阻，为 9.61kΩ。

图 5-91　空调蒸发器温度传感器实车安装位置

故障排除　更换空调蒸发器温度传感器（图 5-91）后试车，故障排除。

技巧点拨　该车维修手册上给出的电路图和实车安装不符，从而给故障排除带来了障碍，修改后的相关电路如图 5-92 所示。

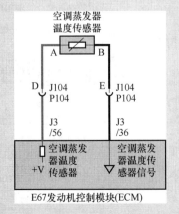

图 5-92　修改后的 ECM 相关电路

第六节　雪铁龙混合动力维修技能与技巧

一、世嘉双燃料汽车用气时空调不制冷故障分析

故障现象　一辆 2015 款世嘉双燃料汽车,驾驶人反映使用汽油时空调正常,但转换到 CNG 时空调不制冷,除此之外,没有发现其他异常。

故障诊断　用汽油起动后,开启空调,制冷正常;转换到 CNG 状态时,空调不制冷;接着转回到汽油状态,空调仍然不制冷。用 CNG 强制起动后,开启空调,不制冷;接着转换到汽油状态,空调仍然不制冷。在空调不制冷的情况下,熄火后重新用汽油起动,开启空调,制冷效果恢复正常,但只要一转换到 CNG 状态,空调立即不制冷,发动机动力充沛。

根据路试发现的规律,决定先从 CNG 系统入手检查。使用燃气诊断仪读取燃气 ECU,发现参数正常,也无故障记录。一次性将 CNG 系统有关的燃气 ECU、点火提前器、燃气共轨、转换开关换掉,均无效。测量 CNG 燃气系统线束,未发现短路、断路现象。

由于 CNG 系统没有发现异常,再次返回汽油系统检查。使用诊断仪读取汽油 ECU,有 P1183——持续性故障、"制动压力传感器信号故障:下止动位"记录;此车不带 SST 功能,因此无法在诊断仪上读取制动压力信号参数。根据 P1183 释义(表 5-6),此故障的降级模式之一即禁用空调,所以可以把故障点锁定到制动压力传感器及其线束上。

表 5-6　故障码 P1183 释义

发动机 ECU BOSCH ME745-EC5	
故障码	P1183
故障码描述	制动压力传感器信号故障:下止动位
诊断描述	制动压力传感器测量的电压低于 0.2V
诊断启用的条件	—
诊断消失的条件	制动压力传感器测得的电压高于 0.2V
发生故障时的降级模式	禁用空调
	控制进气凸轮轴相位调节器至其停止位置
	真空泵的周期性激活
警告灯点亮或警告信息	—
驾驶人的主要抱怨	周期性真空泵启用噪声
	没有空调
	排放超出校准
	耗油量过大
	制动踏板僵硬
可疑区域	下列两个部件之间的线束:
	1. 发动机 ECU
	2. 制动压力传感器
	制动压力传感器

故障排除 更换制动压力传感器，无效。查询资料，找到制动压力传感器到发动机 ECU 之间的线路（图 5-93）。断开两端的插接器，直接测量 3 根导线的通断、与搭铁导通性、与正极导通性，发现线号为 1358 的导线和搭铁之间导通。剖开线束继续查找，发现该导线与 CNG 系统中的 1 根线错误地连接到一起了（图 5-94），将两根导线分开，故障排除。

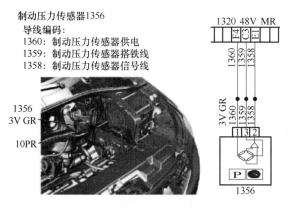

图 5-93 制动压力传感器到发动机 ECU 之间的线路

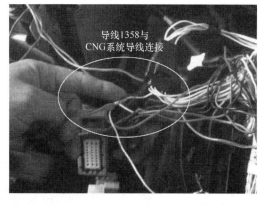

图 5-94 导线 1358 与 CNG 系统导线连接

故障总结 图 5-95 是正常车辆导线 1358 处连接示意图，两根导线没有交集；制动压力传感器信号直接输入到燃油发动机 ECU 内；燃气 ECU 的 A8 脚后连接有点火提前器、瓶口电磁阀的供电脚、汽油泵截止继电器（BFRM）的控制脚。图 5-96 是故障车导线 1358 处连接示意图，2 根导线连接在一起了。

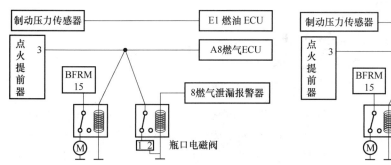

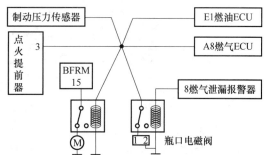

图 5-95 正常车辆导线 1358 处连接示意图　　　　图 5-96 故障车导线 1358 处连接示意图

车辆在使用汽油的状态下，CNG 系统不工作，燃气 ECU 的 A8 端子不向外输出高电位，点火提前器、瓶口电磁阀都不工作，汽油泵截止继电器不工作。在使用 CNG 燃料的情况下，燃气 ECU 的 A8 端子向外输出高电位，点火提前器工作，汽油泵截止继电器工作断开汽油泵，瓶口电磁阀工作打开瓶口阀气路。

把汽油泵截止继电器和瓶口电磁阀的线圈简单地理解成两个阻值分别为 80Ω 和 22Ω 的电阻，故障车在用汽油时，制动压力传感器与搭铁之间的电阻为 80Ω；当用 CNG 时，制动压力传感器与搭铁之间的电阻变成 17Ω，把汽油 ECU 接收到的制动压力信号拉低到 0.2V 以下，因此汽油发动机 ECU 禁止使用空调。

技巧点拨 对于CNG双燃料车型，汽油系统和CNG系统相对独立，又互有关联，因此需要知道故障出现在哪一种燃料状态下，结合两个ECU的参数和故障记录来推测故障点，不能盲目更换零部件。

二、东风雪铁龙新爱丽舍双燃料PT车燃气喷嘴故障

故障现象 一辆东风雪铁龙新爱丽舍DC7163PT双燃料车（以下简称PT车），行驶里程82304km。在CNG模式下，偶尔出现非正常转换成燃油状态，同时转换开关提示有故障。车辆熄火后再次启动，能够正常转换到CNG模式，但运行一段时间后故障再现。

故障诊断 使用诊断仪读取ECU故障码为P1110——混合气调节，空气量的匹配值已达极限（持续性故障）。在+APC状态下，清除故障码，起动车辆并转换到CNG模式，查看CNG的各项参数（图5-97）。特别是重点观察气流参考值、燃气喷射时间、CNG低压压力、上游氧传感器信号这四个数值。

图5-97 CNG状态下发动机参数

正常怠速状态下，气流参考值在120～180g/h之间变化；燃气喷射时间稳定在3～4ms之间；CNG低压压力在2.5bar（1bar=100kPa）左右；上游氧传感器信号在浓稀之间来回变化。当故障要出现的时候，气流参考值在80～100g/h之间来回变化；喷射时间维持在2ms；CNG低压压力维持在2.5bar左右；上游氧传感器信号一直显示过浓。逐一排除能够导致上游氧传感器信号偏浓的因素——空滤、上游氧传感器、火花塞和点火线圈、汽油喷嘴、燃气喷嘴。最后替换4个燃气喷嘴，故障消失。

由于费用较高，驾驶员不愿意更换4个燃气喷嘴，要求维修处理。我们也决定抱着试一试的态度，进行维修处理。

PT车燃气喷嘴是膜片式单向导通的开关型喷嘴，其线圈电阻为1.8Ω。线圈不通电时，在进气口低压压力和出气口发动机进气歧管真空度的双重作用下，膜片紧紧贴在出气口的螺孔上，出气口关闭。线圈中有电流通过时，磁场吸引膜片内的铁片，膜片和出气口螺孔分离，出气口打开，CNG气体进入发动机进气歧管。燃气喷嘴内部结构如图5-98所示。

首先检查4个燃气喷嘴电阻，都是1.8Ω，阻值正常。从燃气喷嘴进气口处向内吹气，

不通，说明膜片关闭正常，没有破裂。使用手动真空泵从燃气喷嘴出气口施加真空，并保压，没有泄漏，说明膜片内没有杂质。既然线圈正常，膜片没有破裂，为什么装车却显示混合气偏浓？难道是线圈通电后不能断开，还是其他原因？会不会是膜片开关行程变大，膜片开关时间延长，导致进气量比控制模块要求的量大，造成混合气偏浓？如果是这样，有没有什么办法调整膜片的开、关行程？

故障排除 仔细观察燃气喷嘴的外观，发现出气口（黄铜色部分）是内六方形状（图5-99），用5mm内六方扳手正好插进去。尝试着将4个燃气喷嘴的出气口顺时针旋转180°后装车，确定没有CNG气体向发动机进气歧管外部泄漏后着车，转换成CNG状态试车，参数正常，跟踪一个多月，故障没有再现。

图5-98 燃气喷嘴内部结构

图5-99 燃气喷嘴出气口

技巧点拨 维修工作不能一味地更换零件，通过仔细观察和对结构、原理的分析得出正确的结论，也可以通过调整零部件内部状态来延长使用寿命。

第七节 北京现代混合动力维修技能与技巧

一、伊兰特双燃料汽车起动困难

故障现象 一辆伊兰特出租车经过燃气化改造后，变为汽油、压燃天然气双燃料汽车；该车每天采用汽油起动，正常运行时燃烧天然气。该车冷起动非常困难，当起动温度正常后，再起动发动机就能顺利起动。

驾驶人反映，该车曾在多个维修店进行维修，先后更换过汽油泵、冷却液温度感应塞，并检修了ECU，与同类车型调换过ECU，多次清洗喷油嘴，但是故障仍未消除。

故障诊断 接车后，首先使用故障诊断仪检查发动机，没有发现故障码；读取冷车起动数据流，环境温度为5℃，水温温度为4℃，起动喷油时间是8.1～13.2ms，均正常；检查油路油压为280kPa，也在正常范围内；检查点火电路也正常，之后又用缸压表检查缸压，均未发现异常。

车辆在冷起动时ECU主要根据冷却液温度感应塞提供的冷却液温度信号来确定冷车起动的喷油量。在维修过程中根据查看ECU数据流提供冷却液的温度和环境温度基本一致。

起动发动机时，发动机ECU数据流冷车喷油量正常，多次起动发动机不能着车，多次起动后拆下火花塞，发现火花塞被汽油"淹死"，疑似混合汽过浓，但是在起动时发现发动机进气管有回火现象，向进气管道喷化油器清洗剂能够顺利着车，一旦着车排气管有黑烟，冷却液温度正常后，当天车辆正常了。

驾驶人反映，车辆偶尔早上好起动，在用气不用油的情况下也消耗汽油，每天消耗汽油表上的一格汽油。分析此车除了早上起动时用汽油发动车外，其余时间均使用天然气，而不使用汽油，这样的汽油消耗是不正常的。再次检查喷油嘴，也没有发现滴漏。这样汽油是怎么消耗的呢？再次询问驾驶人，该车好起动当天的前一天是否给车辆做了维护，驾驶人说只是在汽油用完后，给车辆加了汽油。

从故障现象分析，有油而是汽油挥发性不好，才不好着车，"淹死"火花塞，是什么原因在没有用油的情况下消耗汽油，同时使汽油的挥发性变差呢？于是判断炭罐电磁阀可能存在故障。如图5-100所示，拆检后发现炭罐电磁阀管道常通，这样就会把油箱中的汽油蒸汽抽到发动机燃烧掉。在没有用油的情况下消耗了汽油，使汽油挥发性能变差，冷车难起动。

图5-100　旧的炭罐电磁阀

故障排除　更换炭罐电磁阀后，故障排除。

> **技巧点拨**　双燃料汽车一般设计为用汽油起动，发动机升温后或加速中自动转换烧气。由于汽油用得很少，不好起动多见汽油变质。汽油添加得很少，油箱中的空气冷凝后形成水分会进一步影响车辆起动。另外，油气混烧的故障，根据改装的结构不同，单点喷射出现油气混烧多见模拟器损坏、模拟器线路连接不实、喷油嘴关闭不严；多点喷射出现油气混烧，多见燃气控制器损坏、燃气控制器线束插接不实、喷油嘴关闭不严。双燃料车一旦发生油气混烧，是很难起动的，勉强起动了，加速会冒大量的黑烟，一般比较容易诊断。本案例根据季节变化，在天气冷时，汽油蒸气很少，故障现象如此恶化，委实罕见，值得关注。

二、2017款现代新悦动双燃料车发动机电控单元无法匹配

故障现象　一辆2017款北京现代新悦动CNG双燃料车（车型简称HDc CNG），行驶里程95078km，搭载伽马1.6L排量MPI双燃料发动机，发动机型号为14FC。行驶中突然加速不良、抖动，发动机故障灯点亮。经检查发现，发动机ECM控制单元内部损坏导致单气缸失火，但更换ECM后，解码匹配失败。

故障诊断　接车后，进一步验证该车故障确实是由于ECU内部点火驱动模块损坏导致单气缸失火。更换发动机ECM后，通过GDS Mobile检测仪进行PIN注册，钥匙处于IG ON位置时，仪表钥匙防盗指示灯不亮，发动机ECM与钥匙防盗模块认证失败，确定解码匹配失败（图5-101）。

用GDS Mobile检测仪读取故障车ECM和新件ECM的钥匙防盗相关数据流，经过比对发现，"SMARTRA3内置"和"智能钥匙内置"这两项数据状态正好相反（图5-102）。该

第五章 其他新能源汽车维修技能与技巧

图 5-101 新悦动更换 ECM 认证失败

车为机械插入钥匙，说明 ECM 功能不同，需进一步确定是硬件还是软件出了问题。

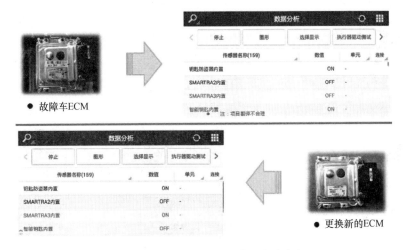

图 5-102 新悦动钥匙防盗类型状态数据

经过检查，新、旧两块 ECM 的配件号均为 39111-2B114（图 5-103），初步说明这两块 ECM 硬件相同。既然硬件没问题，那么软件可能有问题。为了验证是否为软件问题，需要进一步确定该车的 SMARTRA 钥匙防盗系统类型。

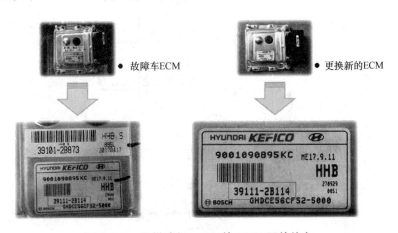

图 5-103 新悦动新、旧两块 ECM 配件信息

拆下 SMARTRA 钥匙防盗模块，发现 SMARTRA 钥匙防盗模块采用的是新款 8 线制的新昌系统，与前期老款悦动车的 SMARTRA 钥匙防盗系统类型不同，前期老款悦动车 SMARTRA 钥匙防盗模块采用的是 5 线制的博世系统。这两种系统的电路图如图 5-104、图 5-105 所示。

229

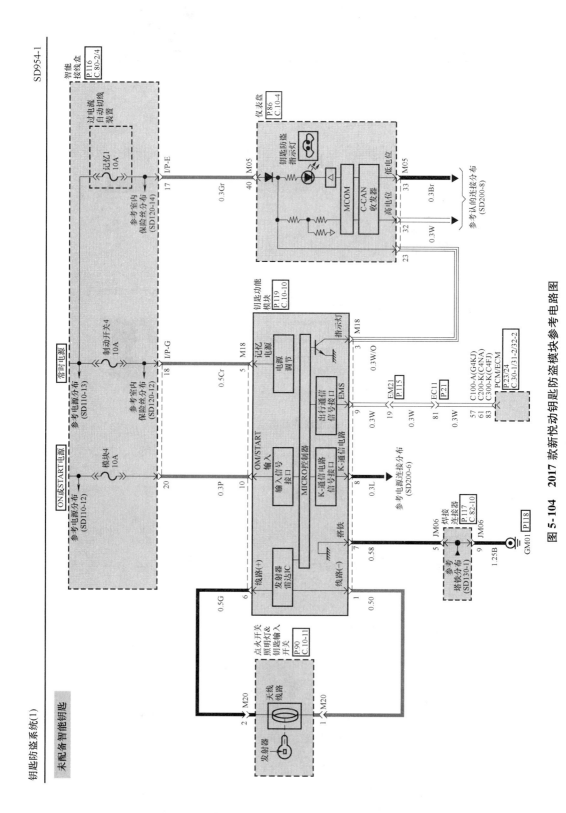

图 5-104 2017 款新悦动钥匙防盗模块参考电路图

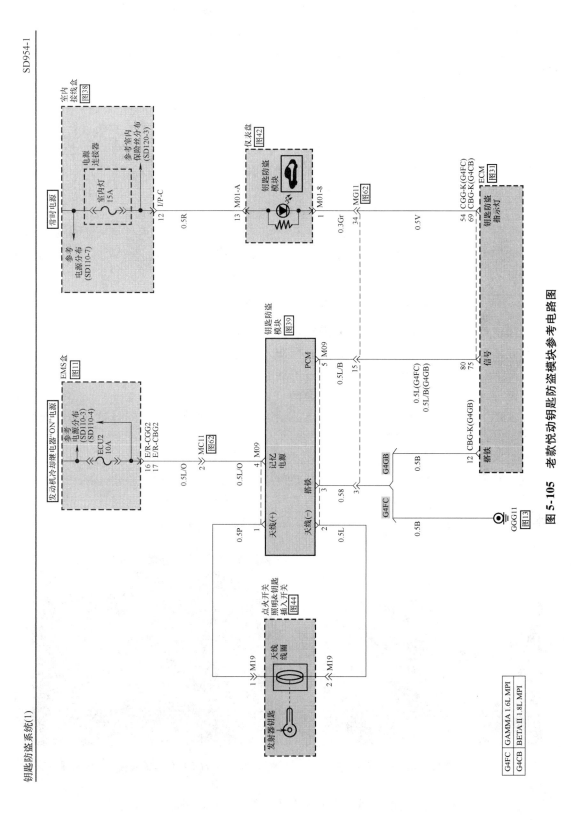

图 5-105　老款悦动钥匙防盗模块参考电路图

通过上述检查，基本可以判定是由于 ECM 模块软件与硬件不匹配导致 PIN 注册失败。

故障排除　重新更换初始状态的全新发动机 ECM，连接 GDS Mobile 检测仪进行 PIN 注册后，当钥匙处于 IG ON 时，仪表内的钥匙防盗指示灯点亮，发动机 ECM 与 SMARTRA 钥匙防盗模块认证成功，故障彻底排除。

> **技巧点拨**　钥匙防盗 SMARTRA 系统与点火开关钥匙上的内置发射器进行通信。以 RF（无线电频率125kHz）信号进行无线通信。SMARTRA 安装在接近线圈天线的点火开关上，传送和接收 RF 信号。线圈天线接收发射器发射的 RF 信号，此信号通过 SMARTRA 装置转变为串行通信信息。ECM 接收的信息被转换为 RF 信号，经由天线发送到发射器。SMARTRA 执行编码计算并发送加密结果。SMARTRA 负责从 ECM 到发射器的中继，在钥匙记忆过程中注册 SMARTRA，把 PIN 存储到 SMARTRA 内的记忆装置中。这个 PIN 用于 ECM 和 SMARTRA 之间的编码计算中，也用于中和 SMARTRA。SMARTRA 中和时，旧的 PIN 和 SEK 被删除，新的 PIN 存储在中和的 SMARTRA 内。

三、伊兰特双燃料出租车行驶顿车、怠速熄火

故障现象　一辆 2010 年产伊兰特双燃料出租车，搭载原厂 1.6L 排量的 α 型双燃料发动机，行驶里程 3 万 km。驾驶人反映该车行驶顿车、怠速熄火，开空调时情况加重。

故障诊断　维修人员试车发现，该车在开启空调怠速运行时，发动机每隔 8min 熄火一次。且随着运行时间加长，间隔时间越来越短。

用示波器测量燃气控制单元的曲轴位置传感器信号，发现信号中存在干扰信号（图 5-106）。从波形可以看出，干扰信号是在发动机点火时刻出现的，此时活塞已接近上止点，而这一区域信号的频率最低，即曲轴转速最慢，说明此时缸内气体未燃烧。

观察发现，该车燃气控制单元的曲轴位置传感器线束是从点火线圈旁经过的，这应该是干扰信号的来源。尝试改变此段线束的布置路径，避开了点火线圈。重新测量燃气控制单元的曲轴位置传感器信号波形，发现干扰消失，且发动机转速稳定（图 5-107）。

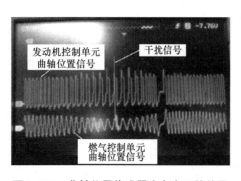

图 5-106　曲轴位置传感器中存在干扰信号

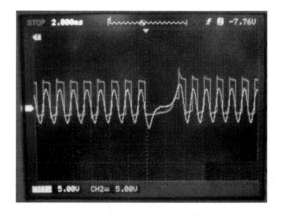

图 5-107　没有干扰信号的曲轴位置传感器波形

故障排除　将受到干扰的信号线束重新布线，并加以屏蔽外套，故障排除。

技巧点拨 双燃料发动机以燃气模式运行时,使用另一个控制单元——燃气控制单元来控制喷气器的喷气和点火系统的点火。燃气控制单元的基础信号也是曲轴位置信号,该信号从发动机控制单元中曲轴位置传感器的输出信号取得。

四、现代名驭双燃料发动机有异响、行驶顿车

故障现象 一辆2010款现代名驭出租车,搭载原厂2.0L排量的G4GC型双燃料发动机,行驶里程6万km。驾驶人反映该车耗气量高、发动机有异响、行驶顿车。

故障诊断 试车发现,发动机异响来自燃气系统减压器。首先检查天然气供气系统,用肥皂水检查高压气管与减压器的连接处,发现漏气。更换高压气管的密封双锥,将连接螺母的紧固力矩拧到16N·m,再次涂抹肥皂水检查,漏气现象消失。试车,燃气系统减压器异响和行驶顿车现象仍然存在。

储气瓶满瓶时的压力为20MPa,在此压力下,天然气为液态,无法直接使用,需要减压变为气态后才可使用。燃气系统先通过高压柱塞将燃气压力降低到300kPa,再将燃气送至燃气系统减压器。燃气系统减压器将天然气的压力减至180kPa,并保持压力稳定,然后送至喷气器。该车燃气系统减压器型号为R89/C(图5-108),有两级减压腔,一级减压腔(图5-109)将压力降低到230kPa,二级减压腔(图5-110)将输出压力稳定在180kPa。减压过程是,膜片一端受到减压腔输出端气压的作用力,另一端受到弹簧的作用力,这两个力大小不等时,膜片将带动控制阀芯在阀孔中移动。当减压腔输出端的压力变高时,膜片气压端的压力大于弹簧端的压力。膜片带动控制阀芯,克服弹簧的压力,向关闭方向移动;当减压腔输出端的压力变低时,膜片气压端的压力小于弹簧端的压力,膜片在弹簧的推动下,带动控制阀芯向打开方向移动。

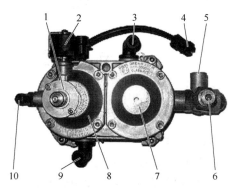

图5-108 燃气系统减压器结构
1—压力调节室 2—电磁截止阀 3—循环水出口
4—温度传感器插头 5—压力表安装口
6—天然气进口 7—一级腔 8—稳压腔
9—循环水进口 10—天然气出口

图5-109 一级减压腔结构
1——级腔调节弹簧 2——级腔调节膜片

图5-110 二级减压腔结构
1—平衡孔 2—急速供气孔 3—稳压腔膜片 4—稳压腔弹簧

只要正确设置弹簧的弹力，减压腔输出端便可得到压力符合要求的稳定气压。减压过程中要吸收热量，为避免出现结冰现象，设计人员将发动机冷却液引入减压器。当减压器温度低于限值时，只允许发动机以汽油模式运行。温度达到限值后，才允许以天然气模式运行。

接下来，维修人员拆解减压器检查，发现高压柱塞及控制阀芯都有不同程度的磨损。这些故障点应该是造成上述故障出现的原因。柱塞和控制阀芯与工作孔的间隙因为磨损而增大，它们在工作中由于振动而产生异响；由于摩擦系数增大，柱塞和控制阀芯的运动速度达不到控制的要求，降低了气压控制的精度及灵敏度。燃气系统减压器输出压力不稳定，使车辆行驶顿车。

故障排除 更换高压柱塞和控制阀芯，并在其工作面上涂抹润滑脂。试车，故障现象消失。

> **技巧点拨** 对于双燃料的车辆，每行驶 6 万 km 需要对减压器进行定期维护。维护时要对减压器中的柱塞及阀芯的摩擦部位进行清洁，并涂抹润滑脂。

第八节 其他车型混合动力维修技能与技巧

一、2016 款全新双燃料捷达无法起动

故障现象 一辆 2016 款全新双燃料捷达 1.6L，配备压缩天然气（CNG）和汽油发动机、EA211（EU4）、CUCA 发动机，使用天然气时输出功率为 70kW（5600r/min），使用汽油时输出功率为 81kW（5800r/min），行驶里程 95000km。起动发动机时感觉有着车现象，但车辆无法起动。该车曾更换过机油和机油滤清器。

故障诊断 接车后，连接 VAS-6150B 诊断仪，发现发动机控制单元内有故障（图 5-111）。

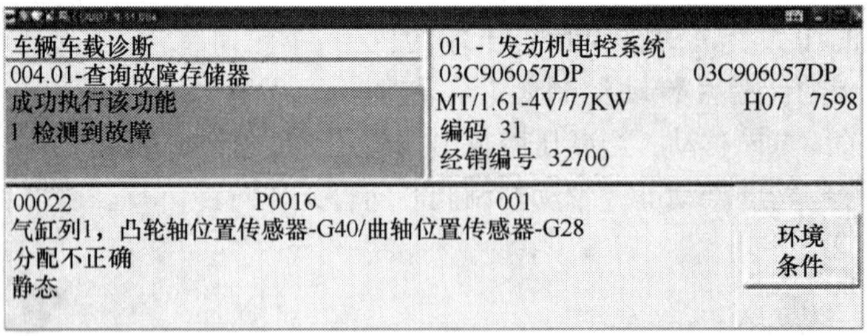

图 5-111 故障码

从该故障码可知，该故障可能是由配气正时不正确导致，于是将发动机配气正时进行检修，要使用发动机正时专用定位工具 FT10447N1 和 T10340（图 5-112）。特别要注意 FT10447N1 和 FT10447 不可混用，否则正时会不对。

在拆卸 1 缸点火线圈与火花塞，可将一根长的螺钉旋具插入 1 缸并能够触碰到活塞顶部（按维修手册要求应该使用千分表进行判定）将车辆缸体后部拆下（类似于放油螺栓式样的螺栓），将 T10340 旋入（图 5-113）。

第五章 其他新能源汽车维修技能与技巧

- 将固定螺栓T10340拧入气缸体中，直至限位位置，接着用30N·m的力矩拧紧。
- 沿发动机运行方向转动曲轴，直至限位位置。
● 固定螺栓T10340现在紧贴曲轴柄侧面。
  提示固定螺栓T10340只能沿发动机运转方向固定曲轴。

图 5-112　发动机正时专用定位工具 FT10447N1 和 T10340

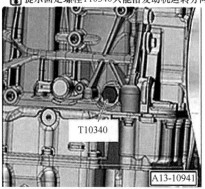

图 5-113　旋入 T10340

将发动机沿运转方向旋转曲轴至极限位置，观察螺钉旋具位置的变化，此时曲轴无法再向前转动。将进气凸轮后盖拆下，然后再拆下水泵传动带轮的外壳，使用专用工具FT10447N1 放入固定，无需拆卸水泵传动带（图 5-114）。

拆卸正时罩盖检查正时记号（新车出厂时有油漆笔记号，如图 5-115 所示），发现正时已被重新安装过，且目前位置并非在正确的位置，必须按照维修手册重新安装时规传动带的正时。

对好正时，安装完毕，起动车辆，仍然无法起动，查询发动机电控系统，发动机控制单元内静态故障码此刻变为了偶发，那么究竟还有哪些因素导致发动机无法起动呢？原因可能是：①火花塞不点火；②喷油器不喷油；③燃油泵继电器不吸合；④配气相位还不正确；

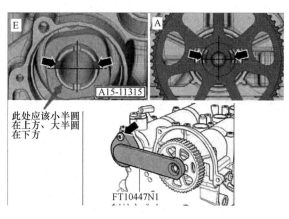

图 5-114　使用专用工具 FT10447N1

⑤曲轴位置传感器故障；⑥燃油泵故障；⑦发动机控制单元故障等。

既然有电有火，配气正时记号正确，那就剩下发动机机械没有仔细检查，需要对其机械进行深度检查，建议与直接导致配气相位不正确的部件需要检查，凸轮轴尤其值得怀疑。

于是先抱着试试看的心态断开凸轮轴位置传感器 G40 插头，仍无法起动车辆；对比其他车辆，拔掉 G40 插头，起动时间较长些，但最终还是可以起动的。难道凸轮轴位置传感器信号触发轮相对其轴发生了角度位移偏差？为了弄清楚这个问题，特意将故障车辆的凸轮轴框架气门室盖拆下与另外一个同型号正常车辆的凸轮轴框架气门室盖进行对比，使用专用工具固定其两根凸轮轴，发现 G40 传感器触发法兰位置明显角度偏差（图 5-116）。

235

图 5-115　正时记号

a) 正常车

b) 故障车

图 5-116　G40 传感器触发法兰位置明显角度偏差

故障排除　由于无法单独更换凸轮轴，只能更换带凸轮轴的气门室盖总成，重新装车后试车，车辆能正常起动，试车运行一切正常。

> **技巧点拨**　正常情况下应该用示波器同时测量曲轴位置传感器和凸轮轴位置传感器起动时的波形，通过波形就能发现曲轴位置传感器和凸轮轴位置传感器波形不同步。既然配气正时正确，信号不同步，故障原因只剩机械部件，也就是最后发现的传感器触发法兰盘。

二、新桑塔纳 CNG 出租车不能转换为天然气模式

故障现象　一辆 2014 款新桑塔纳 CNG 出租车，装配 1.6L 排量 CUC 发动机，搭载 5 档手动变速器，行驶里程 39 万 km。驾驶人反映该车不能转换为天然气模式，即便转换后发动机也会立即熄火。

故障诊断　起动发动机并怠速运转，发现发动机使用汽油模式运转，按下天然气转换开关，发动机不能转换为天然气模式。发动机运转一段时间，达到自动转换天然气模式时，发动机立即熄火，确认故障与用户描述一致。

CNG 控制单元与该车的燃油控制单元是一体的。减压阀安装在蓄电池后方（图 5-117），减压阀上有连接钢瓶的高压管路、连接气轨的低压管路、用于减

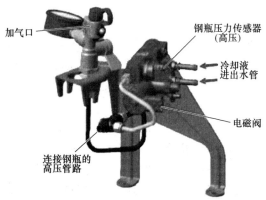

图 5-117　减压阀

压阀加热的冷却液管路、钢瓶压力传感器、调压阀、加气口及气压表。钢瓶中的高压气体在钢瓶电磁阀打开时，气体流经电磁阀后，通过高压管路进入减压阀；经过减压阀降低压力，低压经过低压管路进入气轨，低压约为450kPa～850kPa，怠速时为450kPa，全负荷时为850kPa。

钢瓶压力传感器安装在减压阀上，测量减压阀处高压气的压力（钢瓶的压力），并将该压力转换成电信号传递给发动机控制单元。气轨压力传感器安装在气轨一侧（图5-118），测量气轨内的低压气体压力，并将该压力转换成电信号传递给发动机控制单元，发动机控制单元根据该信号控制减压阀上的电磁阀。调压阀由发动机控制单元通过占空比信号控制其电磁阀的接通时间，用于调节进入气轨的压力。

在了解基本工作原理后，维修人员使用车辆诊断仪VAS6150D检查发动机控制单元的故障码，并未发现故障码。检查钢瓶压力传感器及气轨压力传感器的数据（图5-119），发现钢瓶的压力为15927kPa，此压力表明钢瓶内的气体处于满罐状态。检查气轨压力传感器的压力为544.43kPa。

图5-118 气轨压力传感器

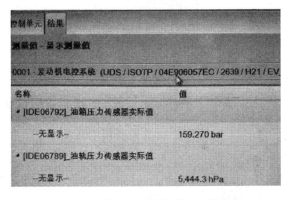

图5-119 钢瓶压力及气轨压力的数据

读取钢瓶压力及气轨压力的数据，未见异常。只是气轨的压力与相关资料中给出怠速时的压力450kPa有区别，故障车怠速时气轨的压力为544.43kPa，从数据上看故障车的气轨压力要高一些，但也不会在转换天然气模式时导致发动机熄火。转换天然气模式时立即熄火，表明控制单元认为达到转换条件了，所以控制单元认为天然气系统正常，如果不正常，控制单元不会转为天然气模式。

到底是什么原因导致发动机转换为天然气模式时立即熄火呢？难道在转换为天然气模式时，发动机混合气过稀或过浓？在发动机转换为天然气模式熄火后，立即读取发动机的数据，发现混合气形成短期匹配，气缸列1为25%，这就表明混合气过稀。混合气过稀的原因很可能是气轨内的压力过低或无压力。经检查发现，气轨压力传感器反馈给控制单元的气轨压力比资料中规定的压力还要高，为了验证气轨内是否存在压力，尝试将气轨的进气管螺栓松开，发现气轨内没有天然气。

气轨压力传感器反馈给发动机控制单元的压力是正常的，但实际上气轨内没有气体。气轨内的压力由减压阀上的电磁阀控制，电磁阀由发动机控制单元控制，发动机控制单元控制电磁阀的指令由气轨压力传感器反馈的数据计算得出。问题就出在气轨压力传感器反馈给发动机控制单元的数据是错误的，因为气轨内根本就没有气体。

拔下气轨压力传感器的插接器，测量气轨压力传感器的1号端子和2号端子间的电压，发现电压在1.0~4.9V之间反复变化，这表明电压不正常，而正常电压应该稳定在4.9V。供电与接地由控制单元提供，而气轨压力传感器的供电和接地与钢瓶压力传感器的供电和接地是共用的，钢瓶压力传感器正常，表明发动机控制单元也正常。将气轨压力传感器的供电和接地断开，与钢瓶压力传感器的供电和接地跨接，起动发动机怠速运转一段时间后，可以自动转为天然气模式了，说明故障出现在线束内。检查正常时的气轨压力传感器的数据为447.97kPa（图5-120）。

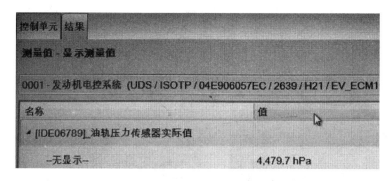

图5-120 怠速时正常的气轨压力传感器数据

故障排除 修复线束后试车，车辆可以自动转为天然气模式，发动机也不再自动熄火，故障排除。

> **技巧点拨** 上汽大众新桑塔纳CNG系统的主要部件组成及工作条件。其组成的主要部件有控制单元、减压阀、钢瓶压力传感器、气轨压力传感器、气轨、喷气器、调压阀、油气转换开关、钢瓶及管路等。

三、福特蒙迪欧混合动力汽车变速器动力传递解析

2016年，福特汽车公司推出了蒙迪欧油电混合动力汽车，称为CD391 HEV。该车型配备了一台105kW、175N·m的2.0L排量阿特金森循环发动机和一台92kW、228N·m的电动机。电动机和发电机均集成在HF35变速器之中。HF35变速器为ECVT电子无级变速器，与丰田普锐斯概念车上使用的变速器类似。

1. HF35变速器的组成

如图5-121所示，HF35变速器的内部组成部件主要包括行星齿轮机构、差速器、中间齿轮、发电机、电动机、散热油泵、油温传感器、发电机线圈温度传感器、电动机线圈温度传感器、两个旋变传感器和变速器档位传感器等。

HF35变速器的传动结构如图5-122所示。行星齿轮机构是该变速器实现无级变速的核心部件，行星架与发动机刚性连接，同时行星架还用于驱动变速器油泵；太阳轮与发电机相连；齿圈与中间齿轮相连，间接与电动机连接。

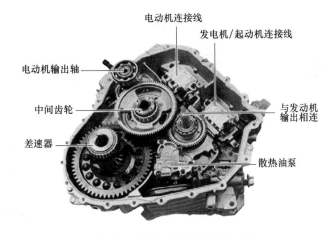

图 5-121　HF35 变速器的基本组成

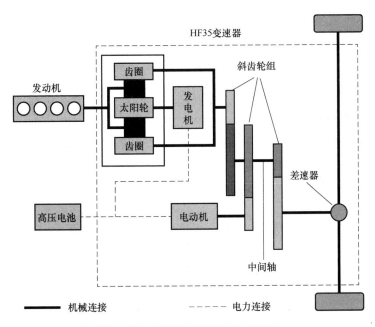

图 5-122　HF35 变速器的传动结构

2. HF35 变速器的动力传递

HF35 变速器有 4 种工作模式。

(1) 驻车充电　在停车状态下,如果高压电池电量较低,发电机将在高压电池的电力驱动下作为起动机将发动机起动,之后发动机带动发电机运转,给电池充电,系统进入驻车充电模式。

另外,当外界温度较低且车辆处于 P 位或 D 位时,发动机也将自动运行,以保持高压电池的电量。

如图 5-123 和图 5-124 所示,在此种模式下,发动机工作、发电机发电、电动机静止,车辆处于静止状态。

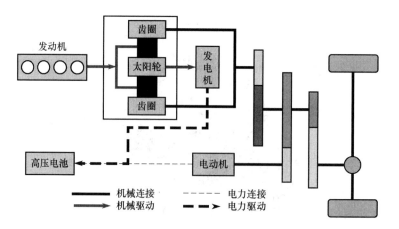

图 5-123 驻车充电模式下的动力传递

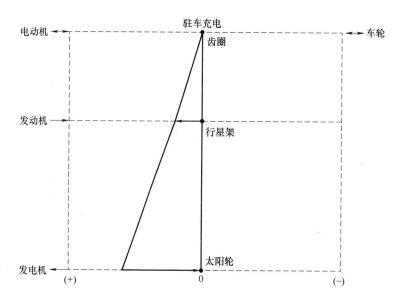

图 5-124 驻车充电模式下的行星齿轮驱动矢量图

(2) 纯电动驱动 当动力电池电量充足且功率需求较小（车辆起步、轻微加速、稳定车速）时，车辆采用纯电动驱动工作模式，如图 5-125 所示。此时，电动机仅由高压电池为其提供电力。

如图 5-126 所示，在纯电动驱动模式下，发动机静止、电动机驱动。在倒档时，控制系统控制反向供给电压，使电动机反转，实现倒档。

注意：在纯电动驱动模式下，无论是 D 档驱动还是倒档驱动，发电机都空转（不发电），避免因其发电而分走电动机输出给车轮的一部分动力；只有当发动机运行时，发电机才发电，而当发动机停止时，发电机一定不发电。

(3) 混合驱动 在轻负荷下加速（节气门开度小），需要更多的动力时，车辆采用混合驱动工作模式。如图 5-127 所示，在此种模式下，发动机工作、发电机发电、电动机驱动，

第五章 其他新能源汽车维修技能与技巧

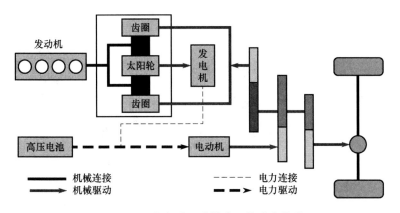

图 5-125 纯电动驱动模式下的动力传递

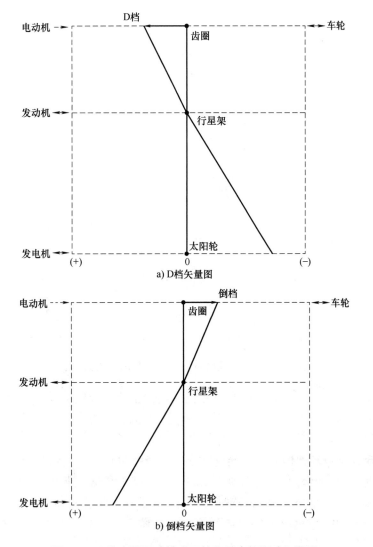

图 5-126 纯电动驱动模式下的行星齿轮驱动矢量图

241

与纯电动驱动模式不同的是,电动机由发电机提供的电力驱动。

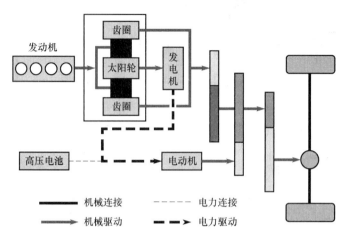

图 5-127　混合驱动模式下的动力传递

当在重负荷下加速(节气门全开)时,高压电池将给电动机提供额外的电力补偿,这种模式又称为电力驱动混合驱动模式。如图 5-128 所示,在此模式下,发动机工作、发电机发电、电动机驱动。此时,由高压电池和发电机共同提供电能驱动电动机。

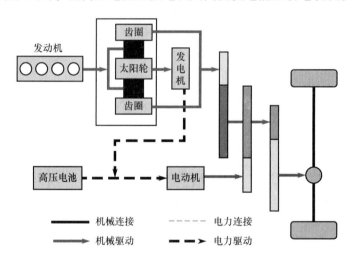

图 5-128　电力驱动混合驱动模式下的动力传递

如图 5-129 所示,在混合驱动模式下(包括电力驱动混合驱动模式),齿圈、行星架和太阳轮中没有一个部件被固定。此时,通过调整发电机的发电量,可以改变太阳轮的转速,从而保证发动机驱动与电动机驱动的转速协调一致。

另外,假定发动机转速即行星架转速一定(图 5-129),通过控制发电机的发电量以改变太阳轮的转速,由此就改变了齿圈即车轮的转速,以此实现变速器的无级变速功能。

(4) 再生制动　当踩下制动踏板或松开加速踏板时,发动机停止喷油,电动机工作处于发电机模式,将动能转化成电能向电池充电。如图 5-130 和图 5-131 所示,在此种模式下,发动机不工作、发电机空转(不发电)、电动机发电。

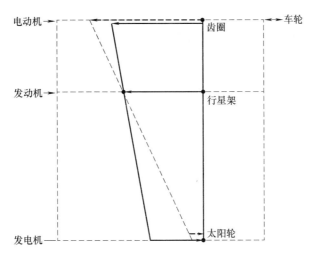

图 5-129 (电力驱动)混合驱动模式下的行星齿轮驱动矢量图

在再生制动模式下,还有另外一种情况存在,即发动机制动。在此情况下,电动机产生的电能还可以提供给发电机,然后由发电机驱动发动机,同时发动机燃油被切断(停止工作)。此时,发电机的动力用于发动机制动。

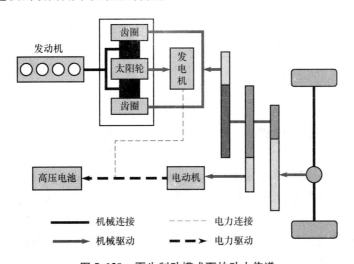

图 5-130 再生制动模式下的动力传递

通过对福特蒙迪欧 CD391HEV 车型的 HF35 变速器动力传递的解析可以看出,HF35 变速器通过其独特的结构设计具备这些特点:通过行星齿轮机构把燃油驱动、电力驱动、起动、发电、能量回收等完美地结合在一起;取消了液力变矩器,发动机与变速器直接连接,效率更高;没有复杂的齿轮组,结构简单,可靠性高;实现无级变速。

技巧点拨 HF35 变速器实现了提供电力驱动、为高压电池充电、起动发动机和传递发动机转矩等诸项功能,充分体现了该变速器在油电混合动力系统中所具有的不可或缺的地位和价值。

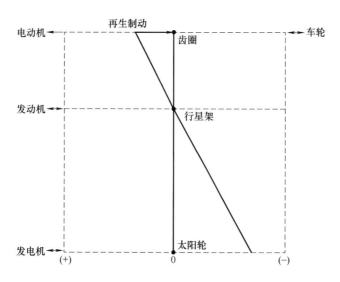

图 5-131 再生制动模式下的行星齿轮驱动矢量图

四、瑞风 M4 弱混汽车行驶中无法进入混合动力模式

故障现象 一辆瑞风 M4 弱混汽车,行驶里程 1.3 万 km。该车在行驶中无法进入混合动力模式,且发动机起停功能失效,仪表板上的 EPC 灯及充电指示灯常亮。

故障诊断 接车后试车验证故障,故障现象确实存在。连接故障检测仪检测,读取到 4 个故障码,分别为"P1A17——48V 预充失效""P1A20——12V 端电压测量偏差较大""U0120——BSG CAN 通信故障""U0298——DCDC CAN 通信故障"。根据故障码的提示,结合该车的故障现象分析,可能的故障原因有:电路或电器设备对搭铁短路;通信故障;12V 蓄电池电量不足;48V 锂电池电量不足;DC/DC 故障。

用故障检测仪读取 12V 蓄电池剩余电量,显示"剩余电量为 70%,可正常预充",排除 12V 蓄电池电量低导致混合动力功能失效的可能性。检查发动机舱内的搭铁情况,排除搭铁故障的可能性。进一步检查混合动力系统电路,对混合动力系统 CAN 总线及各导线连接器进行检查,并对接通电源时 DC/DC 等部件的通电顺序进行测试,均无异常,排除电路连接不良造成混合动力功能失效的可能性。

常规检查结束后,根据故障码"U0120"和故障码"U0298"的提示,维修人员推断可能是 BSG 或 DC/DC 有故障。本着先易后难的原则,维修人员更换了 DC/DC,清除故障码后试车,行驶中车辆能正常进入混合动力模式,且发动机起停功能恢复正常,EPC 灯及充电指示灯不再点亮。

故障排除 更换 DC/DC,混合动力功能和起停功能均恢复正常,故障排除。

技巧点拨 该车因 DC/DC 失效,导致 48V 锂电池控制继电器没有闭合,从而无法给 BSG 供电,HCU 检测到 BSG 供电异常后通过 CAN 总线报送错误信号给 ECU,ECU 生成故障码 U0120 和故障码 U0298,并点亮仪表板上的 EPC 灯。

五、瑞风 M4 弱混汽车仪表板上的 EPC 灯常亮

故障现象　一辆瑞风 M4 弱混汽车，行驶里程 65km（新车）。发动机起动后，仪表板上的 EPC 灯常亮，且车载显示屏显示发动机怠速时充电停止。

故障诊断　维修人员在验证该车故障时，通过查看车载显示屏发现 48V 锂电池剩余电量为 52%。查阅维修手册得知，控制系统内设定 48V 锂电池剩余电量低于 55% 时，混合动力系统自动控制 BSG 充电，车载显示屏却提示发动机怠速时充电停止。

用故障检测仪检测，读取的故障码为"P1A07 BSG 滥用重要故障"。因为这个故障码的含义比较含糊，维修人员只能根据该车的故障现象进行分析，推断故障的可能原因有 BSG 损坏、DC/DC 失效、48V 锂电池损坏、连接电路故障等。

首先检查 BSG 输入、输出状态，均正常。再检查 12V 蓄电池电量，显示充足。接着检查其他电器设备的供电，均无异常，说明 DC/DC 状态正常。进一步重点检查混合动力控制系统连接线及导线连接器，包括高压线缆、信号电路等，当拆下前排乘员侧座椅时，发现地板上锂电池包的连接线束有一处被挤压变形（图 5-132），拆开检查，发现 2 根 CAN 总线的绝缘层因挤压而破损。

故障排除　将破损的 2 根 CAN 总线包扎好后试车，EPC 灯不再点亮，发动机怠速时充电正常，故障排除。

图 5-132　故障车连接电池包的线束被挤压损坏

技巧点拨　瑞风 M4 弱混汽车的 48V 锂电池安装在前排乘员侧座椅下的地板上，CAN 总线等线束也被布置在座椅下的地板上。该车在装潢时因装潢工私自挪动了线束位置，座椅骨架正好压在线束上，造成 2 根 CAN 总线被挤压损坏，其中 1 根 CAN 总线对搭铁短路。根据该车 48V 系统控制原理，当点火开关断开时，48V 锂电池控制继电器首先断开，如果继电器不能断开，则说明 BSG 始终在通电，不仅 BSG 无法进入充电状态，整个 48V 系统中的设备电源接通和断开顺序也会出现混乱，最终自诊断系统监测到系统电压异常，存储故障码"P1A07"。